读懂黄河

自然地理画卷（上游）

主　编	许　强	范宣梅	黄　寰			
副主编	林汐璐	王　潇	杨　扬			
编　写	向泓颖	李籽萱	唐　晓	王晓晨	张秋凤	钟　萍
	龙江兰	李　贞	陈思洁	孙濒月	张睿鋆	赵梓墨
	戴叶璘					

希望出版社

图书在版编目（CIP）数据

读懂黄河·自然地理画卷. 上游 / 许强著. —太原：希望出版社, 2024. 12
ISBN 978-7-5379-9293-0

Ⅰ. K928.42-49

中国国家版本馆CIP数据核字第20248AG530号

图片代理：人民图片网

DUDONG HUANGHE . ZIRAN DILI HUAJUAN (SHANGYOU)
读懂黄河·自然地理画卷（上游）

出版人	王　琦
责任编辑	张　平
复　审	宸源雪
终　审	傅晓明
封面设计	王　蕾
责任印制	李　林　李世信

出版发行	希望出版社
地　址	山西省太原市建设南路21号　邮编：030012
经　销	新华书店
印　刷	三河市恒彩印务有限公司
规　格	720mm×1000mm　16K　印张：11
版　次	2025年3月第1版
印　次	2025年3月第1次印刷
印　数	1—5100册
书　号	ISBN 978-7-5379-9293-0
定　价	52.80元

版权为本社独家所有，未经本社同意不得转载、摘编或复制

目录

前言 ………………………………………………………… 01

第一章 历史变迁

黄龙开河传佳话……………………………………………2
地壳大运动造就万里黄河…………………………………6
黄河的成长变迁……………………………………………8
黄河源头在哪里？………………………………………12
黄河的迁徙之旅…………………………………………17

第二章 河流水系

黄河十八弯………………………………………………22
黄河上游的"姊妹河"……………………………………26

黄河上游的最大支流……………………………………… 30
青海的"母亲河"…………………………………………… 33
呼和浩特的"母亲河"……………………………………… 36
扎陵湖与鄂陵湖…………………………………………… 40

第三章　地形地貌

黄河上游的三大奇观……………………………………… 46
黄河之"肾"………………………………………………… 49
奇特红色王国……………………………………………… 53
西北戈壁的风蚀地貌……………………………………… 58
黄河中的钙质结核………………………………………… 61
富饶的河套平原…………………………………………… 65
黄土高原的身世之谜……………………………………… 68

第四章　环境物候

黄土高原"绿色复苏"……………………………………… 74
水土流失的秘密…………………………………………… 77
植物生长在哪里？………………………………………… 80
多变的天气………………………………………………… 82
黄河凌汛现象……………………………………………… 85

第五章　自然景观

巴颜喀拉山………………………………………………… 90
黄河绕流的美丽神山……………………………………… 92

黄河流域的"万宝山"……………………………………96
黄土高原上的"绿色宝岛"………………………………99
不教胡马度阴山…………………………………………102
玛多县的花海子…………………………………………105
中华生命之"源"…………………………………………108
中国的"科罗拉多"………………………………………113
西宁"后花园"……………………………………………116
青藏高原的西双版纳……………………………………120
粗犷豪放的西北之美……………………………………123
黄河中上游第一峡谷……………………………………128
"黄河金腰带上的金纽扣"………………………………131

第六章　资源物产

水电资源的巨大潜能……………………………………138
色彩纷呈的黄河石………………………………………141
煤炭金三角………………………………………………143
黄河源头的珍稀动物……………………………………147

第七章　泥沙治理

黄土高原的植被保护……………………………………152
黄土塬区的固沟保塬……………………………………158
黑方台的滑坡治理………………………………………161

后　记　……………………………………………………165

前言

▲ 黄河生态保护区

黄河是中国北部大河，属太平洋水系，发源于青藏高原巴颜喀拉山脉，东临渤海，南至秦岭，北抵阴山，全长约5464千米，流域面积约为75万平方千米，流经青海、四川、甘肃、宁夏、内蒙古、山西、陕西、河南、山东等9个省（自治区）。黄河不仅是世界第五大长河、中国第二大长河，更被称为"中华民族的母亲河""华夏文明的摇篮"。

黄河上游，指的是河源至内蒙古自治区托克托县河口镇的河道流域，黄河上游干流及支流穿越青海、四川、甘肃、宁夏、内蒙古，总长度约3471.6千米，流域面积达42.8万平方千米，占黄河总流域面积的53.8%。

黄河上游河段汇入的较大支流（流域面积达到1000平方千米以上）达43条，黄河在此段的径流量占全河段的54%。涉及黄河源水系、青海水系、

▲ 黄土湿地风光

洮河水系、湟水水系、甘宁水系、陕北水系，白河、黑河、洮河、湟水、大黑河、窟野河等主要支流涵盖其中。

黄河上游的主要湖泊为扎陵湖和鄂陵湖，这两个湖有20千米河道相连，可谓姊妹湖，位于青海省玛多县境内，海拔4260米以上，比我国最大内陆湖泊青海湖高出100多米，是黄河源头面积最大的两个高原淡水湖泊，蓄水量分别为47亿立方米和108亿立方米，是黄河的源头水域之一。

黄河上游流经地区总体地势高峻，自然景观众多，有大山，如巴颜喀拉山、阿尼玛卿山、祁连山、六盘山、贺兰山、阴山等；有峡谷，如龙羊峡、黄河三峡、青铜峡等。在此段，黄河的河道受到阿尼玛卿山、西倾山、青海南山三山的共同作用，呈现S形扭曲形状。

根据河道特性不同，黄河上游又可分为三个河段。

青海省玛多县以上为河源段（河源段）：也称"玛曲"，藏语是孔雀河的意思。该河段是黄河的源头，这里有著名的星宿海，东西长20多千米，南北宽10多千米，是一片辽阔的草滩和沼泽，藏语称它为"错岔"，意思是花海子。黄河流经星宿海，先后接纳西北方向流来的扎曲和西南方向流来的卡日曲，而后进入扎陵湖和鄂陵湖。河源段中，从青海玛多到甘肃玛曲的区间，黄河因地处古盆地、低山丘陵地带，少有几段峡谷，所以河面较为宽阔，流经巴颜喀拉山、积石山。

玛多至下河沿河段（峡谷段）：河道长约2211.4千米，水面落差约2985米，黄河上游水面落差主要集中在这一河段，该河段干流长占全河的

▲ 黄土高原风光

40.5%，而水面落差占全河的66.6%，是黄河水利资源的富矿区。在此段，黄河流经的区域恰为青藏高原与黄土高原交接地带，地质条件十分复杂。黄河在一系列北西、东西走向的山谷中穿流，或是流经这些大山，或是沿着较大断裂发育，黄河在此段的水流方向大多与山地走向呈正交或斜交的样态。

下河沿至河口镇河段（冲积平原段）：河道长990千米，黄河在此段流域面积达17.4万平方千米（包含内流区），水面落差约246米。黄河在此流经银川平原，河道开始向宽阔发展，比降逐渐平缓，黄河两岸分布有大面积的引黄灌区，以及待开发的干旱高地。黄河在此河段流经的地方多为干旱地区，降水较少，蒸发较大，又加上灌溉引水和河道渗漏损失，致使黄河水量逐渐减少。该河段总体走势由南向北，到了三盛公后又折向东流，到了河口镇则转向南流，这样就构成了著名的"黄河河套"。

黄河上游是黄河流域生态屏障的关键组成部分，其生态健康直接关系到整个黄河流域乃至全国的生态安全。因此，为了更好地推进黄河保护，确保黄河沿岸安全，推动黄河流域生态保护，认识黄河，认识中华民族古老的"母亲河"至关重要。本书将从历史变迁、河流水系、地形地貌、环境物候、自然景观、资源物产、泥沙治理等方面，带大家详细了解黄河上游的自然地理风貌。

第一章 历史变迁

黄河的传说充满神奇色彩

黄龙开河传佳话

"爸爸,您快看,唐僧他们路过的这是黄河吗?"琪琪指着电视上正在播放的《西游记》片头,兴高采烈地对爸爸说。

"哈哈哈哈,孩子,这个是瀑布呀,你怎么会觉得像黄河呢?"爸爸被琪琪逗得哈哈大笑。

琪琪挠了挠自己的脑袋:"我看它的水花那么大,一看就很壮阔,我第一个想到的就是黄河啦。"

爸爸说道:"黄河当然壮阔呀!人们都说黄河是大地的动脉,永不停歇地润泽着我们赖以生存的大地,是中华文明非常重要的发源地。"

"我知道,我知道。老师上课讲过黄河是我们的'母亲河'。"琪琪骄傲地说道。

"琪琪,那可不能随便看到一条壮阔的河流,就说它是黄河。你想知道这样壮阔的黄河是怎么来的吗?"爸爸问道。

琪琪点点头。

爸爸笑了笑,说:"那我先给你讲一个关于黄龙造黄河的传说吧。这个故事是民间流传的,讲述了黄河是怎么来的。很久很久以前,在岷山的北边有一片无边无际的大草原,那里住着一条黄色的巨龙。而在岷山之外,因为没有一条大河来汇聚所有的水流,所以经常发生洪水。"

琪琪感叹道:"在那样的环境下生活,人们一定过得很辛苦吧。"

爸爸点了点头:"没错,当时的人们四处流浪,生活在水深火热之中。那条黄龙常常在空中游走,看到外面的老百姓受苦,就想为他们开凿一条大河,来控制洪水。黄龙把这个想法告诉了太白金星,希望他能指点一下应该往哪个方向开凿河道。"

琪琪好奇地问:"太白金星?黄河居然和他也有关呀!"

爸爸点点头:"对,就是神话里的太白金星。太白金星决定帮助黄龙解决这个问题,他用一盏灯为黄龙指路,灯照到哪里,黄龙就往哪里开凿河

▲ 蜿蜒黄河

道,这样河水就会流到正确的地方。"

琪琪睁大了眼睛问:"那太白金星是怎么安排灯的方向的呢?"

爸爸拿出一张地图,说:"太白金星首先把灯点到了青藏高原巴颜喀拉山北边的一个地方,这个地方叫卡日曲。黄龙用力推开了山,这里立刻变成了一个巨大的盆地。接着,黄龙继续向前滚动,滚出了一条宽阔的河道,很多小河流都汇集到这里,形成了黄河的源头。这条河从玛曲出发,经过扎陵湖和鄂陵湖,一路向东流去,人们就称它为黄河。"

"哇,黄龙真是太厉害了,竟然能创造出这么壮观的黄河!"琪琪眼里满是对黄龙的敬佩。

"这只是黄河的源头哦。黄龙按照太白金星的指引,不停地在草原上奔跑、忙碌,每一步都能造出一座山或一条河……即使是黄龙,建造黄河也要付出很大的努力,甚至生命。"

听到这里,琪琪的眼泪都快掉下来了。

第一章 历史变迁

爸爸摸了摸琪琪的小脑袋，说："黄龙日夜不停地向前推进。突然，龙宫里的一个小虾兵挡住了它的去路。为了避免争斗，黄龙猛地转向，冲进了东边的深山老林。它左拱右拱，在悬崖峭壁间拱出了20多个峡谷，现在的龙羊峡、积石峡、刘家峡、八盘峡、青铜峡这些黄河上游的峡谷就是这样形成的。这也是为什么黄河在这一段会呈现S形弯曲的原因。"

琪琪瞪大了眼睛问："那黄龙逃过了天神的追杀了吗？"

"黄龙在向北的路上遇到了更多的困难，龙宫派出了越来越多的小虾兵蟹将要和黄龙决斗。人们知道黄龙是为了造一条大河，消除洪水，为民除害，都非常感激它，请求治水英雄大禹帮忙。"

琪琪松了一口气："太好了，终于有人来救黄龙了！"

"大禹得知消息后，立刻带着开山斧和避水剑，为黄龙开凿出一条向

▼黄河岸边秋景

东的出路。黄龙历经千辛万苦来到海边时,已经精疲力尽,没有办法再和龙王争斗了。它知道自己时间不多了,但河道还没有完全连通,于是拼尽全力把头转向海边。这时,黄龙发出一声震天动地的怒吼,它的身体瞬间变成了一条奔腾不息的大河。就这样,黄龙把自己的身躯化成了'黄河'。"爸爸看着听得入迷的琪琪,拍了拍他的肩膀说,"琪琪,别难过,黄龙只是换了一种方式陪伴我们,你看黄河不是还在流淌嘛。况且这只是一个美丽的传说,真正的黄河其实是6000万年前的一次地质运动形成的,爸爸明天再详细告诉你,好不好?"

  琪琪点了点头,虽然有点伤感,但还是被这个美丽的故事深深吸引。琪琪若有所思地点点头:"爸爸,这真是个感人的传说,我觉得黄河就像黄龙一样勇敢善良!"

探寻黄河的诞生与变迁

地壳大运动造就万里黄河

"爸爸,您继续给我讲太白金星指点黄龙造黄河的故事吧,我给同学也讲了,我们都等着听呢。"琪琪一边说一边轻轻地摇着爸爸的胳膊。

"哈哈,好的。琪琪,上次爸爸说了,黄龙的故事只是黄河来源的一个传说,你知道真正的黄河是怎么产生的吗?"爸爸笑着说。

"我只知道它很久很久以前就存在了。"琪琪思考了一下慢吞吞地说。

爸爸牵着琪琪的手来到书桌前,说道:"在距今6000万年至240万年前的漫长岁月中,黄河流域曾经发生过一次剧烈的地质大运动,黄河从此就诞生了。"

"地质大运动?"琪琪疑惑不解地歪着头看着爸爸。

"也就是地壳被分割成很多大小不等的块体。这些块体有的上升,有的下沉,形成了高低起伏的地形地貌。"爸爸耐心地给琪琪解释。

"我知道啦!上升的就成了高山、下沉的就成了河流,是吗?"琪琪急不可耐地补充说。

爸爸笑了笑说:"说对了一部分,上升的地块被风化剥蚀,逐渐夷平成了高原。而下沉的地块则贮水成湖,逐渐形成了河流、湖泊或峡谷。"

"哇,河流原来是这样来的,好神奇呀!"琪琪不禁瞪大了双眼。

"是呀,古黄河其实只是一条内陆河湖。它就像一个巨大的串珠,慢慢地,河道串联起了众多的湖泊,在最东端形成了浩瀚的三门湖。"

"这也太厉害了!从无数条小河、小湖泊变成大黄河,肯定是过了很长的时间吧?"琪琪问道。

爸爸说:"那是当然,距今已经超过150万年了。在刚开始的数十万年里,还发生了两次规模较大的冰川活动,大湖都在萎缩、分裂,形成了很多的小型湖泊与湿地,古黄河就是从这些互不交融的内陆湖盆水系,逐步演化而来的。"

琪琪的眼睛瞪得像铜铃一样:"150万年……这比我的想象要早很多了!"

▲ 黄河口湿地美景

"是啊，大大小小的河流与湖泊不断变化，要经过时间的沉淀，才能形成一条贯穿东西的大河流，这就是自然的力量呀。"爸爸轻轻地把手从背后搭在琪琪的肩膀上。

"哎，那我是不是都没法见证黄河以后的变化了。"琪琪无奈地看着爸爸。

爸爸不禁哈哈大笑："小琪琪是想活到几万岁呀？我们虽然看不到沧海桑田的变化，但是因为这些年的治理，黄河与之前相比已经有了很大的变化。"

琪琪开心地笑了："这个我知道，人类应该尊重大自然，不能过多地破坏大自然，人类也是大自然的一部分。我们保护大自然，大自然也会保护我们！"

自然地理画卷（上游）

历经地质运动和气候变迁，零散湖泊如同珠链般串联，终成滋养华夏的"母亲河"

黄河的成长变迁

周末到了，爸爸见琪琪正在看课外读物，便问道："你在看什么呢？"

琪琪看的是一本地理科普书，爸爸讲的黄河故事引起了他对黄河的浓厚兴趣："我正在看黄河的变迁呢，可是好像有点没看懂。"

"哈哈，你看到哪里了？"爸爸问。

"就是这里！看黄河是怎样成长的。"琪琪指了指书说道。

爸爸点了点头，然后问："那爸爸先考考你，你还记得黄河是怎么形成的吗？"

"记得！因为地质大运动，在漫漫的岁月中，逐渐从一条内陆河湖汇成了大河。"琪琪骄傲地抢答。

爸爸给琪琪竖了一个大拇指："说得对！历史上的黄河大致经历了三个发展阶段：古黄河的孕育期是从第三纪到第四纪的早更新世，第四纪中更

▼青藏高原风光

新世是古黄河的诞生成长期,晚更新世时黄河形成了海洋水系。"

琪琪立刻坐直了身子:"那黄河到底经历了怎样的变化呢?"

爸爸慢慢解释道:"大地的样子、地下的构造、气候的变化等等,各种自然条件都在不断变化。这些变化一起为黄河的诞生创造了'生存条件',这是一个非常复杂的地质过程。"

琪琪似懂非懂地点点头:"听起来确实很复杂呀。"

爸爸问:"你知道黄河流经哪些地方吗?比如青藏高原、黄土高原和华北平原?"

琪琪点点头。

爸爸继续说:"所以,黄河跟这些地方的变化有着密切的关系。一开始,黄河还没有干流,只有一些大大小小的湖泊,而且这些湖泊之间并不相连,水流也不相通。但是,由于地壳的运动,地面出现了高低起伏,有些地方抬高了,有些地方降低了。"

"爸爸,人往高处走,水往低处流。高低起伏的地势让原来的湖泊有了高低之分,慢慢地才形成了干流,对吗?"琪琪好奇地问。

"对呀。那你知道是哪些板块发生了运动吗?"爸爸指了指书上的

地图。

琪琪自信地说:"是印度洋板块和亚欧大陆板块!这个我刚刚看过,还记得呢。"

"看来琪琪看书很认真!正是由于这两大板块相互碰撞,导致了地壳的变化,我国的地势从东高西低变成了西高东低。这样一来,一系列的变化就开始了:首先,两大板块之间的挤压和碰撞使青藏高原隆升了;接着,青藏高原的隆升改变了大气环流的模式,印度洋的暖湿气流难以进入亚欧大陆腹地,导致那里形成了大面积的沙漠,风蚀作用变得非常明显。"爸爸解释道。

▼ 三门峡

琪琪问："爸爸，这一系列的变化对黄河有什么影响呢？"

爸爸提示琪琪："高原的环境变化不仅改变了气候，还在青藏高原上形成了以前没有的大范围冰川……"

"啊！我知道了，到了温度高的季节，冰川就会融化成水，水流进谷地成了河流，这就为黄河的汇聚提供了基础。"琪琪骄傲地补充道。

知识点

青藏高原是世界上海拔最高、最"年轻"的高原，被称为"世界屋脊"，也被称为"地球第三极"。

小小地理家的话

黄河是中华民族的"母亲河"，发源于青藏高原巴颜喀拉山，流经青藏高原、黄土高原、华北平原，注入渤海。

"说得太对了！那你知道这些小河流是怎么汇聚成黄河的吗？"爸爸卖起了关子。

琪琪赶紧拿起书，一边指着地图一边说："我刚刚看到书上说，在大约60万年前，黄河穿过李家峡，流到了李家峡以上的地区；再之后，黄河又穿越龙羊峡进入了共和盆地。"

爸爸说："没错，后来地球进入温暖期，冰川融化得更多，黄河的上游和中游逐渐连通，汇集在三门湖。水量越来越大，水位不断升高，河床也越来越深，最终三门湖切穿了三门峡。突破了三门峡后，黄河干流终于向东流入大海。"

琪琪听得津津有味，眼睛里闪烁着对知识的渴望："原来是这样啊！我终于明白了黄河的成长经历啦。"

从古代使臣的初步探索到现代科技的精准勘查,寻找黄河源头的脚步,从未停歇

黄河源头在哪里?

国庆节到了,琪琪一家人自驾去郊外游玩。琪琪远远就看见顺着山间流淌的小溪流,他兴奋地跑了过去。

爸爸跟在后面小跑了几步:"琪琪,慢点跑。"

琪琪跑到小溪边上,专注地看着水流。

爸爸问:"看什么呢,琪琪,这么入迷?"

"爸爸,您快看,这水流源源不断地往下流,它到底是从哪里流下来的呀?"琪琪疑惑地看着爸爸。

爸爸摸了摸琪琪的小脑袋,慢慢地说:"琪琪,你是想问河流的发源地是哪儿吧?"

琪琪点了点头:"嗯。"

"水流都是往低处流的,而山间有高低差,所以河源一般分布于山区。"

▼ 黄河源头

爸爸一边说一边指了指远方的山脉。

琪琪向爸爸指的方向探了探头:"啊,居然是从那么远的地方流下来的,我还以为往前走一会儿就能看到源头了。"

爸爸笑了笑说:"那你知道黄河的发源地在哪儿吗?"

"应该也是从高高的山上发源的吧,但是是哪座山我就不知道了。"琪琪无奈地摇了摇头。

"黄河源头位于青海省腹地。一共有三个河源,分别是扎曲、约古宗列曲、卡日曲。"爸爸逐一介绍道。

"原来黄河的源头是在青海呀,可是怎么会有三个源头呢,是像三头蛇一样吗?"琪琪睁大了眼睛看向爸爸。

"这些支流都是黄河的源头,但它们也有主次之分,正源是卡日曲。"爸爸解释说,"从地理学的角度来看,判断一条支流是不是河流的源头,主要看三个因素:长度、流量,以及它是否干涸。其中最重要的是不能干涸,其次是长度和流量。"

琪琪很快明白了:"我懂了,卡日曲的条件一定是最符合标准的。"

爸爸点点头:"对,这三个源头中,扎曲经常干涸,没有什么竞争优势。那么到底是约古宗列曲还是卡日曲呢?学者们曾经为此争论了很久。从长度来看,卡日曲更长;从流域面积来看,卡日曲更大;从流量来看,卡日

第一章 历史变迁

13

▼ 黄河源头

曲的水量是约古宗列曲的两倍多，而且卡日曲在旱季也不会干涸。所以现在大多数学者认为卡日曲是黄河的正源。"

"那人们是怎么发现的呢？会不会像我这样一路找过去的呢？"琪琪睁大了眼睛问爸爸。

"当然不会啦，寻找和确定黄河的源头可不是件容易的事。人们比较清楚地认识黄河及其源头，还是在唐代以后。"爸爸牵起琪琪的小手慢慢往回走。

"唐代！爸爸，您不是说早在尧舜时，黄河就是一条有名的河流吗？怎么到了唐代才找到源头呢？"琪琪疑惑地看着爸爸。

爸爸说："公元821年，唐朝使臣出使吐蕃的时候，特意考察了黄河的源头。这是古人对黄河源头有初步认识的一个重要时刻。"

这时，琪琪又有了新的问题："爸爸，在唐代的时候，人们就已经知道黄河的源头在青海了吗？"

爸爸回答："还没有。唐代时，人们对黄河的认识越来越明确。到了元代和清代，依然有人在寻找黄河的源头。比如公元1280年，元朝使臣受命考察河源，发现河源在'尕甘思西部'，当时人们认为星宿海就是黄河的源头。到了清朝，人们又有了一些新发现。"

"星宿海不就在现在的青海省吗？"琪琪问。

"没错，星宿海就在青海省玛多县附近，但现在因为全球气候变暖等原因，原来的2600多个湖泊已经所剩无几了。不过，我们还是先讲完黄河的源头吧。"爸爸接着说，"到了清朝，黄河中下游地区经常发生洪水灾害，朝廷派专使去黄河源头告祭河伯，希望保佑百姓平安。使臣沿着星宿海向上游走了两天两夜，发现了三座大山，每座山上都有一条河流流出，这三条河流汇入扎陵湖。乾隆四十七年（1782年），专使对这三条河流进行了实地考察，最终认定位于星宿海西南的阿勒斯坦郭勒河为黄河的正源，也就是卡日曲。这是人们第一次查明黄河的源头。"

琪琪觉得这真是太不容易了："爸爸，这么耗时耗力，为什么还要非得找到源头呢？"

爸爸说："新中国成立后，为了彻底治理黄河，造福人民，国家花了很多工夫进行全面勘查。1978年，国家再次组织有关单位对黄河进行详细勘查，最终确定卡日曲为黄河的正源。找到源头可以帮助我们更好地了解和管理这条重要的河流。"

黄河绘出了独特的"几"字形轨迹，每一次改道无不呈现着历史的波澜壮阔

黄河的迁徙之旅

琪琪放学回家，把书包一扔，就向爸爸跑了过去，边跑边喊："爸爸，您知道几字河是什么河？今天课堂上老师提问，我答不出来，都被同学笑话了，快告诉我答案吧。"

爸爸说道："爸爸给你讲了那么多关于黄河的知识了，几字河就是黄河啊。"

琪琪恍然大悟："对呀，黄河就是'几'字形的呀！咦，爸爸，那您知道黄河是怎么变成'几'字形的吗？"

"走，咱俩一起去研究研究。"爸爸走到书房开始翻书了。

爸爸问琪琪："你知道关于黄河最早的记载是什么时候吗？"

琪琪把头摇得像个拨浪鼓一样。

爸爸拿起一本泛黄的书，慢慢地说："《尚书·禹贡》曾经记录过中国很多河道的历史，其中就有黄河河道的记载。"

"爸爸，那书上写了些什么呀？黄河是怎么变成'几'字形的？"

"《尚书·禹贡》上是这么说的：这条河道在孟津上方，被夹于山谷中间；在孟津之下，汇合洛水等支流，改向东北流，然后再分为几条支流，受地势高低的影响向东北方向注入大海。人们称这条黄河河道为禹河。"爸爸说道。

琪琪看着爸爸："是不是它的支流就像一个'几'字形呢？"

爸爸笑着摇了摇头："黄河河道的变迁可是一个耗时很长的过程，这才刚刚开始呢。"

"据《问水集》等史书记载，在周定王五年（公元前602年），黄河出现了最早记载的第一次大改道：洪水从宿胥口奔腾而下，一直向东流，沿途经过漯川，最后到达寿津。之后与漯川分流，向北汇入了漳河，一直到达章武（今河北沧县东北）汇流入海。这条新河在禹河之南。

"汉武帝元光三年（公元前132年），黄河再次向南改道，河水朝东南方向流经巨野泽，最后流入淮河。在23年之后，黄河虽然经常堵塞，但是

第一章 历史变迁

▲ 黄河岸边美景

不久就向南边分流成为屯氏河，直到六七十年之后才回到之前的河道。

"之后很长一段时间，黄河多次发生改道。北宋初年，短时期、短距离的分流河道快速增长。等到了宋仁宗庆历八年（1048年），黄河又一次改道，往北直奔大名，经过聊城西到了河北青县境内与卫河汇流，最后入海。12年后，黄河在商胡埽下游分流，经过了今天的朝城、馆陶、乐陵、无棣入海，所以命名为'东流'。"

琪琪好奇地问爸爸："东流就是今天的黄河吗？"

爸爸摇了摇头："可惜，东流行水还不到40年就断流了。

"南宋建炎二年（1128年），为了抵挡金兵南下，东京守将迫不得已打

开了黄河堤防，导致黄河改道。从此，黄河从以前的北入渤海变成了南入黄海。直到1855年，黄河主要是在南方流动，虽然经常北流，但往往被人力强行引向南流。南流夺淮入海期间，黄河的干流也是迁徙不定。明代后期潘季驯治理黄河，这才基本将其稳固在开封、兰考、商丘、砀山、徐州、宿迁、淮阴一线，也就是今天的'明清故道'，行水长达300多年。

"清咸丰五年（1855年），黄河改道，重新回到北面，向北注入渤海。"

琪琪若有所思："爸爸，您说这像不像动物的迁徙一样，慢慢成了'几'字形的呢？"

"这个比喻很恰当！"爸爸鼓励道，"琪琪很爱思考，要保持哦。"

第二章 河流水系

自然地理画卷（上游）

黄河十八弯，每一弯都彰显了中华"母亲河"的大气磅礴……

黄河十八弯

"风在吼，马在叫，黄河在咆哮……"这天，爸爸边唱着歌边走进了家门，铿锵有力的歌声立刻吸引了琪琪。

"爸爸，您在唱什么歌？"琪琪小跑着过来迎接爸爸问道。

"爸爸唱的是经典老歌。在那个时代，有关黄河的歌曲很多很多，来来来，爸爸再给你唱一段——'天下黄河十八弯，革命路上都艰难。不怕

知识点

干流和支流：水文学上，干流指的是水系中最主要或最大的、汇集了全流域径流的河流。在同一个水系之中，如果一条河流直接流进海洋或者内陆湖泊，那么则称为干流；如果一条河流入干流而不直接入海或湖，则称为一级支流；如果流入一级支流，则称为二级支流……依此类推。

风来哎呀不怕浪啊，我们来齐心协力把船划。嗨哟！'"爸爸见琪琪这么感兴趣，一下来了兴致，像指挥家那样打着节奏，沉醉地唱着歌。

"爸爸，您唱的是什么？天下黄河十八弯？黄河还有十八弯？"琪琪可不听那么多，一下子从歌词中抓到了自己感兴趣的字眼。

"是啊，黄河素来有'九曲黄河'之称。"爸爸停下唱歌，问琪琪，"你以为黄河就是一条直溜溜的河道吗？"

▲ 白河

自然地理画卷（上游）

"也不是……不过，我还真不知道黄河有这么多弯道呢，爸爸，您给我讲讲呗！"琪琪拉着爸爸说道。

"那我先给你出一道题，听好了：一条很长的面条，但弯曲之后就显得不长了。如果把黄河比作一条弯弯扭扭的面条，你来猜，如果把黄河这条又弯又长的面条拉直，它会比原来起点到终点的直线距离长多少呢？"爸爸问琪琪。

"爸爸说了，黄河都九曲十八弯了，我猜会是原来的好几倍吧。"琪琪想了想，回答道。

"琪琪说对了。据专家们统计，如果把黄河这根面条拉直了，约是直

▼ 九曲黄河

> **小小地理家的话**
>
> 其实,"黄河九曲十八弯"仅仅是一种概括性的说法,人们以此来形容黄河的曲曲折折。在藏语里,"河"为"曲"的意思。当地的藏族人会根据黄河上游的地形地貌、人文景观,为上游的各个河段设计更加有特色的命名,比如卡日曲、扎曲等等。

线距离的2.64倍,之所以会长这么多,正是因为黄河弯曲多。不过琪琪要注意,爸爸和你讨论的,还只是黄河的干流,不包括黄河众多的支流。"爸爸在空中为琪琪比画着,模拟着让一条原本弯弯的线拉成直线,一下长了许多。

"那河流弯曲的地方,一定会很漂亮、很壮观吧!"琪琪发出了疑问。

"是啊。不是我夸口,爸爸还亲自去感受过那里的壮观。"说着,爸爸从背后的书架上翻出一本发黄的相册,拿出一张相片放在琪琪面前,指给琪琪看,"就说这九曲黄河第一弯,那可是又大气又壮阔,彰显了咱们中华'母亲河'的精神和姿态啊!"

琪琪看着相片,只见爸爸站在山上,自上而下,黄河九曲第一弯的全景尽收眼底,在辽阔无垠的原野间、此起彼伏的山川下,一条缓缓淌过、曲曲折折的河流便是这里最独特的点缀。此时正值夕阳西下,黄河上倒映着粼粼红光,如画一般美丽。

琪琪不由得惊叹:"爸爸,您去过这里!"

"是的,你可别小瞧这里,这里可是被称作'宇宙中的庄严幻影'的地方。所以,每年才会有很多人从四面八方赶来,想要看看它的面貌呢,当年爸爸也是其中之一。九曲黄河第一弯所处的位置在四川省阿坝藏族羌族自治州若尔盖县的唐克镇,在这里,可以看到黄河与支流白河交汇并转弯。你看,就是这里。"爸爸将白河的位置指给琪琪看。

"爸爸,爸爸,您下次也带我去吧。"琪琪拉起爸爸的手,眼里满是期盼。

"黄河的美景啊,远远不止这些呢,先跟爸爸学好知识,爸爸会带琪琪去看个够。"爸爸抚摸着琪琪的手,笑着答应。

白河与黑河，这对"姊妹河"是如何从同一个"家"出发，却展现出截然不同的面貌呢

黄河上游的"姊妹河"

自从爸爸给琪琪讲了黄河九曲第一弯，琪琪便常常拿起照片翻看，翻着翻着，琪琪的小脑瓜里又冒出了问题，他赶紧跑去问爸爸。

"爸爸，您说这个天下第一弯的地方，有黄河和白河的交汇，我只知道黄河，白河是什么？"琪琪拉拉爸爸的衣服问道。

"琪琪对这个感到好奇吗？"爸爸放下正在阅读的报纸，把琪琪拉到沙发上坐下来，"爸爸先给你讲讲，这黄河作为中国的第二长河，当然不是一条大河流到底了。黄河从河源到河口这5464千米的距离中，要不断有支流汇入，才能形成一条具有规模的大河。爸爸这么说，你能明白吗？"

"是不是就像琪琪去上学，路上同学们从不同的道路上走来，但是最终都走向同一个终点呢？"琪琪想了想，回答道。

"对了，河流也一样，形成黄河的所有水体，并不'住'在同一个地方，它们有的来自远的河源，有的来自各地的支流，还有的水体会先和其他相近的水体汇合，再和其他更多的水体汇合，也就形成了二级支流、一级支流和最终的干流，当然，还有三级、四级支流等等，都是存在的。"爸爸说着从桌上顺手拿起一支铅笔，在报纸的空白处，把干流、一级支流、二级支流的关系画给琪琪看。

> **知识点**
>
> 河源：河流干流或支流距离河口处最远、常年有地表流水的地方。
>
> 河口：河流终点，即河流注入海洋、湖泊或其他河流的地方。

"这个我知道了，您还没说白河是什么呢？不过，爸爸您给我讲支流了，我猜白河一定是黄河的支流吧！"琪琪一副胸有成竹的样子。

"哈哈，琪琪相当聪明啦！"爸爸接着讲道，"四川省内不仅有一条白河，还有一条黑河。说了白河，爸爸再给你讲讲黄河上游在四川省内的另一条支流——黑河。白河又称'嘎曲'，黑河又称'墨曲',它俩可是被称为'姊妹河'的两条河流呢。"

"姊妹河?为什么呢?"琪琪不解。

"这两条河流呢,同为黄河上游在四川省境内的两条大支流,流经若尔盖草原,也就是这黄河九曲第一弯的地方。"爸爸从琪琪手里拿过黄河九曲第一弯的图片,重新指给琪琪看,"它们本是两个相邻流域,中间有一个分水岭,但这个分水岭却较为低矮,是不是相连很紧密呢?甚至,这两条河流的特征都十分相似。所以,白河和黑河在同一个地方形成,它们之间不仅亲密,特征还十分相似,是不是就像一对姐妹呢?"

"哇,黄河流域竟然还有这么有缘的两条河流呢!"接着,琪琪又抛出了疑问,"那这对姐妹只是同一个父母,又不是双胞胎,而且一个叫黑河一个叫白河,是两个相反的概念呀。该怎么区分这两条河流呢?"

爸爸回答道:"哈哈哈,琪琪真是个细心的孩子呢!这两条河流啊,都是由唐克湖形成的沼泽区发展成为的白河、黑河的,但这两条河流的地势一个高,一个低。高的那条河流没有那么多泥炭,自然河水较清;低的那条河流呢,刚好两边都是沼泽,河水和泥炭混杂在一起,难免会呈现灰色。

> **知识点**
>
> 分水岭:将两个相邻的流域相互分离开来的山岭,有时也为高地。一般情况下,分水岭更多为山岭、高原等。而分水线则是分水岭的"脊线",分水线是相邻流域之间的界线,通常情况下为分水岭最高点之间的连线。

▼黄河弯道

▼黄河九曲第一湾

琪琪觉得,高的这条河流是哪条?低的又是哪条?"

"地势低,泥炭多,河水为灰色,就是黑河吧。那另一条河流河水较清,就是白河了!"琪琪立刻答道。

"对了!"爸爸摸摸琪琪的头,笑着说。

"哈哈,等哪天我一定要去拜访拜访它们!"琪琪又一次拿出旧照片仔细看了看,郑重其事地放回相册里。

小小地理家的话

　　白河、黑河流域位于红原的弧形构造内里一侧，并且受其弧形构造限制。由于地质构造的原因，这里地块下陷，形成一个湖泊，将周围的水流汇集至此，形成了独立水系，即现在的唐克湖，后来渐渐变成了沼泽。白河、黑河在此沼泽区域发育形成的，所以，这两条河流除上游丘陵区能够出现稍显著的河谷以外，在其他河段中，河流都是在盆地、沼泽间弯曲流淌的。

从"泾渭分明"到"黄洮分明",再到冬日里独特的"洮水流珠",洮河美景不容错过……

黄河上游的最大支流

"爸爸,黄河那么多条支流,您就不能一次给我讲完吗?"充满了求知欲的琪琪,迫不及待地想一下听完有关黄河的所有故事。

"饭要一口一口地吃,细嚼慢咽,才能好好消化,学知识也是一样呀,一次给你讲完,你能记住多少呢?"爸爸说道,"今天,爸爸再给你讲一条支流——洮河。"

"我要听,我要听!"琪琪说着,认认真真地坐在爸爸旁边。

"洮河和上次给你讲的白河、黑河一样,都属于黄河的主要支流。不过,洮河可是黄河上游最大的支流,其年水量仅次于黄河中游的渭河。"爸爸细细道来,"洮河发源于青海省黄南藏族自治州下辖县河南蒙古族自

治县西倾山东麓,在甘肃省临夏回族自治州永靖县汇入黄河刘家峡水库。"

"洮河流经的地方,跨越我国两大地貌单元——甘南高原和陇西黄土高原。甘南高原牧草丰盛,是流域内的主要牧业基地;陇西黄土高原植被稀少,水土流失严重,是洮河泥沙的主要来源区。"爸爸停下来,问琪琪,"琪琪,你听说过'泾渭分明'这个词语吗?"

"我当然知道啦!语文老师讲过,泾渭分明就是界限分得很清楚的意思。"琪琪骄傲地向爸爸展示自己学到的知识。

"琪琪真聪明呀!'泾渭分明'来源于一道自然风景:'泾''渭'为两条河的名称,在泾河和渭河的交界之处,这两条河水其中一条清澈,另一条却很浑浊,两条河中间便是一道自然形成的清晰的分界线,绵延数里,十分壮观。其实呀,这样的景观在大自然中并不罕见,就在黄河、洮河的交汇之处,也有这样的景观。"爸爸讲道。

"那……是不是可以叫作'黄''洮'分明——爸爸,我想吃黄桃了!"琪琪调皮道。

"琪琪,你还真会联想呢!"爸爸被琪琪逗得哈哈大笑,"洮河和黄河,你觉得哪条'清',哪条'浊'呢?"

▲ 泾渭分明三江口

"我知道!黄河泥沙那么多,'浊'的当然是黄河,'清'的就是洮河喽。"琪琪立刻回答道。

"不对啦。"爸爸料到琪琪会这样回答,"事实上,是黄河'清'洮河'浊'。洮河流域由于地质结构复杂,流经黄土高原,输沙量大,所以浑浊。而黄河在上游流域,水源主要来自巴颜喀拉山的冰川融水,流经地区水土流失并不严重,加上上游河床窄、流速快,所以很清澈。"

"原来是这样呀。"琪琪点点头。

爸爸说道:"洮河还有一个独有的奇特景观呢。"

"是什么?"琪琪好奇地问道。

"洮河流域有一个奇特的现象,叫作'洮水流珠',那可是岷州八景之一。"爸爸说道,"如果你在数九寒天的时候前往洮河观赏,就会看到冰封的河面下水流奔腾,激起一层层的浪花,冲向岸上的冰层被雕磨为冰珠,落入水中,一团一团、一片一片地浮在水面上。"

▼ 渭河夕照

知识点

渭河:古称渭水,横跨甘肃东部和陕西中部,全长约818千米,流域总面积约13.5万平方千米,是黄河的最大支流。

保护环境，守护湟水

青海的"母亲河"

"爸爸，我想去吃汉堡！"琪琪颠颠地跑向爸爸说道。

"哦？"爸爸正在书房的电脑上读着外国文学，边滑动着鼠标边回答道，"你妈妈上周才带你吃了汉堡，可不能再吃了。"

"想吃也不是不行。不过——"爸爸停止手上的动作，看着琪琪，"你得给个能够说服我的理由，让我奖励你吃汉堡。"

"啊？"琪琪想想最近也没有考试，也没有碰到机会可以帮助别人，只好苦恼地垂下了头，嘴里嘟囔着，"可是……"

爸爸见琪琪这副模样，便说道："这样吧，爸爸考你三个问题，要是你能答对其中的一个，爸爸就带你去。"

"真的吗！您快说！"琪琪的眼睛立刻发亮。

爸爸看了眼正在阅读的雨果的散文集《莱茵河》，问道："第一个问题，你知道德国的'母亲河'是什么吗？"

"不知道呀。"琪琪想也没想就回答道。

"莱茵河。那你知道奥地利的'母亲河'是什么吗？"爸爸继续问道。

"这……"琪琪挠了挠头，瞧着三个问题两个都没答上来就着急了，"爸爸，您怎么不问中国的'母亲河'是什么，是黄河！"

"可不能这么简单哦。"爸爸看着琪琪着急的样子，故意慢吞吞地问道，"不过，既然你提到了黄河，那你知道青海的'母亲河'是什么吗？"

琪琪三个问题都回答不上来，但他也不愿放弃任何一个学习的机会："爸爸，您就直接告诉我吧，我下次就能答上了。"

"青海的'母亲河'就是湟水。"爸爸回答道。

"湟水？这个名字真好听，跟黄河有什么关系吗？"琪琪立刻进入了学习状态。

"此'湟'非彼'黄'，不过湟水和黄河确实有一些联系，湟水是黄河的一条支流,是黄河重要的水源之一。"爸爸开始给琪琪讲起来,"湟水流经青海省、甘肃省,在甘肃省永靖县和青海省民和县之间注入黄河。这湟水啊,那可是黄河在青海省内最大的一级支流呢。"

"湟水是青海省的'母亲河',是不是对青海省意义非常重大?"琪琪问道。

"琪琪说的没错。它流经青海省一州一地一市八县,流域内人口占青海省总人口的60%。正是在湟水的哺育下,河湟谷地绿树成荫、环境优美,湟水还灌溉着两岸数万亩农田,并孕育了神奇的河湟文化。每年春夏的时候,黄河上游的冰雪开始消融,雪水源源不断注入湟水,形成河水上涨、波涛汹涌的情形,被生动地称为'湟流春涨'。"

"湟流春涨……"琪琪喃喃地重复着这几个字。

"清代诗人张思宪曾经作诗描述这一景象:'湟流一带绕长川,河上垂

▲湟水河

小小地理家的话

由于湟水流域自然环境较为脆弱，并且水资源的供需矛盾日益凸显，以及其他因素影响，目前，湟水流域的水质改善工作还面临着非常大的压力，污水处理能力有待提升，流域协同机制有待完备，水土治理任务仍然面临着巨大挑战。

柳拂翠烟。把钓人来春涨满，溶溶分润几多田？'"爸爸生动地讲述着，"琪琪，你如果明白了我上面给你讲的意思，那么这首诗描述的就是这一现象。"

"看来和湟水相关的，都是好景色呀。"琪琪总结道。

"原本是这样，现在可不如以往了。"爸爸说，"这些年来，该地区绝大部分工业废水和生活污水没有经过专业处理，就直接排入湟水，还有土壤中常有化学污染物伴随着降水进入湟水，现在的湟水水质日渐恶化……原来的美好景象，现在可是很少见了。"

琪琪听得眉头蹙起，感到有些惋惜。

"当然，现在国家和地方政府正对湟水流域进行积极治理。"爸爸郑重地说道，"琪琪，爸爸想告诉你的是，无论是湟水还是其他河流，都是我们祖国的大好河川。虽然在河流保护方面我们无法起到决定性的作用，但我们完全可以从身边的小事做起，比如尽量重复利用水源，减少生活、生产污水的排放。"

"我明白！"琪琪向爸爸承诺道。

"琪琪真是懂事。"爸爸笑了，"现在还想吃汉堡吗？"

"啊？"琪琪一下子没回过神。

"琪琪这么好学、懂事，那爸爸可要奖励你吃汉堡啦，快去换衣服吧。"爸爸弹弹琪琪的小脑瓜，笑着说道。

"啊，爸爸等我，马上就好。"话音未落，琪琪已经去换衣服了。

自然地理画卷（上游）

有一种归来叫脱胎换骨，细数"大黑河"的前世今生

呼和浩特的"母亲河"

琪琪正在桌子上用水彩笔画画，看着五颜六色的画笔，他想到了一个问题，便立刻跑去问爸爸。

"爸爸，您跟我说过，这黄河的支流，有的叫'黑河'，有的叫'白河'，有的叫'蓝河'，自己本身还叫'黄河'，还有没有别的好玩儿的名字，一起讲给我听听。"琪琪大声地说道。

"别急，别急。"爸爸缓缓地抿了一口茶后放下茶杯，开始回答琪琪的问题，"你知道吗？在黄河的支流中，还有一条河叫作'大黑河'呢，有兴趣的话，爸爸讲给你听听。"

"爸爸，您别慢悠悠地跟我卖关子了，快讲吧。"琪琪见爸爸这么不紧不慢，着急地催促。

"大黑河处于内蒙古河套地区，据《水道提纲》记载，大黑河蒙古语叫作'伊克图尔根河'。这大黑河发源于内蒙古中部的乌兰察布市卓资县十八台镇南山顶，流经内蒙古首府呼和浩特市近郊，在呼和浩特市托克托

知识点

《水道提纲》是中国地理著作的创举之一，是专叙水道源流分合的地理著作。为齐召南所写，全书共二十八卷，于乾隆二十六年（1761）最终写成。

县的河口镇流入黄河。"爸爸认真地给琪琪讲起来，"而且，它还是呼和浩特的'母亲河'呢。"

"黄河是中国的'母亲河'，黄河的支流之一叫大黑河，这条大黑河又是呼和浩特的'母亲河'。"琪琪总结了一番。

"没错。"爸爸回答道。

"'黑河'和'黑'的确有点关系，'大黑河'和'黑'又有什么关系？为什么说大黑河是呼和浩特的'母亲河'呢？"琪琪问道。

"爸爸一个一个告诉你。'大黑河'这个名字，可是经历了千变万化。"爸爸继续讲道，"在记载蒙古历史的文献中，频繁有'伊克图尔根河'——也就是'大黑河'的出现。大黑河还有其他许多名字，比如秦代称之为'黑水河'，汉代时上游称为'荒干水'，东汉学者班固在《汉书》中就记载着荒干水的流向，下游称为'沙陵河'。到了北魏时期，著名的地理学家郦道元在《水经注》中称它为'芒干水'。隋唐、辽、金时期，人们又称之为'金河'或'紫河'。唐末至五代居住在这里的回鹘人把大黑河称作'合罗川'，是'黑色'的意思，从此便出现了'黑水'之名。辽代将大黑河称作'金河'或'黑河'。元代也叫'黑河'或'黑水'，一直沿用

▲ 大黑河

到现在。之所以和'黑'扯上关系，总归还是因为这条河携带的土质十分黝黑。"

"哈哈哈，那没准以后'大黑河'又不叫'大黑河'，改称其他名字了呢！"琪琪笑道。

"这可说不准！"爸爸也笑了起来，"从刚刚给你讲的大黑河的名字变化，就可以看出，自古以来居住在大黑河两岸、享受着大黑河哺育的人越来越多。根据考古学家们研究发现，早在5000多年，大黑河两岸就已是猎人、牧人的出没之地。而后，各族人民——特别是北方游牧民族和汉族人民，相继在这里居住。并且，大黑河含沙量较多，对增加河流两岸土地的肥力起着重要的作用，也浇注了内蒙古重要的土默川平原，可谓是'一方水土养一方人'呀。

"不过以前的大黑河可不如现在，由于乱采砂石、垃圾污染、污水非法排放等人为破坏，大黑河的河道生态遭到严重破坏，甚至发出阵阵臭味，市民都不愿来这里。后来，呼和浩特市政府对大黑河进行了专项整治，才让大黑河的情况逐渐转好，现在的大黑河已经成为人们休闲娱乐的好去处了。"

琪琪突然正襟危坐，严肃起来："爸爸，我们也要注意保护环境，不能让身边的好山好水被污染！"

▲ 大黑河

扎陵湖与鄂陵湖，这对高原上的姊妹湖，是黄河的源头

扎陵湖与鄂陵湖

自从爸爸开始给琪琪讲述黄河的知识，琪琪没事就喜欢在爸爸书房的电脑上打开中国地图看一看，今天，琪琪又发现了新问题。

"爸爸，您快过来，您看地图上这两块蓝色的地方是哪里呀？"琪琪在书房里呼唤爸爸。

"怎么啦？琪琪。"爸爸正在客厅里看电视，他关掉电视，慢慢地从客厅里走过来，"你遇到什么问题了？"

"我刚才看地图，发现这里有两个湖，分别叫作扎陵湖和鄂陵湖。"琪琪对照着地图上的标注念了出来，"而且这个位置，是不是刚好就在黄河的头部呀？"

"琪琪把黄河的位置记得很牢很牢，而且会看地图了，不错不错。"爸爸看着琪琪这么努力，求知欲这么强，表扬道，"扎陵湖和鄂陵湖挨得这么近，是一对姊妹湖泊呢。"

"姊妹湖泊？好巧啊，您和我讲过白河和黑河是姊妹河，这个扎陵湖和鄂陵湖又是姊妹湖？"琪琪觉得有些好奇。

"哈哈，是的。"爸爸笑道，"这两个湖的名字也和颜色有关系。藏语'扎陵湖'意思是'白色的长湖'，'鄂陵湖'意思是'蓝色的长湖'。参与黄河形成的湖泊现在仍有三个，其中两个便是扎陵湖和鄂陵湖，另一个是下游的东平湖。"

"黄河是河，和湖泊有什么关系？"琪琪问道。

"这就要讲到黄河的形成了。我们的黄河，其实是由许多个湖盆水系演变而成的。扎陵湖和鄂陵湖同样是由湖盆而来，它们在地理位置上非常靠近。在古代，喜马拉雅运动导致青藏高原隆起，进而使本身就有的湖盆再次下沉，能蓄积更多湖水，有了可以成为湖泊的条件，这就是从湖盆到湖泊的过程。后来经过一系列变化，形成现在的鄂陵湖、扎陵湖及其周边多个小湖泊。从水源来讲，黄河经过星宿海和玛曲河，首先注入扎陵湖。

然后又经过一条长约20千米，宽有300多米的黄河峡谷，又分成九股水道，这才注入鄂陵湖。"

"我好像想象到了，原本的小湖盆逐渐变深变大又分离……是地形变化的过程。"琪琪说道。

"说得不错，看来琪琪是理解了。"爸爸笑着刮了刮琪琪的鼻子，又指向电脑，勾勒出扎陵湖和鄂陵湖的形状，"琪琪你看，扎陵湖的形状像不像不对称的菱形，东西两边更长，而南北两边比较窄；鄂陵湖的形状像一个金钟，东西窄，南北长。将两个湖泊放在一起看，是不是就像一只飞舞的蝴蝶呢？"

"真的！飞啊飞，飞啊飞。"琪琪大拇指交叉，用两只手做成蝴蝶的样子，在地图上比画着飞出去飞回来，飞到爸爸的眼前。

"哈哈，就是这个意思。"爸爸笑着说道，"琪琪，你知道吗？扎陵湖和鄂陵湖两湖的海拔均为4200米以上，可是很少见的大型高原淡水湖呢。除此之外，扎陵湖和鄂陵湖最大的特点便是寒冷、潮湿。正因为其独特的地理位置、地理资源和地理环境，扎陵湖和鄂陵湖为高原独特的动物和植物提供了栖息地。比如，扎陵湖的西南角有三个鸟岛，有大雁、棕颈鹤、渔鸥、赤麻鸭等20多种候鸟在这里栖息，而鄂陵湖则有一个'小食堂'一样的地方哦。"

"'小食堂'？难道有人在岛上开了一家'餐厅'吗？"琪琪调皮道。"哈哈，琪琪说对了一半。每逢春天，当巴颜喀拉山的冰雪融化后，就会导致河水上涨，当河水足够高时，则会漫过一个'小台阶'流入这个特别

知识点

湿地，生态系统类型之一。陆地和水域相交汇的地方，常年被浅水覆盖，水位接近或就处于地表面。一般来说，湿地至少有一个或几个以下特征：植物生长的优势种是水生植物；底层土主要是湿土；在每年的生长季节，底层有时被水淹没。按照中国湿地分类国家标准，湿地按成因分为自然湿地、人工湿地。扎陵湖—鄂陵湖保护区的湿地属于自然湿地中的湖泊湿地。

知识点

湖盆：指陆地上有一定长度和宽度的能蓄积湖水的凹地，由陆地表层内力作用（地壳运动）、外力作用（水力、冰川、风力等）共同作用形成。

知识点

淡水湖，是指以淡水形式积存在地表上的湖泊，湖水矿化度不超过1克/升。世界最大的淡水湖是美国和加拿大共有的苏必利尔湖，淡水量最大的是贝加尔湖。中国最大的淡水湖是鄱阳湖，而后依次是洞庭湖、太湖、洪泽湖、呼伦湖。

的'餐厅'，湖里的鱼儿也会纷纷游进来。当冰雪全部融化之后，没有水再进入湖里，原本的湖水还会蒸发掉，那原来游进来的鱼呢？没有了生存空间，只得'渴'死，还会被风浪推到岸边的沙滩上。鸟儿想吃鱼了，不用自己费力去捕，只要到'餐厅'去，就可以大饱口福。所以，这里的确有家'餐厅'，不过不是人开的，是大自然开的哟。"爸爸笑道，"除鸟类之外，扎陵湖和鄂陵湖还有许多丰富的动物和植物资源。现在，由于其重要的研究价值，扎陵湖—鄂陵湖保护区已被视作国际重要湿地之一，是国际上都十分重要的湿地呢。"

琪琪此时却忍不住同情道："小鱼儿太不容易了，只是想找个生存之地，这可是把命都搭进去了呀。"

▲ 东平湖风景区

小小地理家的话

"江""河""湖"三者有什么区别呢？在古代，"河"就是黄河的专称，"江"是长江的专称，既不是"河"又不是"江"的就叫"水"，如汉水、渭水、洛水等等。后来，人们认为黄河含泥沙多，又呈黄色，就将其称作"黄河"，而长江因为是我国最长的河流，所以人们把它叫作"长江"，"江"和"河"就成了河流的统称。"湖"一般与"河"进行比较，"湖"指陆地上聚积的大水，是面状的水域；"河"是一种自然形成的水道，在重力的作用下流动，是线状的水流。

第三章 地形地貌

自然地理画卷（上游）

黄河上游看到的河源段、峡谷段和冲积平原段景观，每一段都展现了大自然的"鬼斧神工"

黄河上游的三大奇观

"黄河，中华文明的发源地……"隔壁房间传来的读书声使好奇的琪琪又陷入了思考。

"琪琪，又在想些什么呢？"看到发呆的琪琪，爸爸上前问道。

"爸爸，之前您给我讲了那么多黄河起源、变迁的故事，我很想知道黄河的上游都有些什么景观。"

"如果我们顺着黄河的流向从源头出发，能在上游依次看到河源段、峡谷段和冲积平原段三种不同的景观。"

"河源段……"琪琪沉思了一会儿忽然想到，"我知道了，'河源'就是河流源头的意思吧！"

"聪明！所谓的河源段，就是40多条山涧溪流汇集而成的黄河源段。这些溪流大多分布在三四千米的青藏高原上，曲折迂回，水质清澈、来水量大，顺着地势流入黄河干流。它们如同一条条毛细血管，单看它们任意一条，都不会让人联想到汹涌壮阔的黄河，但汇集在一起却是咱们中华民族最重要的动脉之一。"爸爸接着说，"河源段之后的区段分布着20多个峡谷，因此被称作峡谷段。这里岩石的性质不同，有软有硬。软的部分就比较容易受到风化侵蚀，而被风化侵蚀后凹陷处便会汇集河流。我们知道，河流对岩石也是有侵蚀作用的，而且比风化侵蚀的速度更快，这样原本不明显的沟谷在河

> **知识点**
>
> 从青海龙羊峡到宁夏青铜峡，为黄河峡谷段。该段河道流经山地，因岩石性质的不同，峡谷和宽谷相间分布：在坚硬的片麻岩、花岗岩及南山系变质岩地段形成峡谷，在疏松的砂页岩、红色岩系地段形成宽谷。该段有龙羊峡、积石峡、刘家峡、八盘峡、青铜峡等20个峡谷，峡谷两岸均为悬崖峭壁，河床狭窄、水流湍急。该段中贵德至兰州间，是黄河三个支流集中区段之一，有洮河、湟水等重要支流汇入，黄河水量为此大增。

流的侵蚀作用下迅速拓宽加深，就形成了现在这么多的峡谷。"

"哇，怪不得老师教'鬼斧神工'这个词时，例句总是'大自然的鬼斧神工'，大自然真是太神奇了！"

"大自然的神奇之处还有很多呢。"爸爸抿了口茶继续说道，"因为峡谷河道高差很大，所以这里的水力资源特别丰富。支流从高处向下俯冲进入干流，为黄河提供了源源不断的动力。"

"那冲积平原呢，它又是怎么形成的，对黄河产生了什么影响呢？"琪琪好奇地眨了眨眼睛，追问道。

"不要急，咱们学习知识要一步一步慢慢来，一个问题一个问题解决才能真正吸收。我们刚才说峡谷河道高度差很大，所以河流的流速会比较快；如果这时候河道高差突然减小呢？"

"河道高差突然减小不也会被高流速的水流影响吗，就像洗澡一样，那些比较松软的土还是会被冲走啊。"琪琪皱着眉头，想不通这和平原的形成有什么关系。

"可你洗澡用的是干净的水哦。"爸爸乐呵呵地补充了一句，但也一语点醒了琪琪。

"我知道了！因为之前的河流把峡谷给侵蚀了，所以河水会携带有很

▼黄河源，位于青海果洛州玛多县

多泥沙,这时候突然遇到一个平缓地带,流速骤减,原本被河流裹挟的泥沙就被留在了这里。"

"没错!"爸爸点点头,给了琪琪一个赞同的眼神,"不过河流裹挟的可不只有泥沙,还有很多碎石。河流在流出谷口时,因为侧向突然没了阻挡,河流所携带的物质就会散成扇形。在这个过程中那些比较大块的碎石会先沉积,而小块的碎石被冲的就相对远一些,这就是冲积扇的形成过程。"

"所以说,当这个扇面够大的时候,就叫作冲积平原了。"琪琪自信地说道,但这次爸爸却微微摇头:"不完全对,冲积扇只是冲积平原的一部分。因为河流不会因为形成了冲积扇后就消失不见,它们会沿着河道继续向前。但平缓的地势使河道两边很容易堆积泥沙,形成天然的堤坝,也称为'自然堤',加上沉积在底部的泥沙不断抬高河床,自然堤也会越筑越高。自然堤平时确实可以起到跟人工堤坝相似的作用,但一旦突发洪水,自然堤很容易被冲垮,大量泥沙随着漫出的河水沉积在两岸,渐渐地就形成了冲积平原。"

琪琪闭眼想象着爸爸描述的场景,突然感受到脚下这片土地所蕴含的厚重历史。

▼ 黄河中游宁夏平原

玛曲草原，黄河的"绿色肾脏"

黄河之"肾"

"爸爸，您之前说的黄河上游的景观还没说完呢！"看到爸爸回来，琪琪立马就精神了起来。

"好，那今天我们就讲讲黄河上游的玛曲草原。"看到孙子这么好学，爸爸开心地从书架上拿出一幅地图，"'玛曲'是当地藏族人对黄河的称呼，而玛曲草原则位于黄河九曲中的首曲。它是一块沼泽湿地草原，分布着很多黄河支流，这些支流提供的水量，甚至超过了黄河流经玛曲草原前的水量！"

"草原我知道，就是长满了草的地方嘛。但湿地……是有很多水的地方吗？"琪琪皱着眉头疑惑道。

"你这个理解没错，但不是很准确。我们平常说一个东西很湿，意思就是这个东西含有很多水分，但表面我们是看不到太多水的。湿地也是一样，它是常年被浅水覆盖的区域。"

"噢，爸爸，我找到啦。"琪琪拿着手机说道，"不过网上还说玛曲草原是'黄河之肾'，而湿地则是'地球之肾'，这是为什么啊？"

"因为湿地能很好地调节自然生态环境中出现的失衡，维持生物多样性，调蓄洪水。比如干旱的时候，湿地中的水分就会流出，成为水源；而当洪水到来时，湿地又可以凭借它很强的吸水性能，减小洪水的影响，降低洪水的水量和流速。"

"可是爸爸，按您上次说的，水流也会把湿地的土壤一点点带走，那

> **知识点**
>
> 广义的湿地，包括沼泽、湿原、滩涂、泥炭地等水域地带，还包括水深不超过6米的浅海区、河流、湖泊、水库、稻田等。按照这个定义，全世界湿地总面积约为855.8万平方千米，大约占地球陆地面积的6%。而狭义的湿地，指暂时或长期覆盖水深不超过2米的低地、土壤充水较多的草甸，以及低潮时水深不超过6米的沿海地区。其中，沼泽是最重要、最典型的湿地。

▲ 玛曲草原风光

湿地不就会慢慢消失了吗？"琪琪认真地问道。

"看来我们琪琪之前不仅听得很认真，听完后也认真思考啦！"爸爸一脸惊讶，随即又笑了笑，"没错，如果只有土壤的话，是很容易水土流失的。但湿地除了水和土，还有植物啊！湿地的条件非常适合植物生长，而植物的根系又会对湿地的土壤起到保护作用，防止水土流失。刚才我们说了湿地在面对洪水和干旱时的作用，但其实这还不足以让它被称作'地球之肾'，真正让它发挥如同肾脏作用的其实是这些植物。"

看着听得入神的琪琪，爸爸抿了口茶继续说道："现代工业排放了大量二氧化碳到空气中，就需要植物来帮忙净化一部分二氧化碳。而洪水中的

现代工业排放的污染物以及农业残留的农药等有害物，经过湿地时由于流速变慢，容易被植物吸收、固定下来。"

"哇，原来湿地这么厉害啊！"

"是啊，所以很多国家对湿地保护十分重视，'湿地关乎文明兴衰，关乎人类命运'的说法也能体现湿地的重要性。如同肾脏一样，每块湿地对地球来说都很重要，都是不可或缺的一部分！"

"既然湿地这么重要，那我们为什么不像保护森林一样，把湿地的面积不断扩大呢？"琪琪挠了挠头。

爸爸沉思了一会儿回答道："那可不行，湿地的形成可比森林复杂多了，它们和冲积平原一样，都是在满足天时地利的条件下才形成的。比如玛曲草原，万年以前还只是一片湖泊，随着青藏高原的抬升，地形条件的改变，原本处于湖泊后的河道在溯源侵蚀的作用下，河床慢慢变低，水位也慢慢变低，导致湖泊里的水很多都顺着河道流走了。但当地的气候还是很湿润，逐渐形成了如今的沼泽湿地草原。"

"溯源侵蚀……这又是什么样的侵蚀啊？"琪琪听到出现了新名词，激动地说道。

"溯源侵蚀是一种向水流相反方向延伸的侵蚀，也就是说，它会让河谷不断向河流源头方向伸长。举例来说，一条原本连贯的河床因为某些原因形成了有落差的高低两段，瀑布就出现了。这个'某些原因'，其实是指水流对河底软硬不一的岩石存在不同程度的侵蚀，松软的岩石受水流侵蚀速度较快，坚硬的岩石受水流侵蚀速度较慢，河床就出现了明显的落差。瀑布源源不断地冲刷着下方的河床，这个地方是不是就更容易受到侵蚀呢？"爸爸问。

琪琪用力点了点头。

"那么重点来了！这个'仰面'承受瀑布'暴击'的低处河床被水流不断侵蚀，慢慢就会形成较深的水潭，水潭中的水流漩涡或沙粒对周围岩石又会再次侵蚀，逐渐使高处河床与低处河床之间出现较大的侵蚀空间，最终导致高处河床坍塌，这就是'溯源侵蚀'的过程。"说罢，爸爸看着琪琪。

琪琪夸张地仰起头："哦！我明白了，在玛曲草原还是一片湖泊的时候，它旁边的河道也因为经历这样的水流冲刷，使得受到'暴击'的较低的河床不断向上游靠近。然后……整条河床慢慢变低，水位也慢慢变低，难怪原本湖泊里的水全都顺着河道流走了！"

"水流走了，地形抬升了，湿地就诞生了。"爸爸再次说道。

"原来玛曲草原也是因为这么多原因才形成的啊！不过好可惜，如果现在还是湖泊的话肯定很好看。"琪琪嘟囔着嘴说道。

"现在玛曲草原的景色也很美噢，那里有个地方叫西麦朵合塘，意为'花滩'。每年7月中旬，整个滩上就会开满金黄色的金莲花；而到8月，金莲花悄悄隐去后，龙胆花又会迅速为草原染上天蓝色，从远处看，就像与天空融为一体。如果你想看的话，正好暑假咱们可以一起去旅游，爸爸也没见过这样的景色呢。"

"真的吗？爸爸，您可不能说话不算数哦！"

丹霞地貌穿上"红裙子",张掖丘陵却偏爱"彩虹糖"

奇特红色王国

"爸爸,您看这张图片,这里的山怎么是红色的啊?是书上印错了吗?"琪琪指着书上的图片问道。

爸爸接过琪琪递来的书看了看,笑道:"不是书上印错了,这叫丹霞地貌。这种地貌在黄河上游也有,就在青海省海东市。"

"为什么叫丹霞地貌啊?"

"1928年我国地质学家冯景兰在广东北部地区发现了一种红色砂岩层,并将它命名为丹霞层,而这种地貌则被命名为丹霞地貌。所谓'丹霞夹明月,华星出云间','丹霞'就是指天上那红色的彩霞。"

"可为什么偏偏是红色,一般的土不都是灰黄色的吗?"琪琪问后,忽然想到了前几天爸爸说过的玛曲草原,补充道,"难道也是因为几万年前的地质运动吗?"

见爸爸摇了摇头,琪琪嘟囔道:"总不会是和彩霞一样,被太阳照成红色的吧。"

爸爸狡黠地笑了笑:"还真可以这么说,不过和彩霞不同,它的形成还要追溯到一亿多年前,也就是恐龙还存在的时候。那时地球的温度比较高,自然界中游离的铁离子被固定为三氧化二铁,土层中因为富含三氧化二铁,因此呈现出了红色。"

"爸爸您肯定说错了,铁怎么会是红色的呢?"琪琪反驳道。

"这属于化学知识,比如铁锈。铁锈虽然成分复杂,但它呈现红色的主要原因就是因为含有三氧化二铁。"

"没想到还跟化学有关啊!"琪琪惊叹道。

"所以,学习知识要融会贯通啊!"爸

> **知识点**
>
> 丹霞地貌最重要的识别要素是红色陡崖坡,不同形态和不同体量的陡崖坡组合成了墙状、堡状、柱状等各种类型的丹霞地貌。

第三章 地形地貌

53

▼ 黄河边的丹霞地貌

爸摸了摸琪琪的头,"我们说的河流侵蚀、板块运动,这些过程本质上也涉及物理知识。"

"简单点,不就是说只要看到一个地方有红色的岩石,就可以判断它是丹霞地貌了吗?"琪琪撇了撇嘴。

爸爸听后,立马摇了摇头:"我们最忌讳的就是用一知半解的态度来了解知识,甚至还在错误的基础上举一反三,因为这会产生更多错误。"

说着,爸爸便用手机找出一张图片,上面绵延的丘陵如同彩虹一样,五颜六色,引得琪琪一阵惊叹:"哇,这里的土怎么有这么多颜色啊!不过大部分都是红色的,应该也算丹霞地貌吧!"

爸爸把书移到手机旁边:"这里是张掖七彩丘陵,但严格意义上它并不是丹霞。真正的丹霞地貌应该是崖壁,而这张图上是很平缓的土坡;真正的丹霞地貌边缘表现出的地层是水平的,而这张图上的地层是倾斜

▲ 黄河边的丹霞地貌

的；真正的丹霞地貌只有红色一种颜色，而这上面的颜色种类太多了。"

琪琪皱着眉仔细看了看图片，疑惑道："不就只差一点吗？"

"你现在看到的差一点点，在这上万年甚至上亿年的历史中可是千差万别！虽然表面上看，区别只是一个比较陡一个比较平，其实这是由于它们的岩石性质不同导致的。丹霞地貌的大部分岩石是砂岩和砾岩，所以水很容易垂直下渗，河流、湖泊所产生的侵蚀大多是在垂直方向上的。而张掖七彩丘陵主要成分是泥岩和页岩，它们的透水能力很差，河流只能顺着他们的节理侵蚀，因此河流、湖泊所产生的侵蚀会形成一个斜面。"

> **知识点**
>
> 节理，也称为裂隙，是由于岩石受力而出现的裂隙，但裂开面的两侧没有发生明显的位移。节理是很常见的一种构造地质现象，就是我们在岩石露头上所见的裂缝，或称岩石的裂缝。

爸爸看了眼听得愣神的琪琪，继续说道："张掖七彩丘陵里土的各种颜色，其实和红色一样，都是由铁元素导致的。"

听到这儿，琪琪终于控制不住心底的惊讶，小声惊呼："都是因为铁元素？这怎么可能！"

"刚才说过，铁锈的成分很复杂，让它显现红色的是三氧化二铁，但除了三氧化二铁外，铁锈里还有氧化亚铁和四氧化三铁。张掖彩色丘陵的岩石也含有这些铁元素，因为三者所含比例的不同，岩石就会显现出不同的颜色。你看，这些细微的差别就是你一知半解时所忽略的，而真正深刻的、有趣的知识，往往都隐藏在这些细节里。"

琪琪终于理解了爸爸的意思，也认识到了自己的问题，认真地点了点头。

第三章 地形地貌

黄河流域的"魔鬼城",不是真的有魔鬼,而是大自然的杰作

西北戈壁的风蚀地貌

这天,琪琪刚放学就拿着书急匆匆地跑进爸爸的屋里:"爸爸,为什么书上说黄河流域还会有戈壁区域啊?戈壁区域不是处于荒漠与半荒漠区域吗?"

爸爸扶了下眼镜答道:"那当然,因为荒漠化的根本原因其实是气候,而黄河是因为流速快且流量大,才没有干涸。"

"气候?是因为那里很少下雨,太干燥了吗?"

"对,这就要说到气象学里的雨影效应了。简单来说就是湿空气团遇到地形抬升时会产生降水。"

"所以在经过这种地形后,它的雨就下完了,对不对!"琪琪抢答道。

"没错。"爸爸边说边给琪琪比了一个大拇指,"湿空气团在经过山地迎风坡地形抬升时形成降水,因此山地背风坡就会变得干燥,而西北荒漠就这么巧,三面环山,导致当地气候十分干燥。"

"三面环山……那不是还剩一面吗?也不算完全被包围了呀。"琪琪疑惑道。

爸爸听后狡黠一笑:"因为湿空气团一般都是从海洋上飘来的,三面环山就可以大幅降低西北戈壁的降雨量了,因此西北戈壁的范围从黄河附近一直绵延到新疆。在一些地方,还形成了'魔鬼城'这种奇特的景观。"

"为什么叫'魔鬼城'啊?是有人在那里见到魔鬼了吗?"

"这世界上没有魔鬼,不过是大自然的鬼斧神工罢了。之所以叫'魔鬼城',是因为那里有很多奇形怪状的风蚀地貌,风一吹过就会发出凄厉的哀号声。"

"听着好可怕啊,可这是为什么呢?"

"魔鬼城发出怪叫声的原理,其实是风吹过狭窄的地方时会发出声音,就像有大风时风吹过家中窗户的缝隙,又或者你吹口哨的时候气流通过口腔会发声一样。"

琪琪下意识地吹了声口哨,顿时恍然大悟:"噢!魔鬼城的哀嚎声其实

知识点

雨影效应是一种较为常见的地理现象,当山地迎风坡降雨,而背风坡晴朗时,就形成了"雨影"。这是因为山脉阻隔暖湿气流,把水汽集中在迎风坡,水汽聚集并到达一定强度时,就会下雨;同时背风坡常年接受不到充足的水汽,且盛行下沉气流,降水稀少,土壤相对干旱。

就是大自然吹出的口哨啊!"

"哈哈哈,原理差不多!所以,魔鬼城的关键就在于这些自然形成的风蚀地貌之间缝隙宽度不同,产生的声音、音调也不同。这种地貌也被称为'雅丹地貌'。"

"雅丹地貌。"琪琪小声重复了一遍后问道,"这也是经过几万年的时间形成的吗?"

"准确来说是经过几十万年,有的甚至是经过上百万年才形成的。这里原本是一片湖泊,但干旱区的湖泊,水源非常不稳定。丰水期时,水流携带泥沙流入,湖泊的底部就会慢慢覆盖上一层泥岩;而枯水期时,湖泊底部则被风沙慢慢覆盖上一层沙子。久而久之,湖泊底部就形成了泥岩层和沙土层上下交互叠加的样子。"

琪琪想象着爸爸所说的过程,喃喃道:"那不就跟千层蛋糕一样了吗?"

爸爸笑了笑道:"没错,就跟千层蛋糕差不多。一直到距今几万年前,地壳抬升了,原本的水源再也不会向这里提供水了,气候越来越干燥,湖泊也就干涸了。那湖泊干涸会出现什么情况?"

琪琪想象了一下,回答道:"湖泊要是干了,地面应该会裂开吧。"

"没错,因为土里原本的水分被蒸发了,土块体积缩小,土块之间就会出现裂缝。而且过于干旱的气候,会导致附近没什么植物,所以风刮起来的速度就很快。风顺着裂隙吹过,就会沿着裂隙慢慢侵蚀地层,裂隙也越来越大。我们刚才说过,这里的地层就像千层蛋糕一样,分为泥岩层和沙土层,可能还夹杂了一些砾石。因为沙土层的风化速度比另外两个快太多了,所以在风化侵蚀下,沙土层就会比泥岩层细很多,石柱也就呈现出

▼阿斯哈图花岗岩石林

一段粗一段细的样子了。"

"可为什么还有很多石柱的形状看起来和别的都不一样呢？"琪琪看着手机上的图片，百思不得其解。

"这就是泥岩层和沙土层中夹杂的砾石导致的了。砾石就像盾牌一样，保护着它后面的地层不被侵蚀，可它又不是均匀分布的，就会导致没有砾石的风化速度很快，有砾石的地方却风化很慢，长此下去，呈现出来的就是石柱长得很不规则了。"

琪琪认真地点了点头，表示听明白了，爸爸又拿出地图比画着说道："我一开始的时候说了，这一片都是戈壁荒漠，而'魔鬼城'只不过是荒漠中的一小部分而已。在黄河上游也有类似的景观，只不过那里的石柱不像'魔鬼城'的那么高，准确来说，它们应该叫作石块，形成原因跟'魔鬼城'的石柱大不相同。"

琪琪在手机上搜出了图片，分析道："这些石块好像都不是很大，零零散散的，难道是被风刮来的吗？"

爸爸摸了摸琪琪的头："观察得很仔细，但分析错了。这些石块原本确实不属于这里。这是由于以前黄河突发洪水，别处的石块被洪水带到了这里。同样是因为干旱的气候，缺少植被遮挡，高速的风不断侵蚀着地层，然后带走了侵蚀下来的沙土。无法被带走的砾岩——也就是这些石块——就留在原地，形成了现在的戈壁。"

"怪不得老师说要保护环境、保护植被，不然哪天可能我们家门口都会变成沙漠了！"

▼风蚀土崖

▶ 黄土塬上的残雪

黄土高原的窑洞，没有砖瓦、房梁，却坚如磐石，秘密全在于大自然的钙质结核层

黄河中的钙质结核

这天放学后，琪琪兴奋地跑进家门："爸爸，我今天看到一本书上说，黄土高原的窑洞没有砖瓦，没有房梁，甚至连柱子都没有！可是土那么松，不应该一挖就塌了吗？"

爸爸沉思了一会儿答道："这个问题可没那么好解释，我之前跟你说过，应该用什么样的态度来学习知识？"

"应该了解整个过程和内在的原理，不能一知半解。"琪琪想到爸爸的话，脸红道。

"对，我们应该先去了解黄土高原。"

"这个我知道一点，黄土高原位于黄河'几'字弯的内部，面积很大，都是由黄色的土构成。"琪琪挠了挠头，"然后……我就只知道国家在大力治理黄土高原的水土流失问题了。"

爸爸点了点头："你说的这些信息里，有一点你了解得不是很全面，黄

▲ 陕西省宜川县黄土高原风光

土高原上的土不全是黄色的,它是黄色的土层与红色的土层叠加的。"

琪琪听到"红色的土层"后,立马就想到了爸爸在讲丹霞地貌时说的知识:"土层显现红色,是不是代表含有很多铁元素啊?!"

爸爸欣慰地笑了笑说道:"没错,看来琪琪都记住了呀。黄土高原这个地方的降水有明显的季节性特点,就是冬春季节降水很少,而夏秋季节降水较多且多暴雨。强降雨导致黄土的铁离子发生了化学反应,生成了三氧化二铁。但重点并不是铁元素,而是黄土里所含的碳酸钙,强降雨将土里

原本的碳酸钙冲到了下层，形成一层钙质结核。这个钙质结核比土坚硬多了，对窑洞来说，这就是房顶，是能抗压的重要支架层，而它只存在于红土层的底部。就像你平时吃的奥利奥，黑色巧克力的部分就是钙质结核层，而白色奶油部分是松散的土层。所以你仔细观察就可以发现，那里的人在建造窑洞时，大部分的开挖区域都是红土层。"

"爸爸，这个钙质结核是什么呀？"爸爸说完，琪琪立马提问道，严格贯彻爸爸所说的学习态度。

▲ 山西省吕梁市临县碛口镇李家山村窑洞

"琪琪，知道钟乳石吗？"

琪琪点了点头：" 哥哥带我去旅游的时候见过。"

"钙质结核跟钟乳石很像，你可以把碳酸钙想象成一个个小球。石头被侵蚀的过程，其实就是水流将碳酸钙裹挟着带走的过程。因为是顺着水流的，所以这些碳酸钙最后都会被聚到一个地方，有些靠得很近的小球，就会用水充当黏合剂，结合到一起形成结晶。钟乳石因为受重力作用，所以长得都差不多，但黄土高原的钙质结核所形成的形状就很不规则了，所以人们就把它比作同样长得很不规则的'姜'，称作'料姜石'。"

琪琪点了点头，表示自己终于听懂了，回想了一下爸爸刚才讲的知识，感叹道："气候、地形，还有地层的颜色，原来这些都是息息相关的！"

"那当然！黄土高原土质疏松，地形破碎，加上当地夏季多暴雨，是我国水土流失最严重的地区。黄河每年从黄土高原带走大量的黄土，其中一些黄土就被留在黄河下游，导致河床年年抬升，成为'地上悬河'。"

听到黄河水土流失如此严重，琪琪十分惊讶："那这该怎么治理啊？"

"还记得爸爸之前讲'玛曲草原'时说过吗？想要控制水土流失，最重要的就是要有植被。植被一多，土壤就会被植物的根系固定住，水土流失量自然就少了。所以，我们才会一直强调'绿水青山就是金山银山'啊！"

河套平原，黄河的"宝藏地带"，一边是"塞上江南"的稻香，一边是"敕勒川"的牧歌

富饶的河套平原

"爸爸，为什么古人会说'黄河百害，唯富一套'啊？"琪琪看着地理科普书上的俗语问道。

"这句话意思是说黄河对沿岸地区带来了很多灾害，但唯独造福了河套平原。可你知道河套平原在哪吗？"

琪琪听后摇了摇头，爸爸便解释道："我们一般说的河套平原指三块平原，一个是'银川平原'，也称'西套平原'；另外两个分别叫'前套平原'和'后套平原'，合成'东套平原'。"

"原来河套平原不是一整块平原啊！那这三块有差别吗？"

"那当然！银川平原被称为'塞上江南'的宜居之地。它虽然被沙漠包围，但西邻贺兰山。贺兰山为它阻挡了腾格里沙漠东移，削弱了西北寒流的侵袭，成了它的天然屏障。当西北其他地区饱受沙尘侵袭的时候，银川平原却是水草丰美、冬暖夏凉，不仅能种植小麦，还能种植水稻，以水稻的优质高产久负盛名。"

▼ 贺兰山东麓

▲ 黄河冲积平原

"水稻应该是更适合南方气候的农作物吧，是谁想到在这沙漠圈儿里尝试种植的呢？"

"1500多年前的南北朝后期，在北周灭北齐后，南朝陈与北周进行决战，结果北周大胜，还俘虏了很多军人，并将这些俘虏押到银川平原。因为这些俘虏都是南方人，擅长种水稻，于是决定种植水稻，没想到种植以后长势喜人，由此探寻到了当地气候和土壤带来的'丰收密码'，久而久之，银川平原就成了'米粮川'。"

"那另外两个呢？"琪琪迫不及待地问道。

"东套平原虽然分为前套平原和后套平原，但这两个平原在基本是连在一起的。它们的地理位置其实也很有名，琪琪以前背的一首诗就写得很清楚了，就是《敕勒川》。"

"敕勒川……敕勒川，阴山下，天似穹庐，笼盖四野。天苍苍，野茫茫，风吹草低见牛羊。"琪琪背完《敕勒川》，恍然大悟，"阴山不就是在黄河'几'字弯的最上面那一横的北边嘛！"

"对，其实'敕勒川'也是前套平原的名字。前套平原在'几'字弯东边的那个转折处，而后套平原则在'几'字弯西边的那个转折处。那里年降水量不多，但得益于黄河水常年的滋润，土地肥沃，地势平坦，既适合耕种，也适合放牧。对游牧民族来说，这是他们梦寐以求的生存环境；

▲ 黄河冲积平原

对农耕民族来说，这是为数不多的适合养战马的地方，再加上还可以以阴山为天然屏障抵御游牧民族，因此这片区域在我国历史上一直属于农耕民族和游牧民族的必争之地。比如'但使龙城飞将在，不教胡马度阴山'，又或者是'汉家旌帜满阴山，不遣胡儿匹马还'，都表现了阴山与东套平原的重要性。"

"黄河不是会经常发大水吗？住在河套平原感觉好危险啊！"琪琪担心道。

"黄河不会经常发生洪水，更何况人们在意它所带来的淤泥，这是能使土地肥沃的天然肥料，并且灌溉方便，农民们根本舍不得走。此外，古代临水而居可以解决用水问题。那时候不像现在，家家户户都有自来水，一旦没有稳定的水源，就很难活下去。现在国家对黄河水灾也采取了很多治理方法，你想想，是不是好像很久没听说黄河发洪水了？"

琪琪嘟着嘴回想了一会儿才答道："还真是的。"

"这都多亏了我国对黄河多年以来的治理，比如我之前说的峡谷段建水电站，还有在下游修建一系列大坝等，我们中华民族从几百年前开始就不曾对黄河屈服！"

琪琪仿佛看到了历朝历代的人们为了治理黄河而绞尽脑汁、费尽心力，重重地点了点头。

自然地理画卷（上游）

从风的足迹到古象的秘密，黄土高原的形成之谜就像一部悬疑大片

黄土高原的身世之谜

这天，琪琪和爸爸一起坐在沙发上看地理书，忽然，琪琪转头说道："爸爸，我一直有个问题，为什么科学家只是看地层就仿佛亲身经历过地球几万年、几百万年甚至几亿年的演变过程啊？几亿年前地球上连人类都没有吧？"

爸爸笑了笑："这些啊，都是我们通过摸索地层里的线索所推理出的结论。"

"推理？就像侦探一样吗？"琪琪听后突然有了兴趣，转过身来认真听爸爸讲。

"那可比侦探厉害多了，这可是推理上万年的历史啊！就说黄土高原吧，你知道黄土高原是怎么形成的吗？"

"难道是……当地的岩石被风化后形成的吗？"琪琪歪着头试探道。

"对！"琪琪以为自己答对了，爸爸接着说道，"有很多科学家一开始都是这么假设的，但很快这个假设就被推翻了。"

"为什么啊？"

"因为有学者找到了可以否定这个假设的关键性证据——黄土的成分和黄土下面基岩的成分完全不同，如果黄土高原的黄土是当地岩石受到风力侵蚀留下的，成分应该一样才对。"

听到自己的假设被否定，琪琪有一点失望："那还有人提出其他假设吗？"

"还真有。另有两个假说，一个叫'风成说'，一个叫'水成说'。首先是李希霍芬在19世纪70年代提出的风成说，他认为黄土高原的黄土是由风力从别处

▲陕北黄土高原

搬运而来的；而帕夫林诺夫则在20世纪50年代提出了水成说，他认为黄土高原是由史前洪水的作用和风的影响共同塑造而成的。"

琪琪疑惑道："这两种假说听着好像都挺有道理的啊！那到底哪个是对的呢？"

"这两个假说刚提出来时，都没有强有力的证据，因此双方争持不下。但随着科研人员一步步调查，许多被历史长河掩盖的证据慢慢浮出了水面。比如，当时'风成说'一个最有力的佐证就是沙子的大小不同。科研人员调查发现，黄土高原的黄土从西北到东南，颗粒越来越细，性质也有所不同。西北方向是沙黄土带、中部地区是黄土带，东南方向的则是黏性较强的粘黄土带。听到这些，你想到了什么？"

见爸爸提问，琪琪认真地思索起来。突然，他想到了之前爸爸讲过的西北戈壁，拿出地图惊讶道："难道黄土高原的黄土就是从西北戈壁搬运过来的吗？恰好西北戈壁就与黄土高原毗邻，而且您当时说西北戈壁只剩下

石头，是因为风把较轻的尘土都吹走了，并没有说这些尘土被吹到了哪儿，那肯定是被吹到黄土高原了！"

爸爸笑了笑纠正道："琪琪确实很聪明啊，但跟科学有关的事情要非常严谨，没有百分之百确定的事情我们就不能说'肯定'这个词。"

"这个证据还不能百分之百确定吗？"

"我们之前讲过冲积扇，那里的石头也是从大到小排列的呀，所以有没有可能黄土高原的形成原因跟这个类似呢？"

"唔……"琪琪听后一声不吭地思索着。

"而后，科研人员又发现了新的证据，只不过这是跟水有关的证据——卵石层。"

"这不是河边或海边才会有的石头吗？"琪琪皱着眉头纠结道，思考着洪水是不是真有可能形成黄土高原。

"是啊，但就在'水成说'好像又有可能后，科研人员再次发现了新的证据。"

"又有新的证据！是什么啊？"琪琪感觉自己渐渐熟悉了科学研究时反复验证的过程了。

▼黄土高原

"甘肃省的几个农民在挖土时发现了一具化石，一具大象的化石。"

"可大象不是生活在非洲或者印度吗？"琪琪挠了挠脑袋不解地惊叹道。

爸爸示意琪琪先不要着急，然后接着说道："这次发现的是一具两百多万年前而如今已经灭绝的大象品种——剑齿象，因为在黄河流域发现，因此这具化石也被命名为'黄河象'。它让我们有理由推测，两百多万年前的黄土高原并不像现在这么干燥，而是分布有多个河流与湖泊的，就是它们的侵蚀作用将石头磨圆，形成了大量的卵石。"

听到这些，琪琪恍然大悟："噢，这就可以解释为什么在黄土高原会发现卵石层了！"

"对，还记得我们上次说黄土高原其实是黄色土层和红色土层交互叠加的吗？其实在这些古土层中，'风成说'还找到了一个关键的证据，而且是个我们日常生活中不起眼的小东西。"

"平常生活里不起眼的小东西……"琪琪想了许久后摇了摇头，"爸爸，是什么新证据啊？"

"蜗牛！"爸爸只说了一个词就停了下来，慢慢地喝了口茶。

琪琪却想不通，平常在公园里经常看到的小蜗牛怎么能成为证据："爸爸，您快说嘛。"

"我们看着很像的动物，其实都有不同的种类，蜗牛也不例外。科研人员在黄土高原的地层中发现了两种分布于内陆的蜗牛化石，一种喜欢生活在寒冷干燥的环境，而另一种则更喜欢生活在温暖湿润的环境，你觉得这代表了什么？"

"代表了……黄土高原的气候曾经改变过？"琪琪顺着爸爸的思路说，但看到爸爸的笑容后他忽然反应过来，"还代表黄土高原从古至今大部分时间都是陆地，因为这两种蜗牛都不是生活在海边的！"

爸爸满意地点了点头："至此，大部分科学家都同意了黄土高原'风成说'。其实风成说还有很多辅佐证明，比如科学家曾通过古地磁方法来测定黄土的年龄，再比如有些科学家通过分析黄土的矿物成分来推测黄土高原曾经历过什么。这就是科学和迷信的区别，科学需要每一步都脚踏实地，只要有一步走得不稳，就有可能出错。这也是为什么我一直跟你强调学习知识一定不能用一知半解的态度，因为'严谨'才是研究科学的态度！"

听了爸爸的话，琪琪认真地点了点头。他忽然感觉，探索科学时反复验证的过程，比侦探游戏还要有趣。

第四章 环境物候

自然地理画卷（上游）

从"千疮百孔"到"绿意盎然"，黄土高原每一片绿叶都见证着人与自然的和谐共生

黄土高原"绿色复苏"

随着对黄河了解的越来越多，琪琪对黄河的兴趣越来越大。这天，琪琪正在查阅有关黄河的资料，照片中显示的壮阔美景令他心旷神怡，但是紧接着映入眼帘的几张图片却让他皱起了眉头，图片上的黄土高原光秃秃的，毫无生机，还露出累累伤痕："爸爸，您看，黄土高原上的环境怎么成了这个样子？"

正在一旁浇花的爸爸听到琪琪的呼唤，放下手中的喷壶，对着电脑上的图片沉思了许久，才缓缓地对琪琪说："琪琪，不得不说，这是我们人类活动造成的苦果啊。"

爸爸拉过椅子，紧锁眉头："黄土高原上本来也是拥有着丰富多样的植被环境的，在全新世早中期，黄土高原上已经形成了暖温带夏绿阔叶林、森林草原、干草原和荒漠草原四种植被带，一直到人类开始活动前，植被带都没有大的变化，黄土高原上也有许许多多的绿色点缀。

"但是，随着人类活动的范围和影响能力逐渐扩大，黄土高原上的土地资源开始被人们染指。古时候因为粮食产量相对较低，需要大量的土地资源用于耕种，因此就有了'屯垦'的说法。"

"屯垦？"琪琪有些迷惑，追问道。

"屯垦，就是指人们驻扎下来开垦土地的意思，一般多发生在战争过后的边境，军队驻扎下来，一边休养生息，自给自足，一

▲ 治理后的小流域

边又能起到卫戍边境的作用。屯垦往往会将森林、草原等自然植被开垦为农田，如此一来，原本自然植被所能起到的固沙防风等生态功能便失去了，虽然短期内产出了粮食，但是长远来看对生态环境有着非常严重的影响。

"历史上，黄土高原地区曾经历过三次大规模的屯垦，第一次发生在秦汉时期，以河套平原为中心的陕北地区吸引了大量军民来此屯垦，严重破坏了该地区的森林；第二次发生在明朝，当时朝廷大力推行'屯垦制'，以卫戍北方来犯之敌，黄土高原北部的林地和草原遭受了严重破坏；第三次则发生在清代，屯垦继续推行，根据地方志记载，广大黄土丘陵区天然植被已经荡然无存了。

"造成黄土高原地区植被变化的原因有自然因素，但更主要的原因是人为开垦土地、采伐森林和过度放牧，使原本脆弱的黄土高原环境经受了严重破坏，植被严重退化，最终变成了这个样子。"说完，爸爸叹了口气，

第四章　环境物候

继续讲道，"黄土高原的植被退化终究是让人类自尝了短视的苦果。由于植被退化，黄土高原产生了严重的水土流失，平均每年向黄河下游输出16亿吨泥沙，其中会有4亿吨淤积在黄河下游的河道上，造成下游河床的抬升。而水土流失造成的土壤肥力、保水能力下降，导致农业减产，陷入了'越垦越穷、越穷越垦'的恶性循环。"

琪琪也是一脸遗憾，又问道："那我们就没有什么办法恢复植被了吗？"

爸爸的眉头略微舒展了一些："国家充分意识到黄土高原地区植被的重要性，在几十年前就已经开始了'退耕还林还草'的行动，根据每个地区的自然地理条件制定、执行了不同的还林还草方案，经过近三代人持续不懈的努力，黄土高原植被恢复效果显著，88.20%的面积植被恢复成效明显。"

"现在你再去那里，见到的可不是黄沙漫天，而是绿草茵茵。"说着，爸爸舒展笑颜，又拿起喷壶继续浇花，花瓣上悬着点点水滴，花儿更显娇嫩。

琪琪也长舒一口气，笑道："原来如此，那生活在黄土高原的人们也能安心发展了吧。"

爸爸却正色道："还不行，生态恢复是一个漫长的过程，绝不是几年几十年就能完成的，黄土高原由于水土流失造成的土壤肥力下降、黄河洪涝灾害等问题还很棘手。"爸爸意味深长地看着琪琪，"黄土高原，乃至我们整个国家的生态环境，还需要你们这一代人继续努力，贡献力量啊。"

"是，爸爸，我一定不会辜负您的期望的！"琪琪挺直身板，越发觉得自己的责任重大了。

小小地理家的话

退耕还林还草，需要结合地方的气候、环境条件选择合适的复育植物，比如黄土高原东南部气候适宜，降水量较丰，是农业发展和林业建设的主要区域，可以采取以乔木为主，乔灌草结合来恢复植被。但西北部降水量低于400毫米，已属于干草原地带了，气候和环境条件较差，应是退耕还草的主要区域，植被恢复只能以草为主，局部环境可种植少量灌木、乔木。至于毛乌素沙地及其以北地区，属于半荒漠地带，降水量少于250毫米，原生植被中从来就没有森林出现，在绝大多数情况下，基本上不适宜林业的发展。

黄河的"泥巴衣裳"何时能换新？从"黄龙"到"青龙"的梦想终将实现

水土流失的秘密

琪琪专心致志地查找资料，画面里一张张图片闪过，黄河穿行于绿草茵茵的黄土高原，令人心旷神怡。

渐渐地，琪琪还是发现了问题，即使黄河两岸的植被已经得到了不错的恢复，但是黄河水依然十分浑浊："爸爸，植被恢复了，为什么黄河还是这么浑浊呢，水土流失究竟是怎么回事呢？"

爸爸赞许地看了一眼琪琪，说道："琪琪，你有心了。虽然已经经过了这么多年的生态恢复，但水土流失仍然是黄河生态治理需要面对的一个大问题，想知道为什么，首先要搞清楚，究竟什么是水土流失。"

爸爸继续说道："水土流失，就是指由于自然或者人为因素的影响，雨水不能就地吸收，顺着地势下流，冲刷土壤，造成水分和土壤同时流失的现象，最终导致土壤肥力下降，泥沙淤塞河道，甚至有发生地质灾害的可能。

"造成水土流失的原因，每个地区都不尽相同，从自然因素层面分析，主要有气候、地形和植被等方面原因，而从人为因素层面分析，主要有植被破坏、不合理耕作和开矿等方面原因。琪琪，不妨你来分析一下，黄土高原水土流失严重的原因。"

这个问题对于琪琪来说着实是一个挑战。琪琪托着腮思考了很久，才开口说道："嗯，爸爸，我认为从自然层面，黄土高原所在的北方地区属于温带气候区，大部分地区具有明显的季风性气候特点，降水多集中在夏秋季，而且多暴雨，雨水积攒过多，只能顺流而下冲刷地面；再就是黄土高原多陡坡悬崖，地形起伏变化大，导致水流冲刷更具威力；还有，黄土高原的植被不够丰富……"说到这儿，琪琪有些犹豫，"爸爸，在阻止水土流失的过程中，植被到底起到了什么作用呢？"

"说起来，植被在阻止水土流失过程中起到的作用可大着呢，想想看，在地面上有植被的情况下，雨水从天而降，首先会碰到什么？"爸爸问道。

"如果在树林中的话，应该会先碰到树冠和树叶吧；如果在草地上，应该会先碰到草叶。"琪琪想了想说道。

"对了，雨水下落，先碰到树冠、树叶或草叶，而叶片可以对水滴产生一定的缓冲作用，还可截留一些水滴，这样水滴冲击土壤的强度和到达地面的水滴数量都有所下降，减轻了雨水对土壤的冲刷作用。"

爸爸喝了口水，接着说："自然会有一部分水滴没有被叶片截留，直接冲击到了地面，但是林区的地面上通常会覆盖有枯枝落叶，这些枯枝落叶可以避免雨水直接与地面接触，就能阻止部分雨水带走土壤。

"还有，生长在天然环境下的植物，由于生存的需要，相比于农作物，通常会生长出更加发达的根系，土体中各个植物的根系纵横交错，互相穿插，能够形成一个根系网，在这些网中的土壤就会被固定住了。"

琪琪恍然大悟："哇，原来植被能够起到这么大的作用啊！"说着，琪琪看向电脑屏幕，"不过，为什么黄土高原的植被有所恢复，黄河依旧这么浑浊呢？"

爸爸笑着摇了摇头："琪琪啊，生态恢复是一项急不得的任务，我们今天为了恢复生态所做的许多努力都是为了我们的后人啊，黄河流域特别是黄土高原的植被恢复，是经过几代人坚持不懈的努力，到今天才有所成绩，而黄河已经与黄土高原相伴了上万年了。"

看着孙儿沉思的样子，爸爸端起水杯，吹了吹飘出来的热气，对琪琪说："'黄河清，圣人出'，古人用这样的评价来形容清澈的黄河有多么罕见，今天，我们更要珍惜这几十年来之不易的成果，继续努力，争取有朝一日，看到'黄龙'变'青龙'的那一天啊！"

▲ 黄河宁夏段河道治理工程建设

向日葵的"追日之旅",在满园的金色灿烂中藏着农作物生长的智慧

植物生长在哪里?

清晨的阳光倾泻在大地上,伴随着鸟儿的欢唱,绿意盎然的植物园迎来了第一批客人,其中就有琪琪和他的爸爸。

走过繁花绿草,琪琪和爸爸都深吸了一口气,清新的空气让父子俩的精神都为之一振。不远处,一大片向日葵花海正迎接着朝阳露出笑脸。

"哇,好大的一片花海啊!"琪琪欢呼着一溜小跑到了花海中间,爸爸也乐呵呵地快步跟了上去。

"琪琪,你看,这些花叫作向日葵,它们有一个很特殊的习性,每当太阳升起,它们的花朵会跟随着太阳一起自东向西转动,太阳下山后,花朵又会慢慢回到向东的方向,等待迎接新一天的朝阳。你看,花朵中间一粒一粒的籽,经过炒制之后,就是我们平时常吃的瓜子了。"爸爸仔细看了看花朵的样子,又说,"不过,这里的向日葵是观赏用的,炒不了瓜子。"

一听到瓜子,琪琪的兴致一下子就来了:"爸爸,那用来炒瓜子的向日葵一般种在哪里呢?"

"在我国,食用向日葵多种植在北方,尤其是新疆、甘肃、陕西等省(自治区),这些地方出产的向日葵籽个个饱满,是炒制瓜子的首选。"

听到这儿,琪琪却有些疑惑:"爸爸,甘肃、陕西都在黄河上中游地区,您不是说过,这些地方由于长年水土流失,土壤肥力有所下降吗?为什么向日葵会在这些地方生长得这么好呢?"

"恰恰相反,琪琪,要知道,农业耕作讲究的是因地制宜,不同的自然条件和环境下就种植不同的农作物。"爸爸俯下身子,抓了一把地上的土给琪琪看,土壤并没有什么很特别之处,"你看,这些土就是很常见的土壤,因为向日葵对土壤的要求并不高,耐盐碱性好,耐旱又耐涝。不过,最适宜种植向日葵的土壤是沙壤土,是一种介于沙土和壤土之间的土壤。"

爸爸松手扔掉手中的土,继续说:"黄河上游地区独特的自然地理条件,这里处于温性、寒性和高寒三种热量带相互交错的地方,我国温带季风气候

水热同期的特性，为这里孕育了非常适宜向日葵等作物生长的土壤环境，而向日葵生长期需水量高的这一特点又与该地区降水集中在夏季这一特点不谋而合，加上我国北方地区，特别是西北地区年平均日照时数较长，十分适宜向日葵的生长。西北地区有名的特产——枸杞，也具有相似的生长特征。"

听完，琪琪犹如发现了新大陆："哇，原来作物的种植有这么多讲究啊。那黄河上中游的生态条件这么适合这些作物，是不是很多地方都可以种植作物呢？"

"倒也不是，黄河上中游地区并不是所有地方都适合种植经济作物的，有很多地方由于土地盐碱化、地形崎岖等因素并不满足经济作物的生长条件，比如沙漠、戈壁。"爸爸补充道。

"哦，原来是这样。"琪琪点了点头，"做事情要讲究因地制宜。我学到了，爸爸。"

▼ 武警官兵在黄河护岸林项目区内植树造林

掌握气象小窍门，让每次户外冒险都能"晴"空万里

多变的天气

夏天的天，小孩的脸，说变就变。清晨，阳光灿烂，琪琪本打算趁着好天气，与爸爸一起出门钓鱼，谁料天色突变，团团乌云从东边飘过来，顷刻间就下起了瓢泼大雨。

琪琪一边摆弄着爸爸的钓竿，一边望着窗外的大雨嘟囔道："唉，为什么夏天的天气这么多变呢？计划都被打乱了……"

在一旁喝茶的爸爸听闻，笑着说："琪琪，来，我来考考你，我们这里冬天干燥、夏天多雨，是哪种性质的气候？"

"这我知道，这是季风气候的表现，夏天气温升高，海水蒸发，顺着大气环流来到陆地形成降水，这就是季风气候夏季多雨的原因。"

知识点

季风气候，是指受季风支配地区的气候，是大陆性气候与海洋性气候的混合型。夏季受来自海洋暖湿气流的影响，高温潮湿多雨，气候具有海洋性特征；冬季受来自大陆的干冷气流影响，气候寒冷，干燥少雨，气候具有大陆性特征。季风气候的高温期与多雨期基本一致，雨热同期，对发展农业十分有利，因为在作物生长旺盛、最需要水分的时候能有充足的雨水供应。东亚、南亚和东南亚为三个典型的季风气候区，一年中随着季风的变化，降水发生明显的季节变化，但因纬度地理位置的差异，季风气候各有特征。

▼加膜增温应对寒潮雨雪天气

"说得不错,那我再考考你,相对靠近海洋的地方表现为季风气候,那么相对深居内陆的地区呢,比如黄河的上游地区呢?"

"我听老师说过,内陆地区会表现为大陆性气候。"说到这儿,琪琪挠了挠头,"不过,我没有感受过这种气候,不知道那里的天气会是什么样的特点。"

"嗯,问得好。"爸爸赞许地点点头,"下雨天正是学习的好天气,那我来给你讲讲。"

"大陆性气候是地球上一种最基本的气候类型,在大陆性气候条件下,降水稀少,冬冷夏热,气温年较差、日较差很大。"

"但是,"爸爸拿起热水壶,向水杯中兑了些热水,"黄河上游地区相对于我国的新疆,以及更深入内陆的中亚地区,还是要靠近海洋一些。所以,虽然黄河上游地区绝大部分属于温带大陆性气候,但是依然会表现出一定的季风性气候特点。"

"比如说,黄河上游的重要城市、西北重镇兰州,这里地处季风气候区与非季风气候区的过渡地带,气候干燥,日照充足,年温差和日温差均较大。冬季漫长且较寒冷,雨雪少;春季转瞬即逝,冷暖变化大;夏季短促,气温较高,但无酷暑;秋季短促,降温快。兰州降水不多,年均降水量310毫米左右,并且降水集中在夏季。"

"哦,原来是这样的。"琪琪思索道。

"所以呀。"爸爸笑着收拾好钓具,"不论是天气、气候,还是世间的事物,运行都有其规律,只要认识并掌握了这些规律,就能准确把握事情的走向。比如说,夏天的降雨有时是急促而短暂的,不信你看窗外?"爸爸指了指外面,窗外的雨势已经在减小了,不一会儿,雨就停了。

琪琪瞪大了眼睛,钦佩地对爸爸说:"爸爸,您真是料事如神!这下我们的钓鱼计划能继续了!"

爸爸笑着摇了摇头:"不是我料事如神,这是气象工作者们的功劳!他们用科学的方法总结出气象规律,预报天气,我才能知道这场雨的结束时间啊。"说着,爸爸指了指手机上的天气预报软件,"走吧,雨后初晴,可是钓鱼的最佳时机,今天的收获一定不少!"

"好的,爸爸!"琪琪听罢,抓起草帽便紧跟着爸爸出了门。

冬天的黄河穿上"冰衣",冰面下藏着怎样的秘密?流动的奇迹等你探寻……………………………………………………

黄河凌汛现象

▲ 黄河冰瀑景观

"爸爸,外面下雪了,外面下雪了。"琪琪兴奋地从外面跑进来,小脸被屋外的冷风吹得通红。

"哈哈哈,冬天来喽!"爸爸坐在暖炉旁的摇椅上,暖炉光映照在爸爸慈祥的脸上。

"爸爸……阿嚏!"琪琪刚想叫爸爸出门看雪,便被一个喷嚏打断。爸爸仿佛看穿了琪琪的心思,笑着对他说:"冷坏了吧,赶快过来暖暖身子,爸爸待会儿再陪你出去看雪。"

琪琪坐在爸爸身边,烤着暖炉,眼神却被窗外飘落的片片雪花所吸引。"爸爸,这么冷的天气,水缸里的水都结冰了,那河里的水是不是已经结冰了?"琪琪仿佛又想到什么好玩的,转头问爸爸。

"嗯,没错,这么冷的天气,河水也会结冰,但是河水结冰可不像水缸里的水结冰这么简单。"

看着琪琪好奇的表情,爸爸微微一笑,抿了一口热茶接着说:"纬度越高,越靠北边的流域越冷。因此到了冬天,黄河很多河段都会出现河面结

▼黄河济南段受强冷空气影响，河道内出现大面积流凌或封河现象

冰的现象。黄河上游，每年的冰期会持续4~5个月呢。

"不过，河水结冰并不像水缸结冰，它是以两种河水流冰的形式出现：一是在初冬流冰期出现的冰花，主要由不同颗粒大小的珍珠状的水内冰组成，水内冰多为多孔而不透明的晶体，通常附着在河水中的杂质上生长而成；另一类则是由解冻的冰盖或脱落的岸冰组成的流冰，这种流冰的质地就非常坚硬。

"而到了温度更低的时候，"爸爸望向窗外，"河水中的流冰在低温条件下逐渐生长，与其他流冰联结成更大的流冰，最终封冻住整个河面，不过此时形成的冰面就像一层保温被，冰面下方的河水不会与冷空气直接接触，温度反而能够保持在冰点附近，保持河水的流动。"

"就是说，平静的冰面下，其实河流还是流动的，对不对？"琪琪兴奋地问。

爸爸点点头："嗯，但是这种流动有时候会造成危险，黄河上游出现冰情，导致流冰数量剧增，冰块不断堆积成冰坝，冰坝阻碍水流，造成上游水位急剧上涨，凌洪泛滥，给生活在黄河两岸百姓的生命财产安全带来威胁。"

琪琪的神色一下凝重起来，望着窗外的大雪，有些担忧地说："那，爸爸，我们能避免这些危险吗？"

爸爸笑着拍了拍琪琪的脑瓜："别担心琪琪，现在黄河的冰情已经一步一步好转了。因为自从新中国成立以后，黄河上游开始进行了全面的、系统的冰情观测，这几十年来已经具有很大的发展，除了不断完善常规的观测项目及观测方法外，还对冰塞、冰坝等灾害性的冰情进行专门研究。另一方面，自从黄河上游修建了一系列水利工程后，水库的调节作用对河道冰情也产生了很大影响，使大部分黄河河段内不再出现冰凌现象，黄河的冰情也就缓解了很多。"

"那真是太好了。"琪琪放心多了，看着窗外的雪花也变得开心起来，"爸爸，雪小一些了，我们一起出去走一走吧！"

第四章 环境物候

第五章　自然景观

文成公主的传奇旅程与黄河的壮丽源头在巴颜喀拉山下相遇，历史与自然的精彩故事由此展开

巴颜喀拉山

这天，爸爸回到家，看见琪琪一动不动地坐在书桌前，聚精会神地看着书，连爸爸叫他的声音都没有听见。

"这么认真，看什么呢？来，给爸爸讲讲。"爸爸刚在沙发上坐下，琪琪便抱着书来到爸爸的跟前。

"爸爸！"琪琪把书往爸爸腿上一放，兴致勃勃地仰起头看着爸爸，"今天老师给我们讲了文成公主的故事。唐朝有个文成公主，她要嫁人，走了好远好远的路，一直走到一个地方叫……叫什么来着？"

"这个地方，是不是叫吐蕃呀？"爸爸笑着问琪琪。

"对，就是吐蕃！爸爸，您也知道这个故事吗？我可喜欢听这个故事啦。"琪琪听爸爸这么说，眼睛立刻放光。

"唐朝时，西藏叫吐蕃。这文成公主远嫁吐蕃去和亲，成为松赞干布的皇后，从此唐朝和吐蕃交好，是不是？不过，我说琪琪，爸爸给你讲了这么多故事，你不会觉得我连文成公主进藏的故事都不知道吧？"爸爸接着抛出问题，"既然这样，爸爸就来考考你，你知道文成公主是走哪一条路进藏的吗？"

"嗯……"琪琪垂下头想了想，脑海里却搜索不到这个知识点，"哎呀，爸爸，您就直接告诉我吧！"

"以前啊，有一条古道叫作唐蕃古道，自唐代以来，这条古道连接着中原与青海、西藏。文成公主走的就是这条进藏的必经之路，经由日月山口、巴颜喀拉山口进入西藏。故事你都知道了，今天，爸爸就来给你讲讲巴颜喀拉山，好不好？"

琪琪立刻坐好："爸爸，您快讲！"

"巴颜喀拉山，藏语就是'祖山'的

> **知识点**
>
> 山脉：沿一定走向有规律伸展的若干相邻山体的总称，形状上呈现脉状，其中，构成山脉主体的山脊为主脉，从主脉延伸出去的称支脉。

意思,蒙古语是'富饶的青色的山'的意思,可见其重要地位了吧。它不仅是古时进藏的必经之地,向东呢,它与四川岷山、邛崃山相望,向西呢,又是可可西里山脉。更重要的是,你还记得爸爸给你讲过,黄河的发源地在哪里吗?"

"就是巴颜喀拉山!"琪琪回答道。

"对啦!巴颜喀拉山脉的北边的山下。那滔滔、壮美的黄河,就是从这里发源的。"

"那巴颜喀拉山和黄河还见证了文成公主和松赞干布的历史呢!"琪琪激动起来。

"还惦记着文成公主的故事呢。爸爸再给你讲讲古时候的巴颜喀拉山。"爸爸笑着摸了摸琪琪的头,"古时候,巴颜喀拉山被称为'昆山''昆仑丘''小昆仑'。《山海经》还曾经对巴颜喀拉山有过记载:'昆仑山在西北,河水出其东北隅',这就是古人对巴颜喀拉山与黄河的认识,琪琪记住了吗?"

"哇……"琪琪想象着黄河源头的样子,突然脑袋一歪,仿佛想到了什么,"爸爸,今天不是我给您讲故事吗?怎么又变成您给我讲知识了呀?"

▼ 巴颜喀拉山

阿尼玛卿山，不仅有着传奇的身世，还藏着丰富的自然宝藏

黄河绕流的美丽神山

这天晚饭后，爸爸叫上琪琪，想和他一起出去走走，可琪琪此时刚刚打开一本新的故事书开始阅读，不愿意放下手中的故事书和爸爸出去散步。

"琪琪，你看什么呢？连陪爸爸散步都不想去啦？"爸爸走近，看了看琪琪手中的书，灵机一动说，"琪琪，既然你想看故事书，我想散步，咱们就平等交换吧。爸爸用一个故事，换你陪爸爸散一次步，好不好？"

"这……"琪琪非常愿意陪爸爸散步，可是面对着有巨大吸引力的故事书，有些为难。

见琪琪有些不舍，爸爸故意装作要走的样子："你可要想好，故事书呢，回来可以再看，爸爸的故事，你现在不听，可就没机会喽！爸爸这故事，指不定比这故事书还要精彩呢。"

"不！我要听，我要听！"琪琪二话不说放下书本，边穿鞋边拉住爸爸。

"那现在就走。"爸爸努力藏住嘴角的偷笑，带着琪琪出门去散步，当然，也要兑现诺言，给琪琪讲故事。

"古时候，藏区有很多传说故事。人们认为，许多山峰都有山神坐镇。这其中，就有一座阿尼玛卿山，爸爸要给你讲的，就是这阿尼玛卿山神的故事。"爸爸边走边说道，"在藏族史诗的记载中，阿尼玛山神可是一位'战神大王'。据说他身穿护甲，披着一袭镶着无数宝石的战袍，左手挥着长矛，右手拿着满是宝石的法钵，还拥有一匹疾驰的神马。"

"这山神，可真威风！"琪琪想象着阿尼玛卿山神的模样。

"是啊，阿尼玛卿山神可是藏区的地方神和守护神呢，自然是无比威风。在藏族的传说之中，阿尼玛卿山神是山神沃德巩甲的第四个儿子。沃德巩甲山神听说藏区有妖魔出没，便将自己的儿子阿尼玛卿山神派往各处降妖除魔、惩办坏人，以保人们免于灾难之苦，能过上安居乐业、幸福美满的生活。降魔结束后，山神便在这里变成了一座大雪山，也就是阿尼玛

▲ 阿尼玛卿山国家地质公园

卿山。"

"那这座山现在人们还能见到吗？"琪琪问道。

爸爸继续娓娓道来："这座山还在，它的地理位置就在青海省果洛藏族自治州玛沁县的西北部。藏语中的'阿尼'等同于我们所说的先祖、老翁，有幸福和博大的意思；而'玛卿'的意思则为黄河源头最大的山，也有宏伟雄壮的意思，可见当地百姓对它十分崇敬。"

"真没想到，这么一座白雪皑皑的大山峰，还有着这么神秘的故事，这座山在我心中的形象一下子高大了起来！"琪琪想象着大雪峰的样子，说话都不禁郑重了起来。

爸爸笑道："可不仅仅是雪山呢，从现在来看，这座雪山不仅山顶终年积雪，更发育有30条现代大型冰川，并且自然资源十分丰富，盛产名贵药材，还是白唇鹿、雪豹等珍贵动物的栖息地。几十年前，阿尼玛卿山中的一座山对外开放，人们开始了解这座山峰。"

说到这里，父子俩已经不知不觉走到楼下。到了楼梯前，琪琪挣脱爸爸的手，吭哧吭哧地就往楼上跑："爬雪山了！"

"琪琪，你慢点！"这次，爸爸可拦不住琪琪了。

▼ 青海阿尼玛卿山群峰

知识点

冰川：分布在陆地上的巨大天然冰体，长期处于运动状态，又称"山地冰川"，主要分布于中、低纬度的高山地带。就分类来讲，冰川被分为大陆冰川、山岳冰川。我国的冰川，都属于山岳冰川。

▲ 祁连山下的村庄

祁连山下好牧场

黄河流域的"万宝山"

　　琪琪一回到家，就放下书包，去找爸爸，迫不及待地提出在心里留了一天的问题："爸爸，爸爸！班上同学说，他的老家那里有一个国家级保护区，可漂亮了，可是我忘记叫什么名字了……"

　　"哦？光靠这一个信息，爸爸可没法帮你呀。你再给爸爸讲讲，你的小朋友都给你讲了些什么呀？"爸爸摘下眼镜，放下手里的书本，看着琪琪说。

　　"我想想……他说他去那里旅游过，特别漂亮，还给我看了他拍的照片。哦，他告诉我，那里的植物又多，动物又多，风景又美，被称为西北的'万宝山'！"

　　爸爸想了想，随即笑着说："哈哈，爸爸知道了，你这个小同学是不是来自甘肃省或者青海省？"

▲ 祁连山自然保护区放牧的马群

琪琪兴奋地说道："对，果然爸爸什么都知道！爸爸，您快给我讲讲那里的情况吧！"

"这条山脉叫祁连山脉，有着'万宝山'的美称。祁连山自然保护区在1988年就被列为自然保护区，难怪你的同学那么自豪呢。"说着，爸爸从书架上翻出一本《中国地理全书》。

"那他说的那些宝藏，都有些什么呢？"琪琪继续发问。

"别急，爸爸慢慢给你道来。你看，祁连山脉位于甘肃省和青海省的交界处。祁连山脉像你所知道的喜马拉雅山脉、横断山脉一样，是我国境内非常重要的山脉之一哦。"

"祁连是什么意思？我的语文老师就姓祁呢，那这座山和老师一样，也是有姓氏的吗？"

"哈哈哈。"爸爸听到后，不禁大笑，"祁连山还有一个别名叫作南山，是因为地处河西走廊以南而得名。如果没有祁连山，内蒙古高原的沙漠就会和柴达木盆地的荒漠连成一片，直逼青藏高原，那也就不会有河西走廊和东西方文明交流的通道——丝绸之路了。足见祁连山自古以来的重要程度。"

"人们因河西走廊给了祁连山'南山'的名字，又因为有了祁连山，才有了河西走廊。看来，它们之间的关系相当紧密呀。"琪琪点头说道。

"是的，正是祁连山俯视着河西走廊，才让河西走廊充满生机。琪琪不是想听祁连山的宝藏吗？祁连山这个地方，十分富饶，配得上'万宝山'

这一美称。你看，祁连山有着丰富的水资源，有3300多条冰川，储水量总计高达1320亿立方米，被称作是一座巨型'固态水库'；在生物多样性方面，有野生脊椎动物294种、高等植物1311种，祁连山还是世界高寒种子资源库和野生动物迁徙的重要地点呢。除此之外，祁连山还有丰富的林业资源、草场资源和矿产资源。祁连山的存在依然阻挡着腾格里、巴丹吉林和库姆塔格三大沙漠的向南侵袭，维护着青藏高原的生态平衡，承担着保障黄河、河西走廊的内陆河径流补给的重要责任。"爸爸用铅笔指向自己早些时候记录的数据，一点一点讲给琪琪听。

"原来祁连山有这么多好东西，我明天去了学校，再和那位同学一起讨论讨论！"琪琪激动地说道。

> **知识点**
>
> 腾格里、巴丹吉林和库姆塔格均为中国北方规模较大的沙漠，已导致河西走廊沙漠化严重。若要阻止沙漠南侵，则须在沙漠与河西走廊之间，通过增加树林、草场等手段搭建绿色生态屏障。

▼腾格里沙漠

六盘山，黄土高原上的"绿色宝岛"，青山绿水好风光……

黄土高原上的"绿色宝岛"

这天，琪琪坐在爸爸的书房里，津津有味地翻阅着爸爸收藏的书籍。

爸爸看到后，甚是欣慰。没想到，这孩子对自己的藏书这么感兴趣。他走近一看，琪琪正在阅读《毛泽东选集》，便问道："琪琪，你看了些什么呀，看懂了吗？"

琪琪见爸爸来了，急忙向爸爸求助："爸爸，我翻到了毛爷爷这一篇，《清平乐·六盘山》：六盘山上高峰，红旗漫卷西风。今日长……"

"今日长缨在手，何时缚住苍龙？"爸爸接道。

"原来这个字这么读！爸爸，我有点看不懂这句话，您能给我讲讲吗？"

"这句话的大意是，六盘山雄峰挺拔，西风任意卷着红旗。今天我已有长绳在手，哪一天才能擒住苍龙？"爸爸向琪琪解释道，"这些历史和文学知识呀，需要认真学习的，以后包在爸爸身上。"

"诗词里提到的六盘山，是什么意思呢？"琪琪不放过任何一个获取知识的机会。

"琪琪真棒，我们学习时，就是要抓住不懂的地方提问。今天爸爸先从地理的角度，给你讲讲六盘山脉——这座黄土高原上的'绿色宝岛'。"爸爸带琪琪来到书房的另一面墙边，墙上挂着一幅中国地图，爸爸找来一支铅笔，将六盘山的地理位置圈给琪琪看，"六盘山地处中国西部，具体来说，它在宁夏回族自治区的西南部、甘肃省的东部，向南又延伸至陕西省西端宝鸡以北，横贯陕西、甘肃、宁夏三个省（自治区）。黄土高原就

▲《清平乐·六盘山》

第五章 自然景观

99

▼ 六盘山

分布在它的两侧，六盘山又是东南—西北走向——你看，六盘山是不是将黄土高原分割成了左右两块？不仅如此，六盘山位于泾河上游南部和渭河之间的位置，还是泾河与渭河的分水岭。"

"我知道了，看来六盘山的地理位置好重要呀。"琪琪兴致勃勃，"不过，听您讲了这么多次'六盘山'，我觉得'六盘山'这个名字特好听、好特别！"

"哈哈哈，琪琪。'六盘山'古时被称为'陇山'，关于六盘山名字由来的说法不止一种，有的说是因为山上有六重盘道而得名。"爸爸不禁被琪琪逗笑了，"不过六盘山其实还是一座比较年轻的山脉，约2000万年前，喜马拉雅造山运动冲激波强烈运动，使地层褶皱断裂，六盘山就是这样形成的，所以，六盘山的山脉十分陡峭，山谷非常深。直到今天，六盘山的地震还是比较频繁、强烈的。"

"啊？"琪琪听到地震，不由得露出了担心、害怕的表情，"我希望世界上不要有地震！"

"别怕，地震局研究所的叔叔阿姨们正进行研究，目的就是要通过对地

小小地理家的话

大家可能听说过"六盘水",却分不清六盘山和六盘水的关系。六盘山与六盘水仅差一字,许多人会误以为两者是在同一个地区的"双胞胎",实际上,六盘山和六盘水相隔甚远。六盘水位于贵州西部,是贵州省的一个地级市,市名是由六枝、盘县、水城三地的头一个字组成的,被中国气象学会授予"中国凉都"称号。所以,六盘山和六盘水只是名字相似,并没有任何关系哦。

震带的科学认识,减少地震给人类带来的损失。"爸爸说道。

琪琪虽然不知道科学家们在研究什么,但他的心也稍稍放了下来。突然,他想到刚才爸爸提到的"绿色宝岛",便接着问道:"爸爸,您刚才所说的'绿色宝岛'又是什么意思?"

"黄土高原在世界上都算得上是水土流失最严重的地区之一。爸爸之前给你讲过黄土高原,你来回忆一下,在你的印象中,提到黄土高原,你会用什么词语形容它呢?"爸爸顺势向琪琪抛出了一个问题。

琪琪想了想,回答道:"面积很大,到处都是黄土和石头,水土流失……"

爸爸继续说着:"没错,琪琪还记得,很不错呀。但是六盘山却是个例外,部分地区降雨量较多,气候较为湿润,适合树林草木生长,所以人们才说,六盘山是黄土高原上的一个'绿色宝岛'。如果你在深秋前往六盘山,就会看到它到处都是黄色、绿色和红色的植物,有山有水,和想象中的黄土高原十分不同。到了夏天,人们还常常会去六盘山国家森林公园避暑呢。"

"马上就要到夏天了,爸爸,咱们也去呗!"琪琪向爸爸撒娇道。

阴山，古代的天然防线

不教胡马度阴山

　　这天，爸爸正在书房练习书法，琪琪好奇地走到爸爸跟前，想看看爸爸在练什么。

　　"但使龙城飞将在，不教胡马度阴山。"琪琪不自觉地读出了声，抬头望向爸爸，"爸爸，这两句话是什么意思呀？"

　　爸爸见琪琪感兴趣，便放下毛笔坐下来，给琪琪好好上了一堂课："这是唐代诗人王昌龄的作品，这句诗的意思就是：如果龙城的李广将军还在这里，就一定不会让匈奴度过阴山。琪琪，你以后就会学到这首诗了。"

　　"爸爸，为什么匈奴一定要度过阴山呢？"琪琪听了后，向爸爸抛出了一连串的问题，"是不是就像我和同桌的'三八线'一样。"

　　"爸爸明白你的意思了，琪琪别着急呀，听我慢慢讲述。"爸爸神情自若，娓娓道来，"这可要从阴山的地理环境开始讲起。诗中所写的阴山，可不是一座小小的山，指的是位于内蒙古自治区中部的阴山山脉，它西起

▼阴山岩画

▲大青山

狼山，向东还包括乌拉山、大青山等等。阴山为东西走向，东西距离1200多千米，直接从内蒙古自治区东部横跨到河北省的西北部，南北距离也有70多千米，是我国非常重要的一条地理分界线。"

"这么说，我觉得阴山就像一条巨龙躺在北方。"琪琪说道。

"不错，所以呀，谁能攻下这条巨龙，岂不是可以占领得天独厚的优势？况且，阴山那头是匈奴，这头便是中原，仅仅一山之隔。在这种环境下，匈奴对阴山虎视眈眈，再正常不过了。"爸爸回答着，"除此之外，阴山本身就是一座非常富饶的宝库，当时，匈奴人生活的地区物资并不丰富，而阴山的动物、植物、水资源甚至木材都十分丰富，更不要说翻过阴山后就能到达的河套平原了。"

"怪不得匈奴人要攻打阴山，有了阴山，不仅吃穿不愁，还能继续向南攻。"琪琪想了想后说道。

第五章　自然景观

103

知识点

河套平原，是黄河上游的冲积平原，位于内蒙古自治区和宁夏回族自治区境内。自古以来，河套平原就为华夏儿女提供了极其丰富的文化资源、生态资源，自古就有"黄河百害，唯富一套"的说法。

"是的，这条天然的、巨大的地理分界线，不仅分割了富饶与贫瘠，还是黄河的北部界限、季风气候区和非季风气候区的分界线。可以说，阴山以北和阴山以南的地理环境是完全不同的。"爸爸重新拿起毛笔，边写边说道，"根据历史记载，阴山一带的确是匈奴的重要活动地域，直到现在，如果沿着阴山深入，你还能在陡峭的石壁上看到一幅幅形态各异的岩刻，正无声地讲述着那些古老的故事。"

"我明白了。知道了这首诗背后的故事和由来，我也想写这句诗了，爸爸您教我写吧！"爸爸握住琪琪的手，一笔一画地在宣纸上重新将这句诗写了一遍。

▼ 从乌兰布和沙漠公路上远眺狼山风景

探索金庸笔下的神秘之地，揭秘现实中繁花似锦的星宿海……

玛多县的花海子

琪琪期末考试结束，每天待在家里，越来越无聊。这天，琪琪发现哥哥在看小说，便走到哥哥身边，好奇地问哥哥在看什么书。

"哥哥在看金庸先生的《天龙八部》呢，这一部分讲的是，当年星宿老怪丁春秋为得到逍遥派绝学，逼迫逍遥派弟子苏星河，苏星河就骗他说，逍遥派的绝学都藏在西域星宿海一个很隐蔽的地方，丁春秋便千里迢迢地来到星宿海，定居在那里并创立下星宿派。"哥哥见琪琪感兴趣，便放下书本，饶有兴致地给琪琪讲了起来，"书中说啊，星宿海这个地方，常年阴暗潮湿、百草不生，盛产各种毒物。"

琪琪十分感兴趣地听着，两人俨然已经沉浸在了《天龙八部》的世界中。

"其实在现实世界中，星宿海这个地方可是真实存在的哦。"端着茶杯的爸爸听到哥俩的对话，悠悠地讲道。

哥哥和琪琪听了，好奇道："星宿海在现实世界里是什么样的？真的是百草不生吗？"

爸爸笑道："那是金庸先生笔下的星宿海，跟真正的星宿海完全不一样。真正的星宿海，湖泊之间百花盛开，哪是百草不生呀！金庸先生在创作《天龙八部》时，为了塑造人物角色，才将星宿海描写为百草不生、毒物遍行的地方。"

"原来是这样，我还以为真的有这么神奇的地方呢。"琪琪耷拉着脑袋说。

"哈哈哈，琪琪呀，文学作品，当然有想象的成分啦。真正的星宿海，可是十分美丽呢。"爸爸继续讲道，"星宿海位于青海省，位置在黄河源头。实际上这里是一片浅湖群，长有30多千米，宽十几千米，形状是一个狭长的盆地，盆地上有大大小小的浅湖，你可以想象一下。"

"嗯，我正在想象呢。"琪琪闭上眼睛回答道。

"那你再想象一下，这是阳光灿烂、蓝天白云的一天，阳光照耀在无数的浅湖上，映得湖面发蓝、发绿，闪着粼粼的光，这样的浅湖有很多，

第五章　自然景观

105

错落分布在地面上,犹如天上的点点繁星。我刚才和你说的,就是古人看到星宿海时的感慨:'有泉百余泓,或泉或潦,水沮如散涣,方可七八十里,且泥淖溺,不胜人迹,弗可逼视,履高山下瞰,灿若列星。'1380年,元世祖派遣水利专家都实去探查黄河的源头。都实沿着黄河,一路向青海走去,见到了星宿海,回朝后,都实就是这样向忽必烈描述星宿海的。"

"黄河源头?爸爸,我听您讲过,黄河的源头并不是这里呀。"琪琪忽然睁大眼睛疑惑道。

"琪琪听得非常仔细。后来的人再次进行了多次勘探,才确认黄河源头并不在星宿海。不过,

> **知识点**
>
> 沼泽:地面长期过度潮湿,长有喜湿性植物,并有泥炭堆积或虽无泥炭累积但有潜育层存在的土地。形成沼泽的主要条件是地表位置较低,并且难以将其中的水排出,降水量大于蒸发量,或者是气候寒冷积水难以被蒸发出去。一方面,沼泽是土地资源;另一方面,沼泽又有非常宝贵的泥炭、丰富的生物资源。此外,沼泽在保持地区生态平衡等方面也具有一定意义。

▲ 星宿海

在忽必烈的那个时代,星宿海是当时人们认为的黄河源头。"爸爸回答道。

琪琪点了点头,继续发问:"我还有一个问题,这个地方为什么有这么多的浅湖,到底是怎么形成的呢?"

"这是因为星宿海的水源来自黄河——这也是星宿海与黄河的联系。星宿海上源的三条支流为扎曲、约古宗列曲和卡日曲,黄河的水一路向下流经这里时,由于这里地势平缓,河道自然变宽、变浅,黄河流淌的速度在这里慢了下来,形成一大片的沼泽地。每当雨季,这里水位上涨,就会形成一个个湖泊,大湖的面积可以达到几百平方米,小湖有的只有几平方米,形成错落的美感。"爸爸一边说着,一边用手比画着星宿海的大小和高低水位。

"原来如此。我觉得我再听哥哥讲起《天龙八部》里的星宿海和丁春秋,也不会害怕啦!"琪琪俏皮地说道,引得哥哥一阵大笑。

"对了,"在一旁的妈妈出声了,"琪琪快要放假了,想去哪里旅游?"

"我想去看黄河!"琪琪不假思索道。

"好啊,琪琪。"妈妈将目光转向爸爸,"老公,咱们满足琪琪的心愿,一起去看看黄河的风景吧。地点就交给你来安排。琪琪,咱们跟着爸爸走,好不好呢?"

"好!跟着爸爸走,准没错!"琪琪调皮地做了个鬼脸。

爸爸笑着说道:"没问题,我来安排,我们一家人一起去看黄河啰!"

自然地理画卷（上游）

走进三江源，解锁高原秘境

中华生命之"源"

这几天，琪琪都在为旅游的事兴奋着。这会儿，琪琪和爸爸正在一起看书，看着看着，琪琪突然产生了新的疑惑。

"爸爸，您给我讲过黄河的发源地，那长江的发源地在哪里？"琪琪问道。

"青海省唐古拉山脉的主峰格拉丹东南侧有一个大冰川，长江的发源地就在那里。"爸爸抿了一口茶，继续看他的书。

"唐……那个山脉在哪里？"琪琪继续发问。

"唐古拉山脉在西藏东北部和青海省的交界处,那是一座海拔非常高的山脉。"爸爸放下报纸,看着琪琪说。

"我还是不明白,爸爸,我去看看地图呗。"琪琪转身去看中国地图。

爸爸说道:"琪琪知道黄河的发源地是巴颜喀拉山脉,唐古拉山脉就在巴颜喀拉山的西南侧。长江和黄河的发源地都在青海省境内,相距很近的。这下你就知道了吧。"

"长江和黄河的发源地相邻?这儿是什么好地方?"琪琪听到这儿,已经大概知道了长江发源地的位置。

"不只是长江、黄河,还有一条江的发源地,也在这里呢。"爸爸继续说道,"那就是澜沧江,也是在这一带发源呢。这个区域有一个特别的名字,就是三江源。"

"三条江河的源头,所以叫'三江源'?"琪琪说道,"好有意思的名字呀。"

"没错。这里是长江、黄河、澜沧江的源头汇水区,位于青海省南部、

▲ 澜沧江源区(青海玉树)

▲ 三江源湿地畜牧

地处青藏高原腹地，孕育了三条对中华儿女极其重要的大江大河。此外，三江源头地区还是中国面积最大的天然湿地分布区，一直以来就有'中华水塔'之称呢。"爸爸好像忽然想到了什么，问琪琪道，"对了，琪琪，你知道世界上有哪些国家公园吗？"

琪琪想了想，说道："美国的黄石国家公园？"

"是的，世界上最著名的国家公园自然是美国黄石国家公园，它也是世界最早的国家公园。除此之外，还有美国的锡安国家公园、瑞士的瑞士国家公园、加拿大的班夫国家公园等等。"爸爸继续发问，"那你知道，中国有什么国家公园吗？"

琪琪抓抓脑袋，左思右想，回答不

上来。

爸爸笑着说,"我们国家首先实施的是国家公园体制试点区,然后对这个地区的试点工作进行评估,如果已经发展成熟,就可以设立成为国家公园了。刚才说的三江源地区,就是中国第一个国家公园体制试点区。2021年10月12日,我国宣布正式设立三江源、大熊猫、东北虎豹、海南热带雨林、武夷山等第一批国家公园。这标志着国家公园这项重大制度创新落地生根,中国国家公园建设迈入新阶段。"

"成为国家公园之后,是不是这里就会像黄石国家公园一样,全球各地的人都会来这里旅游了!"琪琪露出了兴奋的表情,"等我回到学校,我要讲给同学听,让他们也知道这个地方!"

"爸,琪琪,快收拾东西吧,明天就要出发去看黄河了!"哥哥听到琪琪和爸爸的讨论声,笑着提醒他们。

▼ 三江源生态保护区

龙羊峡，不仅是黄河之上的壮观峡谷，还是国内最大的高原人工水库

中国的"科罗拉多"

旅行的前一天晚上，妈妈答应琪琪可以多看一会电视，琪琪开心极了。

"爸爸，什么是峡谷？"琪琪看到电视上出现的科罗拉多大峡谷画面，转头问爸爸。

"像有一双无形的手，在地球上撕裂出一个巨大的裂缝，这就是峡谷，是地球的裂痕。虽然是被撕裂的感觉，却成就了不一样的美景。"一旁的爸爸回答道，"甚至还有海底峡谷，吸引了无数科学家研究呢。"

"峡谷是怎样形成的呢？"琪琪继续问。

"形成峡谷的原因很复杂，比如河水冲刷侵蚀、地球内力作用、冰川作用等等，并且峡谷一定是深度大于宽度。你刚刚提到的科罗拉多大峡谷，科学家们虽然在细节上对其成因说法不一，但普遍认为是河水冲刷导致，所以，人们说科罗拉多大峡谷是'科罗拉多河的杰作'。"爸爸回答道，"中国也有许多世界闻名的大峡谷，如长江流域的三峡、雅鲁藏布江流域的雅鲁藏布大峡谷等。琪琪问得正巧，爸爸明天带你去的地方，就是有着中国'科罗拉多'之称的龙羊峡。"

第二天，琪琪一家坐飞机来到西宁，稍事休息后便坐车前往龙羊峡。一路上，琪琪和哥哥、妈妈、爸爸，一起聊天、讲故事，不一会儿便到了目的地。

知识点

峡谷：深度大于宽度、且谷坡陡峻的谷地。按照形状来分，为V型谷的一种。

知识点

海底峡谷又被称作"水下峡谷"，是大陆坡向深处裂开形成的大峡谷。从海底峡谷的物理特性看，其与陆地上的峡谷近似。峡谷一般呈"V"形，谷壁高且陡，岩石较多，谷底向大洋的方向倾斜。

第五章 自然景观

"我们现在所处的位置，在青海省共和县境内，你们看，这是黄河上游第一座大型梯级电站，人称黄河'龙头'电站。"还没下车，爸爸便迫不及待地透过窗户向大家介绍道，"这龙羊峡长40千米，宽9千米，河谷两岸，一边是茶纳山，一边是辽阔的莽原，中间是一片宽阔、富饶的盆地，看——这么良好的天然环境，龙羊峡可谓'得天独厚'，整个峡谷成为一个天然库区。"

"爸爸，您不是说带我看黄河吗，这里的河水这么清，哪里是黄河呀？"琪琪下车后，感到有些失落。

"别急，这就是黄河，不仅这里水清澈，明天爸爸还要带你去一个河水更加清澈的地方呢。"爸爸已经预料到了琪琪的反应，笑着解释道，"你

▶ 峡谷风光

可别说爸爸忽悠你呀。"

不过，此时的琪琪已经被完全吸引了："这里太好看了，河水两侧还有这么陡峭又壮观的峡谷。"

"是的，还记得爸爸昨天是怎么给你讲的？峡谷的深度和宽度是什么关系？"爸爸向琪琪提问。

"峡谷的深度大于宽度！"琪琪立刻回答了出来。

"琪琪，说对啦！"爸爸赞许地点点头，指着远方对大家说道，"你们看，那里是龙羊峡水电站。龙羊峡是我国大型的水利工程之一，被称作'黄河第一大坝''国内最大的高原人工水库'，为黄河的合理开发、利用做出了巨大的贡献。"

看着地图，琪琪一家来到了龙羊湖景区，直接前往公园最高的看台。站在看台上，远眺壮美的龙羊湖，一旁是龙羊峡水电站大坝，清澈的黄河水在这里流淌。到达这里，已是傍晚时分，夕阳照耀在龙羊湖面上，星星点点地闪烁着。

爸爸边欣赏美景边对大家说道："我们眼前的这片龙羊湖，是刚才我们所见到的龙羊峡水电站蓄水形成的人工湖。龙羊湖平均海拔2700米，是目前我国海拔最高的人工湖，也是黄河上最大的人工水库。年平均气温不足8℃，最高水温不足20℃，可谓永不封冻的湖泊。"

"真是一片神奇的湖泊，这里还真不像会结冰的样子。"妈妈望着湖面，在一旁说道。

过了一会儿，太阳已经完全落山，琪琪一家也回酒店了。入睡前，琪琪还一直在回想着龙羊峡的大水坝呢。

第五章 自然景观

自然地理画卷（上游）

九曲黄河万里沙,浑浊的黄河水为啥到了贵德后变清澈了……

西宁"后花园"

在酒店里休息了一夜，第二天，琪琪一家驱车前往贵德。

"哥哥，我们今天要去的地方，是不是就是爸爸昨天说的，有清澈黄河水的地方？"琪琪探身问正在开车的哥哥。

"哎哟哟，琪琪小心，别挡着你哥哥开车。"爸爸连忙把琪琪拉回，"这个问题我来回答你。我们今天要去的地方叫贵德，位于青海省东部，有着'西宁后花园'的美称呢。"

> **知识点**
>
> 风蚀地貌，地貌类型之一，是一种由于风的吹蚀和磨蚀作用而形成的特殊地表形态。因风沙流动在接近地表处侵蚀最为强烈，故风蚀地貌以近地面处最为明显。由于岩性等因素的影响，使之具有不同的形态特征。

"'西宁后花园'，那也是一个很美的地方！比昨天咱们去的龙羊峡还好看吗？"琪琪一下子激动了起来，蹬着两只小脚，非常期待的样子。

"当然都是美景了，不然爸爸会带你们去看吗？"爸爸连忙安抚琪琪，"爸爸要考考你，你知道黄河的水是从哪里开始变黄的吗？"

一提到回答问题，琪琪马上安静了下来，认真地思考着，却怎么也想不出来，便问道："黄河水变黄，那到底是为什么呀？"

"'一碗水，半碗沙'，说的就是黄河。我们一提到黄河，对它的印象都是'浑浊'。俗话还说'跳进黄河也洗不清'。"爸爸说道。

"因为黄河水太脏太浑浊了，洗了和没洗一样！"琪琪抢着补充道。

"是的，这是因为黄河的上游啊，主要流经山地，而中下游流经地区呢，地形又以平原、高原、丘陵为主，而且河流中段流经黄土高原，在这里挟带了大量的泥沙，所以黄河水浑浊发黄。"爸爸继续讲道，"但是在贵德，你可以看到那个不一样的、清澈的黄河哦。"

"哦，原来不是'跳进黄河也洗不清'呀，是看你跳的位置对不对、从哪里跳。"哥哥插嘴道,"是不是呢,琪琪?"

"以后琪琪可不要乱用这句话,我们可不信噢。"妈妈笑着道。

大家你一言我一语,时间过得飞快,很快就到达了目的地。琪琪看到这里的黄河,果然不是浑浊的,反而清澈见底、碧波荡漾。

"你们看!这里还有一块大石头,上面写着'天下黄河贵德清'!"琪琪大声喊着。

"是的。黄河在贵德境内流淌,正因有黄河哺育,才使贵德闻名。"爸爸背着手,慢慢从后面走到琪琪身旁,"这里的黄河,静谧、优雅,是不是别有一番风味呀!"

"奇怪,那为什么黄河在这里变清澈了?"话说到这里,琪琪不禁疑惑道。

"这和贵德的地理特征有关系。黄河经过贵德这段,为黄河起到沉淀

▼ 初秋时分的贵德国家地质公园自然风光

小小地理家的话

　　黄河是从哪里开始变黄的？经过科学家们的实地考察，黄河在源头处约古宗列曲到扎陵湖、鄂陵湖段，流经区域多为基岩裸露的山区，这里的水中含沙量很少，注入扎陵湖、鄂陵湖，河水还会再次沉淀，变得更加清澈，因此，这一段的河水仍然是清澈透明的。但是，当从鄂陵湖排出后到达15~20千米外的扎陵湖乡地段时，由于扎陵湖乡一带分布着大面积的第四纪松散沉积物，黄泥沙土含量很高，并且这些沙土非常容易被水流带走，这一带又有多条黄河支流，由于气候多变，经常遭受雨、雪、风暴的侵袭，这里还时常有山洪暴发。所以，"一碗水，半碗沙"的黄河水，其实是从扎陵湖乡这一段就开始变黄了。

▼ 秋天的贵德国家地质公园自然风光

作用,所以黄河贵德段清澈见底。"

再往前走,到了贵德国家地质公园。

"这里该不会是丹霞地貌吧?"哥哥看到眼前红褐相间、刀削斧劈般的崖峰,脱口问道。

"贵德国家地质公园内主要包括丹霞地貌、风蚀地貌等自然资源。我给琪琪讲过丹霞地貌,丹霞地貌就是'以陡崖坡为特征的红层地貌',以其红色岩层的奇幻绚烂著称。不过,贵德这里的丹霞地貌在风蚀的作用下,更有一番荒芜的美感呢。"爸爸笑着说道。

"这里的土壤颜色为什么都不一样呢?"琪琪说道。

"琪琪观察得真仔细。"爸爸接着说道,"贵德地质公园里有七个形态各异的土峰、七种色彩各异的土壤,这代表着贵德国家地质公园的当地文化特色。"

第五章 自然景观

孟达天池，一颗闪耀的明珠

青藏高原的西双版纳

第三天，琪琪一家人来到了西宁东南方循化撒拉族自治县内的孟达天池自然保护区。

"我们到孟达天池啰！"爸爸走在最前面，"这里和天山天池、天目山天池、白头山天池，并称中国四大天池，可了不得呢。"

"孟达天池？我们现在在哪里呢？"琪琪经过长途跋涉后，迷糊地揉揉眼睛。

"琪琪，咱们现在所处的位置在西宁的东南方，这里是个自然保护区。孟达天池自然保护区是1980年建立的，2000年4月，被批准成为国家级自然保护区。这里除了奇特的地质环境外，野生植物种类也很丰富了。所以，孟达天池自然保护区还是青海省建立的第一个以野生植物为主的自然保护区呢。"

"那这里都是植物吗？像一个植物园一样？"琪琪问道。

"不仅是植物，这里的动物资源也十分丰富。有国家一级重点保护野生动物，如斑尾榛鸡等等；国家二级重点保护野生动物，如岩羊、蓝马鸡等等。"爸爸边走边向大家介绍道，"只不过啊，植物资源在这里有独特的优势。你们现在看到的远处、近处的山林，可能就是云杉、冷杉和桦树等等。"

▼ 孟达天池

"这些树的颜色都差不多,我看感觉都一个样。"琪琪仔细地看了看远处的树木,挠了挠头。

"哈哈,那爸爸就教你一个小技巧。"爸爸蹲下身来,拉着琪琪的手,指向远处的山林,"这些植被的生长都是有规律的,一般是按海拔、坡向的变化垂直分布。"

"它们都这么乖啊,该长在哪里,就长在哪里。"琪琪说道。

"对,以杨树、桦树、辽东栎为主的落叶阔叶林及华山松、油松林林带,这些植物就喜欢长在低山山地,看——"爸爸拉着琪琪的手,一一指向对应的树林,"再看那里——松栎林带以上为青海云杉、桦树等为主的针阔叶混交林带;再往上,就是杜鹃灌丛及高山草甸带。你看,从它们的叶子

第五章 自然景观

121

▲ 孟达天池的植被

形状、树干粗细、高矮等，是不是能看出明显的区别呀？"

"好像真有些不同。"琪琪睁大眼睛，仔细地看了看。

"这个地区的植物，经济价值、药用价值、观赏价值都非常高。这些好东西，你在其他地方可不容易看见哦。此外还有党参、三七、羌活、贝母这些十分名贵的药材。"

琪琪有些按捺不住了："那我们等会儿，可以看到这些植物吗？我也想看看这些植物。"

"哈哈，等会儿往下走的时候，我们一起找找好不好？走了！"作为摄影爱好者的哥哥，边走边拍，这时候终于追上了琪琪他们。

"过瘾吧？孟达天池处于青藏高原与黄土高原结合部，又是青海的'植物王国'，所以素有'青藏高原的西双版纳'的美誉呢。"爸爸一看见哥哥，就笑着说，"连黄河都忍不住被这迷人的景色吸引，在清水湾处画出一个'几'字形的河湾，才依依不舍地离开。"

黄河石林，中华大地的自然奇观，古老石林与奔腾黄河相映成趣

粗犷豪放的西北之美

今天，琪琪一家来到的地方是位于甘肃省白银市景泰县东南部的黄河石林。不过在到达黄河石林之前，"二十二道弯"弄得琪琪有些晕车。

好在身体的痛苦是短暂的，抵达黄河石林后，眼前的景观让琪琪瞬间忘记了身体的不适。

在这里，石林与黄河相依，古石群林极富特色，色彩浓郁、形态各异、渐次呈现，这边是红色的石林岩壁，那边就是奔腾不息的黄河，怎么看都像来到了电影大片中的世界。

"琪琪，快看看。"爸爸的声音从后方传来，"这就是黄河石林。"

"爸爸，这里的景色和我在电影里看到的好像啊，刚才我在想象这山背后冲出了一只大怪兽，我要把它击败！"琪琪做出刀剑挥舞的样子。

"没错，的确有许多电影、电视剧在这里取景拍摄，其中还有科幻片，这么独特的景观，可得好好利用，是不是？"爸爸兴奋地说着，"这里像

▼ 黄河石林国家地质公园

第五章 自然景观

▼ 二十二道弯，黄河石林国家地质公园

▼ 黄河石林国家地质公园

一个被封存的世界,透过它,我们可以想象出一系列丰富又精彩的远古时期的故事,感觉自己好像穿越到了另一个时代。"

▼ 游客坐着羊皮筏子(俗称"排子")游览黄河石林

"听人们说,黄河石林被称作'中华自然奇观'。"哥哥在一旁说道。

"哈哈,我也非常认同呢。"爸爸说道,"要说黄河石林的形成,可要追溯到距今400万年前的第三纪末和第四纪初

小小地理家的话

其实,"黄河石林"并不是真正的"石林"。黄河石林的是人们对其习惯的称呼,从发现到建园,一直如此称呼。但就地貌类型来讲,黄河石林的地貌特征实际上和"石林"的概念有非常大的区别。"石林"是用来描述喀斯特地貌的,创名于中国。有专家曾提出以"沙砾岩峰林"来命名该地貌,这样才更准确,但考虑到"石林"一词大家更易于接受,于是就继续把这里称作"黄河石林"。

的地质时代,最初这里是砾岩、砂岩等碎屑岩层,这些本来就不稳固的岩层,在流水侵蚀、重力崩塌和风力侵蚀等多重强烈的作用下,才形成了现在的奇观。

"听说这里还有一种很重要的交通工具,叫'羊皮筏子'。这种用山羊皮做成的筏子,是这里历史悠久的一种交通工具,人们坐上筏子,行驶在黄河上,颇有一番古诗中的意味呢。"爸爸说着,突然像想起了什么,"琪琪,我们快找找看。"

"爸爸,我此刻都想作诗啦。"琪琪说道。

琪琪终于坐上了羊皮筏子,悠悠地晃在湖面上,沿河风景一收眼底,这也是琪琪和黄河最亲密的时刻。

"南有都江堰，北有青铜峡"

黄河中上游第一峡谷

休息了一天，琪琪一家人开始了新的旅途，向黄河流域的下一站——宁夏出发。

"我们现在是到宁夏了吗？"琪琪趴在飞机的舷窗问道。

"是的，我们马上要抵达宁夏回族自治区的首府银川了。"妈妈拍拍琪琪的头，回答道。

"琪琪，你知道吗？"爸爸从前排转过头来问琪琪，"黄河流经了九个省（自治区），宁夏可是其中唯一一个全境属于黄河流域的省（自治区）呢。宁夏东邻陕西，西面、北面接内蒙古，南连甘肃，位于中国西北内陆地区，是十分典型的温带大陆性气候，有着较为干旱的特征。幸好黄河自南向北流过宁夏，形成了以湖泊湿地为主要特征的湿地生态系统，湿地也让宁夏成为国家四大自流灌溉区之一。湿地资源还为宁夏吸引了大量的动物，尤其是鸟类。"

"万里黄河从中卫市南长滩流入宁夏，而后流经青铜峡，到了石嘴山市麻黄沟，再流出宁夏，全长近400千米。从长度上讲，黄河在宁夏境内的长度还不足其总长的十三分之一，但自古以来就有'天下黄河富宁夏'之说。"

"看来宁夏是黄河妈妈的宠儿呢！"琪琪说着，往妈妈的怀里钻了钻，"我也是妈妈的宠儿。"

下了飞机，放下行李并稍作休息后，琪琪一家便前往青铜峡。

"琪琪，咱们到青铜峡了。"哥哥从手机上翻出地图，边给琪琪看现在所处的位置边说道，"咱们现在在宁夏吴忠市，处于黄河上游、宁夏平原

> **知识点**
>
> 湖泊湿地：包括湖泊水体本身的、湖泊岸边或浅湖沼泽化过程中形成的湿地。它是陆表系统各个要素相互作用的节点，是地球上重要的淡水资源库，同时也是洪水调蓄库和物种基因库。

的中部。"

"咱们前几天去了龙羊峡,这次来了青铜峡!"琪琪立刻想起去过的青海省的龙羊峡。

"是的,不过这青铜峡,可是被誉为'黄河中上游第一峡谷'呢。"爸爸走在后面说道,"这里还有一个有趣的传说呢。说的是古代啊,大禹治水来到这里,把这山生生一劈,便形成了峡谷,黄河水立马有了可去之处,一泻千里。此时又恰好是傍晚时分,晚霞与河水在峭壁上交相呼应,呈现出一片青铜色,'青铜峡'由此而得名。"

"怪不得这水看着,还有些青青青黄的。"妈妈说道。

"龙羊峡和青铜峡的共同点,都是提供了十分丰富的黄河水能资源,开发条件十分优越,被称作我国水电建设中的'富矿'。人们觉得青铜峡的水利工程作用很大,甚至可以和李冰为治理岷江修建的都江堰水利工程相媲美,于是就有了'南有都江堰,北有青铜峡'的说法。"爸爸继续说着。

"黄河上游的两个峡谷,我们都去过了!"琪琪用手比画出两个大大的峡谷,往中间一推,就好像自己已经全部拿下了。

▼ 宁夏青铜峡水电站大坝

"哈哈，琪琪这次完成心愿了吧。"爸爸笑着说道，"其实啊，不只是龙羊峡、青铜峡这两个峡谷，黄河上游的峡谷本身就众多。有一段被科学家称为峡谷段区域，从青海省共和县龙羊峡到宁夏回族自治区吴忠市青铜峡——也就是我们经历的这一段，都是峡谷段。在这一峡谷段中，有龙羊峡、积石峡、刘家峡、八盘峡、青铜峡等整整20个峡谷呢。"

妈妈接着爸爸的话，说道："你们看，黄河到了这里，已经变得十分粗犷、雄浑，似乎在地理上靠近北方，也有了北方的豪迈特色。"

"是的，青铜峡这么长、这么高，还解决了这么多人的用水问题，这才叫'黄河中上游第一峡谷'呢。"琪琪笑着说。

> **知识点**
>
> 根据河道的特性不同，我们可以将黄河上游分成河源段、峡谷段和冲积平原段。从龙羊峡到青铜峡部分被称为峡谷段，黄河在这里流经山川峡谷，峡谷两岸都是悬崖峭壁。此外，峡谷段河床相对狭窄，水流十分湍急，水资源丰富。

▲ 青铜峡

响沙湾，感受黄河金腰带上的美丽奇迹

"黄河金腰带上的金纽扣"

"黄河上游之旅"的最后一站，琪琪一家来到了内蒙古鄂尔多斯市达拉特旗的响沙湾旅游景区，响沙湾坐落在库布齐沙漠的最东端，又被称为库布齐响沙湾。

"这里的景象有些特别呀。"妈妈穿上了漂亮的裙子让哥哥帮着拍照，她边向下快速跑着找最佳的拍摄位置，边看着近处的漫漫黄沙和远处的河流，说道，"我觉得好像从另一个角度看到了黄河呢。

> **知识点**
>
> 响沙湾在蒙古语中的意思是"带着喇叭的沙丘"，读作"布热芒哈"。

▲ 库布齐沙漠

▼ 沙漠骆驼队

琪琪爸,快看着镜头帮我拍照。"

嗡嗡……嗡嗡……

"哥哥,什么声音?"琪琪像听到了什么特别的声音,却又说不清声音是从哪里传出来的,忙着帮妈妈拍照的哥哥显然并没有注意到什么异样。

"是沙子发出的响声吧。"一旁的爸爸回答道。

"可是,沙子为什么会发出声音呢?"琪琪虽然对爸爸的说法有些怀疑,但对爸爸的判断有着百分之百的信任。

"琪琪,我们来的这个地方叫什么名字?"爸爸问琪琪。

"响沙湾……啊!"琪琪突然反应过来。

"是的,响沙湾中的响,便是'沙子响',你听到的像马达运转一样的'嗡嗡'声,就是从沙子中发出的。"爸爸说道。

"为什么会这样?"琪琪对这一从来没有见过的现象十分好奇。

"'响沙'又叫'鸣沙',就是会发出响声的沙子,这是沙漠中独有的一种自然现象。当沙子干燥的时候,如果你从能够'响沙'的沙丘顶端往下滑,沙子就会发出很大的响声。"爸爸向琪琪讲解道,"这种响沙现象在全球范围内普遍存在,有意思的是,各地沙子发出来的声音还不一样呢,有的像飞机飞过,有的像机器轰鸣,也就是你刚才听到的那种'嗡嗡'声。其他地方的响沙声音又不一样,比如夏威夷群岛上的沙子发出的是像狗叫

▼响沙湾风景区

▲ 沙漠骆驼队

一样的声音，人们就把那儿的沙子称为'犬吠沙'，等等。不过，至于'响沙'的原理，还需要好好探寻。"

"好神奇啊，我也想去听听'犬吠'的声音！"琪琪激动地喊道。

"哈哈哈，你刚落脚内蒙古，怎么心却飞到夏威夷去了？"爸爸笑道。

"响沙湾不愧是黄河金腰带上的金纽扣，看吧，从两个'金'字上，我就看出这地方地位不一般。"哥哥开玩笑道。

"哈哈哈，从黄河整个流经的区域来看，流到鄂尔多斯确实像系上了一条'金'腰带，到了响沙湾，又像别上了一颗'金'纽扣。"爸爸笑了，"黄河流经我们所处的鄂尔多斯市，在这里，沙漠和黄河相遇，构成了一边是滔滔黄河、一边是连绵起伏的库布齐沙漠的奇妙景观，让人感受到了两种不同风情却又十分和谐的风光呢。"

"明天就要回家了，那就多感受一下，让此刻独特的感受为这次旅途画上圆满的句号吧！"妈妈说道。

回去的路上，琪琪回想着这几天见到的黄河，和家人度过的愉快时光，满意地笑了。

> **知识点**
>
> 在响沙湾有一种著名的滑沙运动，天晴无雨、沙子干燥时，两腿前伸从沙丘顶端往下滑，即可听到沙丘发出的各种声音，随着下滑速度加快，声音也越来越响。

第六章 资源物产

自然地理画卷（上游）

黄河上游，水电宝库，峡谷藏能，滋养万家灯火……

水电资源的巨大潜能

"爸爸，电视机坏了，我正看动画片呢，屏幕就突然变黑了！"琪琪朝着爸爸喊道。

"哪里坏了呀？让爸爸看看。"爸爸看了一会儿，又去试了试屋里的灯，笑着说道："琪琪，是家里停电了，不是电视机坏了，等来了电就好了。"

"爸爸，我好无聊啊，您还是继续给我讲讲黄河上游的知识吧。"

爸爸摸着琪琪的头，笑着说："不停电，你就不想听了吗？爸爸问你，你知道我们日常生活中用的电都是从哪里来的吗？"

"是发电站发出来的，爸爸。"

"那琪琪知道有哪些发电方式吗？"

"有水力发电、风力发电、火力发电。其他的，我就不知道了。"

"还有地热发电、核能发电等等,琪琪能知道这些已经很棒了。"

"爸爸,那我国最常用的发电形式有哪些?"

"是火力发电和水力发电哦。那你知道是怎么发电的吗?"

琪琪想了半天还是直摇头:"我不知道,爸爸。"

"由于水位的落差,水流冲击而下,会产生巨大的冲击力,水力发电就是将这些冲击力产生的能量,通过发电装置转化为机械能,进而通过发电机转化成为电能,供人们使用。"爸爸说道。

▼ 山东省一火力发电厂

"爸爸，水力发电对我国来说，是不是特别重要呢？"

"那是当然，水力发电作为发电的重要形式，正在我国大力发展呢。"

琪琪打断道："爸爸，我还是想听您讲黄河上游的知识。"

爸爸摸了摸琪琪的小脑袋："你急什么，今天爸爸准备讲的就是黄河上游丰富的水电资源。

"爸爸以前和你说过，黄河上游大致分为河源段、峡谷段、冲积平原段。其中峡谷段就有丰富的水能资源。"

爸爸话音刚落，就来电了。

伴随着爸爸的讲解，对照地图上的地势，琪琪对黄河上游为何有丰富的水电资源也有了更加深入的理解。

> **知识点**
>
> 黄河的峡谷段地区，由于地势起伏较大，形成了许多落差极大的峡谷，而伴随着黄河支流的汇入，峡谷段自然而然地成了天然的水电资源"开采区"。

黄河石韵，自然瑰宝，共赏亿年沧桑

色彩纷呈的黄河石

这天，琪琪放学回到家，发现家里异常热闹，全家人围坐在客厅开心地聊着。

"呀，琪琪回来了，快过来。"哥哥看到了刚进家门的琪琪，便将他叫到沙发跟前，"看，你最喜欢的伯伯来咱们家做客啦！"

琪琪一抬头看到了伯伯，便一下子钻到他怀里。

"琪琪去黄河玩儿了一趟，是不是都忘记伯伯啦？"伯伯一把抱起琪琪，笑着问道。

寒暄了一会，爸爸突然想到："说起黄河，之前你说拿给我看看的黄河石，我现在这都没地儿放了，还是放在你那儿好。你等等，我去拿。"

伯伯没别的爱好，就是喜欢收集各样物品。琪琪自小最喜欢去伯伯家，一是因为伯伯对他很好，有什么好东西都想着他；二便是因为伯伯是个收藏爱好者，每次到伯伯家去，就意味着又可以见到新奇的玩意儿，伯伯还会根据大家的爱好将淘来的"宝物"，毫不吝啬地送给大家。伯伯家对"好奇宝宝"琪琪来说，就是一座"巨型宝库"。

这不，琪琪又对"宝物"好奇了，待爸爸一拿出石头便问："爸爸、伯伯，什么是黄河石？这个石头有什么收藏价值呢？"

"琪琪，你仔细瞧瞧。"伯伯并没有直接回答。

"这上面的纹路好特别啊。"琪琪凑近仔细观察着，"这里像头，这里像腿，这里像……哎，这花纹放在一起看，就好像一个人形一样！"

"琪琪说得不错。"伯伯笑了，"根据产地，我们将这种石头称为'黄河石'。黄河石产于黄河上游的青海、甘肃、宁夏等地段。"

"这些纹路是怎么形成的？这种石头难道就黄河河段有，别的地方就产不出这样的石头吗？"琪琪问道。

"上亿年以来的地壳运动、火山喷发、黄河河水冲刷，才让这块石头

> **小小地理家的话**
>
> 多年前，我国就曾出现黄河石热，也出现了第一批黄河石爱好者和收藏者，如国家工艺美术大师阮文辉等人，对黄河石的收藏从数量、质量上都有很高的要求。20世纪90年代以后，黄河石收藏热度不减，黄河石协会应运而生，组织大规模奇石展，千万奇石作品得以面世，艺术爱好者能够在此进行交流沟通，黄河石文化活动得以推广。

成了现在的模样，各个流域水质、成分、土质等都不尽相同，自然对石头的改变也不尽相同。"爸爸在一旁回答道，"黄河里有那么多石头，经过日复一日、年复一年的变化，等有一天，岩石中的纹理被冲刷得正好形成了可观赏的图案，最美的部分呈现出来的时候，这块石头就具备观赏价值了，就会被大家所收藏和欣赏了。"

"是的，像伯伯的这块黄河石，就出自黄河上游兰州段，手感、质感、观感都属上乘，形体好、硬度大，图案还逼真。你瞧，你不是一下子就能看出来它的图案形状吗？"伯伯为自己拥有这样一块心仪的石头而感到十分自豪，"这样的石头，有很高的收藏价值，可是我好不容易'淘'来的！"

琪琪边听边继续端详着这块石头，不住地点头。

"在中国，石文化源远流长，黄河石便是其中的佳品，受到古人的喜爱。比如，宋代杜绾所著的《云林石谱》就用这样一段话描述兰州黄河石：'兰州黄河水中产石，有绝大者，纹采可喜。间于群石中得真玉璞，外有黄络。又有如物像墨青者，极温润，可试金。'如今，研究、欣赏、收藏黄河石已经形成了一种文化，不少拍卖活动也在开展，并拍出了极高的价格，可见大家对黄河石的青睐啊！"伯伯讲道。

"嗯，黄河石又好看又有趣，怪不得那么多人喜欢。伯伯，您别拿走了，让我看几天吧！"琪琪向伯伯请求道。

"好，好。"伯伯见琪琪对黄河石这么感兴趣，笑着答应了，"看石头，要看它背后的精神意境、文化神韵，下次，你可要给伯伯讲出来哦！"

炊烟引路，探索煤炭奥秘

煤炭金三角

阵阵炊烟从烟囱慢慢飘向空中，这一下子吸引了琪琪的注意力。

这是琪琪第一次和爸爸回到乡下的老家，琪琪新奇地看着空中的烟雾，拉了拉爸爸的袖口："哇！爸爸，课本里说的果然是真的，这就是炊烟呀！"

爸爸笑着说："孩子，这有什么稀奇的，走，我带你看看这里是怎么烧菜做饭的。"琪琪双眼放光，肚子里发出了"咕噜咕噜"的声音。

"看来我们的琪琪是饿了呀，今天就让爸爸来给你做顿大餐。"爸爸说完撸了撸袖子，充满了干劲。

推开厨房的大门，琪琪对眼前的一切都感到好奇，他指了指堆在角落里的东西，疑惑地看着爸爸："爸爸，这个像蜂窝一样黑漆漆的东西是什么呀？"

▲ 蜂窝煤

第六章 资源物产

▲ 煤炭

爸爸一边用钳子夹起一块放在灶台里一边说："这就是为什么会有炊烟的原因了，这个东西叫蜂窝煤，是用煤和黏土搅在一起做成的。20世纪八九十年代，城市家庭做饭取暖，一靠蜂窝煤，二靠灌装液化气。不过，液化气比蜂窝煤更稀少，大部分人还是用蜂窝煤。"

琪琪看着蜂窝煤燃起的火焰，感叹道："原来这就是煤炭啊，今天终于第一次看到煤长什么样子啦！"

爸爸笑了笑问道："琪琪，我来考考你，你知道我国煤炭资源分布在什么地方吗？"

琪琪挠了挠头，说道："我只知道山西是我国的产煤大省。"

"说得很对，黄河中游地区分布着丰富的煤炭资源，主要分布在内蒙古、山西、陕西、河南四省区。"

"那么琪琪听说过煤炭金三角吗？"爸爸看着琪琪说道。

"这个我就不知道了。"

爸爸慢悠悠地说道："煤炭金三角是位于黄河中游的一个三角形区域，包括陕西榆林、内蒙古自治区鄂尔多斯、山西朔州三个地区，这几个区域的煤炭资源丰富，是中国工业能源的主产区。"

琪琪睁大了眼睛："原来黄河流域还有这么丰富的矿产资源啊。"

"那是当然，黄河流域成矿条件多样，矿产资源既分布广泛又相对集中，为开发利用提供了有利条件。流域内有兴海玛沁迭部区，西宁兰州区，内蒙古河套地区，晋陕蒙接壤地区，晋中、晋南地区，渭北区，豫西焦作区及下游地区等9个资源集中区，可以形成各具特色和不同规模的生产基地，进行集约化开采利用。"

"没想到，黄河流域的资源这么丰富，不光有丰富的水能，还有矿产

知识点

煤矿是富存在地下沉积岩类的矿产资源，含煤层、含水层、隔水层共生。因此，煤矿开采不可避免会对地下水含水层造成破坏，并会产生矿井水。黄河流域从西到东横跨多个不同地貌单元。由于煤田分布广，地质条件各有不同，矿井水出水量及特征相应不同。有的地区每小时高达上万吨，也有的煤田基本没有水。而矿井水产生较多的省区（自治区），恰恰主要集中在黄河流域缺水区域。

第六章 资源物产

资源，那我国应该好好地进行开发，一定可以促进经济发展。"琪琪像发现了惊天秘密一样，对爸爸说道。

"孩子，黄河流域就是我国煤炭生产潜力最大的区域。煤炭年产量约占全国总产量的70%。其中，位于黄河中游的内蒙古和陕西接壤区域，主要覆盖神府—东胜煤田，探明储量高达2000多亿吨，是目前我国探明储量最大的煤炭基地。"

爸爸无奈地摇摇头："我们现在应该做的不光是如何尽力去开发，开发利用也存在制约，水资源短缺是当前最为突出的矛盾。按照煤炭年产量28亿吨计算，开发所消耗的水资源会超过56亿吨。若加上煤化工企业，整个黄河流域煤矿区，每年增加的用水量会超过100亿吨。生态脆弱区水资源短缺，是目前煤炭规模开发的瓶颈。"

一瞬间，琪琪的情绪也低落了下去，一边用小木棍戳着燃烧的蜂窝煤，一边气鼓鼓地说："这可怎么办呀，我们以后还是不要用煤炭了！"

"哈哈！琪琪，你怎么失去信心了？虽然进入瓶颈期，但也不是毫无办法啊。"

琪琪突然抬头："爸爸，现在已经有了好的解决办法了吗？"

"经过科学家们的共同努力，现在肯定有了一些解决方案，现在的煤炭开采必须做到生态环境保护优先，生态水域保护则是核心。相比过去全部取用黄河水，现在已有部分煤化工项目改用配套煤矿的矿井水，可降低黄河取水需求，也是发展趋势之一。同时，也要转变煤炭开采破坏环境的旧观念，通过人工修复技术与自然界的自然修复作用一起，实现从被动防治到主动治理。"爸爸一边说着一边把炒好的菜装盘。

琪琪的脸上渐渐露出笑容："相信我们国家的科学家一定可以解决这些难题的，那我们还可以见到乡村里的袅袅炊烟和蜂窝煤了！"

爸爸笑了笑："刚刚都告诉你了，煤炭不仅仅是生火做饭的。快来吃饭吧。"

让我们共同体会生命奇迹与大自然和谐共融的绚丽图景……

黄河源头的珍稀动物

这天,琪琪的阿姨来到琪琪家拜访,进门却没有看见琪琪,等了一会儿,才等来琪琪热烈的拥抱。

阿姨一把抱住琪琪,刮了刮琪琪的小鼻子:"琪琪刚才在做什么,这么入神,以前阿姨一来,你可是马上就会出来迎接阿姨的哦!"

琪琪冲着阿姨笑道:"刚才我在和爸爸探讨黄河的野生动物呢!我觉得黄河源头人烟那么稀少,不是说明环境很差、不适合生存吗,哪会有多少野生动物呀?可爸爸却认为,黄河源头一定有很多动物在那里生存,还有很多是我意想不到的动物。阿姨您是野生动物专家,您就说说吧。"

琪琪的阿姨是一名从事野生动物研究的专家,阿姨说的话琪琪百分之百信服。

阿姨说道:"琪琪最近对黄河很感兴趣呀!听说你爸爸教了你不少知识呢。你呀,可是问对人了!"

"哇!"琪琪眼睛都亮了。

▼灰鹤

▲ 藏野驴群

"关于这个问题呢，其实，爸爸说的是对的。"阿姨讲道，"有许多鸟类和珍稀动物生活在黄河的源头——尤其以三江源国家公园为首，比如灰鹤、藏野驴、藏原羚等国家重点保护野生动物，都在这里栖息、觅食。"

说着，阿姨找出了曾经使用过的照片，依次为琪琪讲解："琪琪你看，这个体形巨大、姿态优美的动物是灰鹤，属于大型珍稀涉禽，在2021年2月被列入国家二级保护动物名单，在中国数千年传统文化中象征长寿。琪琪你看这只，你猜它是妈妈还是宝宝？"

"嗯……"琪琪不太确定，"是宝宝吗？"

"是的，成年灰鹤羽毛发白，头顶中央有红色裸露皮肤，而未成年的灰鹤身上的羽毛是略微发红的，体形却很接近它的哥哥妈妈，所以琪琪猜对啦，它是一只未成年灰鹤。在玛多县，集中分布着两种国家保护动物。"阿姨翻到下一张图片，"这个体形略有些像骡子的、在湖边成群结队奔跑着的动物是藏野驴，'藏'是'西藏'的意思，它是青藏高原特有的种群，为国家一级保护动物。藏野驴是一种典型的高原动物，喜欢群居生活，对寒冷、日晒和风雪均具有极强的耐受力。"

"而另一种动物则是藏原羚,它们喜欢几只或十几只聚在一起生活。"阿姨接着说道,"由于它们外表非常美丽,又生活在高原地带,它们还有一个非常好听的别称——'高原精灵',还是国家二级保护动物呢。藏原羚属于高原特有的物种,是典型的高山寒漠动物,喜欢栖息于海拔1000~6000米之间的地带。"

"阿姨,黄河源头的野生动物,好像很多都是珍稀动物吧!"琪琪思考后说道。

"没错,据青海林业部门统计显示,仅玛多县黄河源国家公园内,就有国家重点保护动物69种,其中国家一级保护动物有雪豹、白唇鹿、藏野驴、野牦牛、黑颈鹤、金雕等9种,有青藏高原特有物种13种。"

爸爸继续说道:"琪琪,努力为野生动物们营造一个美丽、和谐的栖息地,改善和提高生物多样性,保护那些濒危、易危动物,同时不过多地去干扰自然,这是我们人类需要做到的,这就是像阿姨一样的研究人员进行野生动物研究的意义呀。"

"阿姨,我更加崇拜您了!"琪琪又给了阿姨一个热烈的拥抱。

第七章 泥沙治理

因地制宜，保护植被，黄土高原完美实现了从"黄山"到"绿山"的生态转变

黄土高原的植被保护

又到了周五，琪琪背着书包兴高采烈地跑回家。

爸爸一把拉住想跳上沙发的琪琪："哎哟，你这是干什么去了，是上学还是去挖矿啊，怎么弄得浑身是土？"

琪琪抬起黑乎乎的小手看了看，下意识地往裤子上擦了擦。

爸爸连忙制止："怎么往身上擦啊，看你妈妈下班回来怎么说你。"

琪琪一个激灵跳下沙发："我得赶快去洗手了，不然妈妈一会儿肯定要生气了。"

"别急，等会儿再去，你先跟爸爸说说，你这是怎么弄的？"

琪琪一屁股坐下，从书包里翻出一个小铲子，开心地说："爸爸，您忘了，今天是植树节呀！学校组织我们去种树了。"

爸爸笑了笑："原来是这样呀，琪琪觉得种树的感觉怎么样？"

"我觉得种树真的太棒了，一想到再过几年就能在校园里看到我种的小树，我就高兴得要飞起来了。"琪琪笑着挥舞起手里的小铲子。

"那爸爸现在来考考你，我们之前说过黄土高原的水土流失问题，为什么人们不去那里种树来缓解呢？"

琪琪眼睛一转："肯定是人手不够。爸爸，我们一起去那儿种树吧。"

爸爸被琪琪逗得捧腹大笑："哈哈哈，不是这个原因，就算再多一百个人去，这个办法也行不通。"

"啊？这是为什么？如果能把黄土高原种满树，水土流失的问题肯定就解决了呀。"琪琪双手叉腰，一脸不服气。

"实际上并不是所有的土地都能够种植树木的，土壤对于植物的生存起着非常重要的作用，像琪琪今天见到的土地和黄土高原的土地是截然不同的。听爸爸慢慢给你讲。"

"那黄土高原是什么样的土地啊，我看照片上好像也没什么特别呀。"

"黄土高原多为石英砂，水土流失又很严重，很难供给植物最基本的

养分,地下水又埋藏在很深的地方,树木很难摄取到水分和营养物质,所以,如果在黄土高原上种树的话,存活率也是很低很低的。"

琪琪若有所思地看着爸爸:"原来是这样啊,怪不得这么多年也从来没看到过黄土高原上有茂密的树木。"

爸爸摸摸琪琪的头:"不过你也别担心,现在黄土高原的水土流失已经得到了很好地改善了。"

"哇!不能种树,水土流失是怎么被控制住的?爸爸,快给我讲讲。"

"我国为了治理黄土高原的自然环境状况,已经付出了70多年的努力,不得不承认,植被建设是治理黄土高原水土流失关键的一步。从无数次的失败到今天,黄土高原从'黄山'终于变成了'绿山'。"

"爸爸,您不是说黄土高原不适合种植树木吗,那它是怎么成为绿山的呀?"

爸爸慢慢地说道:"为了黄土高原生态环境永续发展,其实不止种树一种方法,经过不断尝试,建设方向从'植被建设'调整为'植被保护'。"

琪琪连忙追问:"那是怎么做植被保护的呀?"

"黄土高原的植被结构比较单一,常见的植物就是洋槐、杨树、油松、沙棘等。正是由于植被结构种类单一,对植食性昆虫缺乏抑制因子,所以对杨树危害最严重的蛀虫黄斑星天牛、光肩星天牛,一旦遇到它们适宜生存的环境条件,就会大量繁殖。它们在这里没有天敌,所以很容易对植物

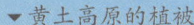
▼ 黄土高原的植被

▼黄土高原(航拍)

知识点

　　根据植物学原理，草本植物主要为须根系，根系数量多，扎根相对较浅；而乔灌木主要为直根系，根系少，但是往往扎根较深。因此，山腰以种草为主、灌木为辅。草本植物根系多，相互之间盘根错节，形成网状结构，有利于减少水土流失。

群落造成毁灭性破坏。黄土高原生态系统是极其脆弱的,正因为如此,科学预防植被病虫害就非常重要了。"

琪琪点了点头说:"嗯嗯,消灭害虫,也是对植物的保护。"

爸爸接着说:"还有一点,植被也不是越多越好,由于黄土高原土质的特殊性,过多的植被反而会增加它的负担,起到反作用。"

"所以,要对植被进行筛选,树木并不是越多越好,一定要优化植被结构。对那种单一的、高耗水的、高密度人工林就要进行合理疏伐,然后再引入一些适合本土的树种来,比如刺柏、侧柏、酸枣、荆条等,以此类树木慢慢替代那些需要消耗大量水分的树种。如此一来,也避免了整个树林都是同一种植被的情况出现。"

琪琪拉起爸爸的手:"原来种树也有这么多讲究呀,看来种树也要好好学习后才能去种呢。"

爸爸笑着说:"这就是因地制宜,做任何事都不能违背大自然的规律,还有许多知识需要琪琪去学习。"

▼ 黄土高原

第七章 泥沙治理

揭秘黄土高原上的生态守护策略，保护珍贵的黄土塬，共筑绿色未来

黄土塬区的固沟保塬

这天，琪琪正在书房里翻看爸爸老旧泛黄的地理书，他不时地皱着眉头，用手捏着下巴。

爸爸被琪琪认真严肃的表情逗笑了，问琪琪："琪琪，遇到什么困难啦？爸爸说不定能帮你哟。"

"爸爸，您这本书好难看懂啊……这些字我都不认识，可是我还是想

读一读呢。"琪琪把书放在爸爸面前,边指边说。

爸爸随着琪琪的手指看去,说道:"塬、梁、峁(mǎo),这些字你不认识,不怪你,这都是你以后才会学到的内容,不过,你要是现在就想学习,爸爸可以教你。"

琪琪高兴地点了点头。

爸爸见琪琪感兴趣,便继续说道:"琪琪,塬、梁、峁是黄土高原三种典型的地貌类型,你看旁边的图——正是有了这三种基本地貌类型,俯瞰黄土高原,才会呈现这样阶梯式、花瓣式的壮丽美景。"

"这个黄土高原,又像沙漠,又像山脉。"琪琪仔细看后说道。

"哈哈哈,不过黄土高原的下面,大多数是厚厚的黄土层,黄土层经过日复一日、年复一年的流水切割和土壤侵蚀,便形成了这三大地貌类型。"爸爸慢慢讲道,"三大地貌类型中,黄土塬算是黄土高原中最宝贵的

▼黄土塬区

宜耕、宜农、宜居的'三宜'土地资源。"

"哦？黄土塬是什么？"琪琪问道。

"琪琪，你知道盆地和湖盆吧？"爸爸反问琪琪。

"知道，我记得就是一块像盆子一样的、凹进去的地形。"琪琪回答。

"不错。那你想象一下，在大西北，风刮过来便带来一些沙子，日复一日、年复一年，盆子终于被沙子填满了，不再凹陷，而是变得像一块平地一样了，这就是'塬'。"爸爸说道，"'塬'正是由于数百万年风携带的黄土所形成的。"

"我明白了。"琪琪说道。

"黄土塬地势较为平坦，所以相比较其他地貌更适合耕种，它被认为是中华农耕文化和黄河文明的重要发源地，又是所处地区自然条件最好的区域和重要的粮食供给地。但由于黄土塬植被稀疏、降雨集中，加上人类过度开发，黄土塬已经成为黄土高原水土流失最严重的地区之一。"爸爸说道，"在这样的情况下，专家、学者和科研工作人员开始研究黄土塬的水土保持方案，提出'固沟保塬'的治理方针。"

"'固沟保塬'？是什么？"琪琪问道。

"我给你讲一个例子你就明白了。"爸爸说道，"董志塬位于甘肃省庆阳市中南部，为黄土高原之最，更是世界上黄土面积最大、保存最完整、黄土层最深厚的黄土大塬，关于董志塬还有一句流传很广的话：'八百里秦川，顶不了董志塬一个边。'足见董志塬的面积很大。

"然而，董志塬却因长期水土流失，塬面萎缩严重。为了避免董志塬进一步萎缩，就要解决'水'与'塬'间的矛盾。具体来说。政府选择实施了以塬面径流调控、沟头加固防护、坡面植被恢复、沟道水沙集蓄'四道防线'为主的综合治理方案，以加固沟头为主要形式来减少水土流失，最终达到保护塬面的效果，这就是'固沟保塬'。"

"专家们好有智慧啊！"听完，琪琪不由得发出感叹，"我以后也想当科学家，保护我们的土地！"

"琪琪有这样的志向，很不错啊。"爸爸欣慰道，"一直以来，我国的专家们都在不断进行着黄土高原的治理研究，努力优化着我们赖以生存的自然环境。爸爸现在教你的这些知识，是希望你首先能建立一个对自然地理全面的认知，进而就要具备忧患意识，能够站在优化自然的角度看待现状，从而做到与自然和谐共生，这才是爸爸给你讲这些的目的啊！"

从科学监测到灌溉方式革新，探索黑方台的滑坡之谜

黑方台的滑坡治理

琪琪来到了甘肃省的黑方台黄土台塬。黑方台是黄河的四级阶地，顶部非常平坦。琪琪走在黑方台平坦广阔的田野上，看到田野上生长着绿油油的小麦，便问爸爸："爸爸，为什么这些麦地里面有这么多水呀？"

爸爸笑了笑回答道："因为在此地降水比较少，而庄稼的生长又需要水，所以当地的农民伯伯们就把黄河里面的水抽上来灌溉到庄稼地里面，这样就会有更好的收成。"

琪琪挠了挠头："那为什么这些灌溉的水把小麦都淹掉半截，不会淹死吗？"

爸爸指着远处台塬底部的黄河，说道："你看，黄河里面的水抽到这里比较方便，所以农民伯伯们就抽了很多水来浇灌庄稼，这样的灌溉方式叫漫灌。当然了，庄稼的生长用不到这么多水的。"

琪琪跟着爸爸继续在黑方台台塬上面行走，来到台塬边，琪琪看到辽阔的黄河，高兴得跳了起来。突然，琪琪大声喊道："爸爸，爸爸，您看，这个塬边的坡怎么垮了这么大一块，还把底下的房子都埋了？"琪琪问着，表情也严肃了起来，因为他看到垮掉的山坡埋掉了房子和农田，并且在塬边还有很多这样垮掉的山坡。

爸爸的表情也凝重了，摸了摸琪琪的头，语重心长地说道："琪琪，这种垮掉的山坡叫滑坡，是地质灾害的一种。你也看到了，这种滑坡的危害是很大的，可能会掩埋山坡底下的村庄和农田，给人民的生命财产造成损失，同时也减少了台塬上的农田面积。"

琪琪有些疑惑："爸爸，为什么会这样呢？"

爸爸回答道："琪琪，我们刚走上台塬的时候，看到了庄稼地里面灌溉的水，你想想，那么多水，庄稼吸收不完的，是不是就会渗到地下呢？"琪琪会意地点点头，爸爸接着说道："这些多余的水渗入地下之后，会在地下形成一层充满了水的地层，专业上叫饱和层。"

▼黄土塬地区

琪琪马上追着问:"爸爸,那水咋没有一直渗到黄河里面去呢?"

爸爸回答道:"因为在黑方台的底部有一致密的土层,类似于不透水层,水不容易渗下去,这层土就埋在黄土的下面,所以导致在黄土中形成了一个饱和层。"

琪琪又问:"那这个渗下去的水形成的饱和层和那些讨厌的滑坡有什么关系呀?"

爸爸指着滑坡说:"你看那些滑坡上面是不是有水渗出,这些水就是那个饱和层里面的水。那为什么这个饱和层会引起滑坡呢?你想想,你走在泥泞的土路上是不是得小心点,不然就会滑倒,黄土里面有了水就会变得特别软,特别滑,专业上说,就是它的强度会降低,所以这个山坡就会在这一层软软的饱和层的影响下滑下来,就像你踩在泥里会摔倒一样。琪琪听懂了吗?"

琪琪点点头,仍然不解地问:"那这样的滑坡怎么能预防呢,怎么能防止它对人们的生活造成影响呢?"

爸爸回答道:"为防止滑坡对人们生活、生产的不良影响,科学家们进行了很多研究,比如他们根据边坡的变形特征首先确定滑坡会在哪里滑,专业上叫早期识别,确定好了可能滑的位置,就会进一步安装监测仪器,监测仪器会不断监测坡体的变化特征,当坡体快要滑下来的时候,仪器就会给当地的人们发出警报,人们就会赶快撤离,这样就防止了滑坡对人们造成伤害,这在专业上叫监测预警。科学家们已经掌握了这样的技术,并成功地在黑方台这个地方实施了。"

琪琪听了,不禁感叹科学技术的先进,但琪琪似乎还没有了解透彻,又搂着爸爸的胳膊问:"爸爸,那您刚刚说这些滑坡是那些灌溉的水引起的,那如果一直灌溉水的话,是不是滑坡就会一直滑呀?怎么样可以让它不滑呢?"

爸爸欣慰地笑了笑:"琪琪,爸爸刚刚给你说的,对于滑坡的早期识别和监测预警都是防止滑坡对人民生命财产造成影响,但是无法从根本上解决滑坡。要想从根本上解决滑坡问题,还得从问题的源头出发,也就是庄稼里面的灌溉水,只有改变现行的灌溉方式,将灌溉水量减少,才会使地下的那层饱和层厚度减小,进而防止滑坡的发生。"

琪琪连忙点头示意:"我懂了,爸爸,在这里防治滑坡的根本就是要改变庄稼的灌溉方式。"

爸爸点点头,牵着琪琪的手继续走向下一个地点。

后记

　　从提笔到付梓，这位名叫琪琪的小男孩和爸爸已然在无数次的策划会中、键盘声中有了越来越清晰的轮廓，他和我们的读者一起探寻不同的学科领域，感受不同的学术氛围。回顾琪琪和爸爸走过的每一处知识王国，每一册图书的正式出版，背后都少不了认真付出的学者与编辑。我们回顾过往，感谢每一位创作者的付出和希望出版社编辑的辛勤耕耘。

　　感谢该系列丛书的主编许强教授，他立足于我国黄河和黄土高原的保护治理之千秋大计，和读者们一起探寻黄河上中下游自然景观、历史沉淀、文明传承、环境保护以及绿色发展的点点滴滴。此外亦要感谢该系列丛书的课题支持：国家自然科学基金重大项目课题（课题编号：41790445）；四川省社科规划普及项目（课题编号：SC20KP021）。同时，丛书也是成都理工大学的国家自然资源科普基地、四川省科普基地和四川省社科普及基地团队合作的成果。

　　琪琪的故事还在未完待续中，期待您和这个小男孩一起，解锁不同知识殿堂的更多可能。

读懂黄河
自然地理画卷（中游）

主　编　许　强　范宣梅　黄　寰

副主编　林汐潞　王　潇　杨　扬

编　写　徐沁雯　朱艳霞　陈婉琳　修德皓　钟　萍　龙江兰
　　　　陈泳向　张　旭　杨建军　朱万聪聪　黄科润　贺如玉
　　　　蒲书瑾

希望出版社

图书在版编目（CIP）数据

读懂黄河·自然地理画卷. 中游 / 许强著. —太原：希望出版社, 2024. 12
ISBN 978-7-5379-9296-1

Ⅰ. K928.42-49

中国国家版本馆CIP数据核字第2024RH0114号

图片代理：人民图片网

DUDONG HUANGHE . ZIRAN DILI HUAJUAN (ZHONGYOU)
读懂黄河·自然地理画卷（中游）

出 版 人	王　琦
责任编辑	张　路　张　平
复　　审	宸源雪
终　　审	傅晓明
封面设计	王　蕾
责任印制	李　林　李世信

出版发行	希望出版社
地　　址	山西省太原市建设南路21号　邮编：030012
经　　销	新华书店
印　　刷	三河市恒彩印务有限公司
规　　格	720mm×1000mm　16K　印张：11
版　　次	2025年3月第1版
印　　次	2025年3月第1次印刷
印　　数	1—5100册
书　　号	ISBN 978-7-5379-9296-1
定　　价	52.80元

版权为本社独家所有，未经本社同意不得转载、摘编或复制

目录

前言 …………………………………………………………… 01

第一章　河流水系

一条流淌在沙漠里的河流……………………………………… 2
黄河粗泥沙的主要来源………………………………………… 7
究竟谁浊谁清？………………………………………………… 14
洛河为何有两条？……………………………………………… 21
山西人的"母亲河"…………………………………………… 28

第二章　地形地貌

千沟万壑的黄土侵蚀地貌……………………………………… 38
黄土高原的奇特地貌…………………………………………… 45
物产富饶的汾渭平原…………………………………………… 54

运城盐湖……………………………………………………… 58
千年沙海变绿洲……………………………………………… 65

第三章　植被特征

干旱与湿润并存……………………………………………… 74
黄土高原的"皮肤"………………………………………… 80
黄土高原的天然植被区……………………………………… 85

第四章　自然景观

动静皆宜的晋陕峡谷………………………………………… 92
壮观的蛇曲景观……………………………………………… 98
"咆哮万里触龙门"………………………………………… 103
"三十年河东，三十年河西"……………………………… 106
沿黄百里生态廊道…………………………………………… 110
"双龙飞腾"………………………………………………… 116
"黄河千里一壶收"………………………………………… 121
天下奇险的"神山"………………………………………… 125
"六月雪飘飘"……………………………………………… 133
独特的沙漠湖泊风光………………………………………… 139
千年庙群话沧桑……………………………………………… 146

榆林红石峡……………………………………………………150
"关关雎鸠,在河之洲"………………………………………152

第五章　自然资源

"矿泉水"资源…………………………………………………158
黄河鲤鱼闻名遐迩……………………………………………162

后 记 ………………………………………………………… 165

▼ 黄河风光

前言

　　黄河从内蒙古河套平原上安静地向东穿行，抵达呼和浩特市的河口镇，停留不久便突然急转南下，肆意奔向黄沙漫漫的高原，张扬而洒脱，开启了一段轰轰烈烈的旅程。沿途穿越荒漠、高原、山地、平原、湿地，从萧瑟荒芜到绿意盎然，从黄沙漫天到草长莺飞，一路高歌猛进，开道拓流，最后放轻脚步缓缓驶向关中平原。

　　黄河中游，地理位置是指内蒙古自治区托克托县河口镇至河南郑州桃花峪的河道流域，由北向南流经内蒙古自治区、陕西、山西、河南。

　　黄河中游是黄河流域的主要"产沙区"，汇入较大支流30条，增加水量约占黄河水量的1/2，含沙量约占黄河含沙量的90%。涉及的支流有窟野河、无定河、汾河、渭河、洛河等，其中窟野河是黄河粗泥沙的主要来源河段，是世界上实测含沙量最大的河流。

　　黄河流域地势西高东低，黄河中游由南向北贯穿第二级阶梯黄土高原，流经世界上黄土分布面积最广、厚度最大的黄土地貌最典型地区，地势落差大，河水跌宕起伏，形成独特的高山峡谷奇观：沟壑纵横的黄土地貌、气势磅礴的晋陕峡谷、蜿蜒盘旋的九曲十八弯、一泻千里的壶口瀑布、咆哮万里的禹门口、双龙飞腾的小浪底……

　　黄河中游河段分为三段，自河口镇南下直至禹门关，黄河在黄土高原上劈开一条数百米深的峡谷，名为晋陕峡谷，是山西和陕西的天然分界线。峡谷段流域面积约11万平方千米，支流河网密布，水系发达，占全河支流面积约15%。起伏的河水因落差急转直下，伴随黄土丘壑泥沙俱下，如同一条条弄江的黄龙，掀起层层黄浪，气势磅礴。晋陕峡谷下段迎来了壶口瀑布，这是黄河干流唯一的大型瀑布。黄河从300米宽的水面飞驰而下，骤然变窄，紧接着从17米的高处跌入50米宽的石槽里，有巨壶注水之态，故有"壶口"之称，景色极为壮观。晋陕峡谷的尾端是龙门，形势险要，左岸的龙门山与右岸的梁山隔河对峙，使河宽缩减，滔滔河水夺门冲出，飞

▲ 黄河风光

出一层层凌空雪浪,令人不禁吟唱出诗仙李白留下的千古绝唱:"黄河西来决昆仑,咆哮万里触龙门。"

黄河向南继续奔走,一出晋陕峡谷,水流便平息了下来,河面也渐渐开阔。从禹门口至潼关,河道全程长125千米,流域面积达18.5万平方千米,被称为小北干流。本段河道河床高、河道浅,属于淤积性游荡型河道,主流游荡不定,因此黄河经常改道,故有"三十年河东,三十年河西"之说。此河段有两大支流——渭河、汾河汇入,两河冲击形成物产富饶的汾渭平原,城市聚集,农耕发达,最早有"天府之国"的美誉。

黄河淌过潼关,向东转弯至河南郑州市桃花峪。其中,三门峡以上河段的峡谷,较为明朗开阔。三门峡以下至孟津河段,穿梭于中条山与崤山

之间，河道变窄，此刻黄河将流经最后一个峡谷段——晋豫峡谷，这是山西与河南的自然分界线。三门峡至桃花峪流域内的大支流有洛河、沁河，由于受季风影响大，此区间为黄河流域常见的暴雨中心地带，来势汹汹的暴雨使汇流迅速集中，是黄河下游频发洪水的主要因素之一。为了更好地抵御水患，保障黄河长久安澜，习近平总书记曾强调，共同抓好大保护，协同推进大治理，让黄河成为造福人民的幸福河。

  若说黄河上游是清澈，下游是激荡，那中游的大气磅礴便是其独一无二的气质，开山劈流的韧性像是每一位黄河儿女的精神脊梁。本书将从河流水系、地形地貌、植被特征、自然景观和自然资源五个方面带领大家去感受黄河中游的磅礴之美。

第一章 河流水系

自然地理画卷（中游）2

无定河，一条流淌在沙漠与黄土高原之间不停变换的河流，充满了神秘色彩

一条流淌在沙漠里的河流

"丁零零，丁零零……"放学的铃声响起来了，琪琪飞快地冲出了教室，他知道爸爸会在校门口等他。夕阳余晖中，琪琪高兴地冲向了爸爸。

"慢一点、慢一点。"爸爸喊道。但是琪琪慢不下来，他迫不及待地想要分享给爸爸今天新学到的一句诗："可怜无定河边骨，犹是春闺梦里人。"

爸爸看他兴奋的样子，问道："你明白这句诗写的意思吗？"琪琪认真地想了想，告诉爸爸："这是写无定河河边的成堆白骨，也曾是妻子梦中相伴相依的丈夫。"爸爸欣慰地拍了拍琪琪的小手，夸奖他道："不错！说得很好，那你知道无定河在哪里吗？"

琪琪摇了摇头，疑惑地看着爸爸："在哪儿啊？"

爸爸捋了捋胡子，告诉琪琪："无定河在甘肃陇山以东的地方，位于陕西省北部。在唐代，无定河的位置处在边界地区，所以这句诗写闺中妻子不知想念的人战死边塞，仍梦到昔日的丈夫，是不是很令人悲伤？"

琪琪看了看爸爸，悄悄地牵住了爸爸的手："是的，战争的硝烟使无数家庭支离破碎，亲人流离失所，环境也会遭受巨大破坏，所以我们要更珍惜现在的和平生活！不过，爸爸，这条河为什么叫无定河呢？"

爸爸很高兴琪琪有这么高的求知欲："从唐代开始，无定河流域的植被被严重破坏了。没有植被保护的河流，水流就不稳定，有时多有时少，河水也

知识点

"可怜无定河边骨，犹是春闺梦里人。"这两句诗出自唐代诗人陈陶的《陇西行四首（其二）》，全文为："誓扫匈奴不顾身，五千貂锦丧胡尘。可怜无定河边骨，犹是春闺梦里人。"

> **知识点**
>
> 无定河位于陕西省北部，发源于定边县白于山北麓，属于黄河的一级支流，也是陕西榆林地区最大的河流。它的上游叫红柳河，流经靖边新桥后被称为无定河。全长约491千米，流经定边、靖边、米脂、绥德和清涧县，由西北向东南注入黄河。

时清时浊，所以人们叫它无定河，还有人叫它恍惚都河和黄糊涂河。"

"啊，原来是这样！为什么无定河的流量会不稳定，而且河水时清时浊呢？"琪琪继续问。

"这与无定河的水源补给方式和流经的地方有关。你知道吗，无定河是一条在沙漠里流淌的河流。"爸爸解释道。

琪琪瞪大了眼睛："沙漠里还能有河流吗？"

爸爸笑了笑："当然可以！无定河之所以叫这个名字，是因为它有一项特别的本领——不停地改变河道。在枯水期，河水可能会'藏'起来，等春天来了，雨水多了，河水又会出现，好像从来没有消失过一样。"

"这条河真是既神秘又浪漫！"琪琪感叹道，"它这么行踪不定，还处在沙漠区，那它的水是从哪里来的呢？"

"这也是无定河聪明的地方。它的主要水源是降水和地下水。当流经沙漠时，因为沙漠地表很容易渗漏，所以地下水补给占了很大比例。因此，我们看到的无定河往往不是波涛汹涌的大河，而是一股股细小的水流，有时候甚至可以摸到河底。如果遇到降水少且地下水不足的时候，无定河就会干涸，只剩下干涸的河床和石头。"

"无定河可真是一条与众不同的河！"琪琪惊叹道，"那它时清时浊的原因仅仅是因为流经沙漠区吗？"

"确实有这个因素，但不仅仅如此。无定河的浑浊无常不仅与流经地区的水土流失有关，还与径流的变化有关。从上游到下游，从沙漠到黄土高原，水土流失越来越严重，河水中的泥沙含量也就逐渐增加。再加上季风的影响，每年的降水量变化很大，这也导致了河水流量和泥沙含量的变化。"

"所以，河流的浑浊无常是多方面原因造成的！"琪琪抢答道。

▲ 无定河

> **知识点**
>
> 河流的补给类型：
> ① 雨水补给。一般多在夏季和秋季补给河流，是河流最重要的补给类型。
> ② 季节性积雪融水补给。主要发生在春季。
> ③ 冰雪融水补给。指流域内的高山地区，冰川或永久积雪的融水补给。
> ④ 湖泊沼泽补给。
> ⑤ 地下水补给，可分为松散层地下水和基岩地下水两种，是河流水量可靠的来源。

"没错！所以我们看问题要全面，不能只看一个方面。"爸爸趁机教育道，"说了这么多关于无定河的事，你有什么感想吗？"

琪琪想了想，说："无定河的故事真的很曲折，因为它浅深不定、水量不定、清浊不定。但它也很聪明，在困难的时候懂得保存实力，等待时机。而且，从历史的角度来看，这条河古老而浪漫，见证了沙漠变成绿洲，绿洲变成家园，看到了一代代人的生活。虽然它来无影去无踪，却一直在默默地守护着我们！"

爸爸握紧琪琪的手，夸赞道："琪琪说得很棒！一定要保持旺盛的求知欲哦。"

琪琪点了点头："我会认真学习更多知识的！"看着琪琪认真的样子，爸爸忍不住笑了起来。一老一小的背影，在夕阳的映照下，透着温暖和幸福。

> **小小地理家的话**
>
> 在陕西榆林，有100多条大大小小的河流。它们有的很大，有的很小；有的清澈见底，有的浑浊不堪。这些河流在黄土高原上弯弯曲曲地流淌，在广阔的沙漠里像蛇一样蜿蜒前行。
>
> 无定河是榆林最大的河流，也是陕西输出最多泥沙的河流。它是黄河中游的一条重要支流。因为河水含有很多泥沙，看起来很像黄河，所以人们称它为"小黄河"。

虽然窟野河泥沙问题缓解了，但水环境污染和水资源供需却成了新难题

黄河粗泥沙的主要来源

"哈哈哈哈哈，琪琪，你脸上好脏啊！"一阵爽朗的笑声传来，原来是琪琪在和自己的小伙伴用泥巴搭建房子。阳光照耀在他们天真的笑脸上，显得格外美好。

"琪琪，你脸上的泥沙都快有窟野河里面的沙多了。"琪琪的小伙伴说道。琪琪感到疑惑，小伙伴又说："其实我也不知道为什么，我奶奶总是这样说我，说我太脏了。"

回到家后，琪琪去找爸爸："爸爸，什么是窟野河呢？"爸爸知道了事情的由来，便开始给琪琪解释起来。

"因为窟野河流域的生态环境一直很糟糕，河水里有很多泥沙，所以它被称为'产沙'河流。窟野河流域也是黄河中游水土流失最严重的地区之一。小伙伴说你脸上的泥沙太多，就是这个意思。"爸爸解释道。

琪琪看着爸爸问："为什么它的泥沙这么多？难道没有办法治理吗？"

爸爸摇了摇头，慢慢地说："治理起来确实很难。窟野河流域主要在夏季七八月份下雨，这时候容易发生洪涝灾害。如果遇到暴雨，洪水会非常凶猛，浪高流急，带下来大量的泥沙，最高的水浪可以达到三四米高，非常吓人。但当洪水退去后，河水又变得平静了，只留下满地的石头和泥沙。当地人把这条河形象地叫做'贼河'。不过，现在的窟野河正在慢慢变

> **知识点**
>
> 治理水土流失的主要措施：加强生态环境建设，植树造林种草；加强水土保持宏观战略研究；提升水土保持生态建设的科技水平；科学实施小流域综合治理；坚持退耕还林还牧；推广节灌技术；调整农业结构。

好，河水逐渐变得清澈了。"

琪琪好奇地问："这是怎么做到的呢？听爸爸描述，我都能想象出那可怕的画面，到底是怎么发生变化的呢？"

"因为我们国家对水土流失严重的地区实行了退耕还林、封山禁牧的政策。当地政府积极响应号召，很多治沙人在河边种树植草，慢慢地让窟野河发生了巨大的变化。这是无数人共同努力的结果。"爸爸说道。

"我懂了。爸爸，生活在窟野河两岸的人们一定很辛苦吧？"琪琪问道。

爸爸说："环境虽然艰苦，但人心却是温暖的。窟野河不缺少温情，再恶劣的条件也阻挡不了人们改善环境的决心。"

"我相信窟野河会变得越来越好。"琪琪的眼神里充满了希望。

"你知道吗？窟野河虽然泥沙多，但它藏

▲ 煤炭运输

自然地理画卷（中游）

10

▲ 山东东阿：加快构建黄河生态廊道

> **小小地理家的话**
>
> 水污染治理方案：一要控制污染源，尤其是在河流上中游限制污染物质的排放，主要是造纸厂、冶金厂等等；二要沿河多植树，保持水土；三要减少污水的污染度，利用化学方法将污水中的有害物质中和或沉淀；四是加强人们的环保意识。

着丰富的矿产资源，特别是煤炭。这里的煤炭很容易开采，质量也很好，是当地人的宝贵财富。近几年的煤炭开采也让当地人渐渐富裕起来。"爸爸摸了摸琪琪的头，喝了口茶继续说道。

琪琪乖巧地点了点头，想了想，随即问道："煤炭的开发确实能带来经济效益，但会不会对环境造成污染呢？"

爸爸皱着眉头说："煤炭的开采、燃烧发电和煤化工产业的发展确实带动了当地的经济，但也给窟野河带来了很大的危害。水环境污染和水资源供需问题已经成了亟待解决的问题，甚至比泥沙治理还要紧急。"

琪琪沉默了一会儿，缓缓地说："爸爸，用环境换取财富真的值得吗？"

"为了实现人与自然的和谐共处，我们必须尊重自然，不能为了短暂的经济效益而牺牲绿水青山。我们需要找到一个最优的解决方案，实现人与自然的和谐共生。窟野河流域的治理还有很长的路要走，需要大家共同努力。"爸爸认真地说。

琪琪点了点头，心里充满了对未来的希望。爸爸拍了拍琪琪的肩膀问道："爸爸想要告诉你的，你能够理解吗？"

琪琪自豪地说："当然了，我知道了窟野河的无情与温情，也明白人与自然需要和谐共生，要努力探索找到最佳治理方案，而不是像狗熊掰玉米一样！"

爸爸欣慰地点了点头，刮了刮琪琪的小鼻头。琪琪望向前方，目光坚定，似乎心里有些想法在慢慢发芽。

▼ 沿河多植树，防水土流失

自然地理画卷（中游）

14

从"泾渭分明"看河流变迁，揭秘成语背后的地理知识与环保意义

究竟谁浊谁清？

琪琪放学一回到家，便拉着正在沙发上看报纸的爸爸玩成语游戏："爸爸，今天我和同学玩带地名的成语，可好玩了，您陪我再玩会儿，好不好？"

爸爸看到琪琪一脸兴奋的样子，便放下报纸说道："好，那你先说。"

"我们来玩带地名的成语吧！"琪琪信心满满地起了个头，"火烧赤壁，赤壁在湖北。"

爸爸笑着接了起来："邯郸学步，邯郸在河北。"

"洛阳纸贵""虎落平阳""暗度陈仓"……

几个回合下来，爸爸看琪琪的成语储备量真不小，欣慰地捋了捋胡子。

这时，琪琪接了个"泾渭分明"，爸爸问琪琪："你知道泾、渭是指哪里吗？"

"嘻嘻，爸爸，这您可问不倒我，泾、渭分别是泾河和渭河，属于黄河流域。'泾渭分明'这个成语呢，在新华词典里的解释是比喻界限清楚或者是非分明。"琪琪得意地回答爸爸。

爸爸不禁给琪琪竖起了大拇指："不错，不错，琪琪的语文和地理进步了不少。"

晚饭后，琪琪翻开《古诗词集》，朗诵杜甫的《秋雨叹》："阑风长雨秋纷纷，四海八荒同一云。去马来牛不复辨，浊泾清渭何当分？……"

可是琪琪越读越觉得奇怪，明明是泾河水清，渭河水浑，为何诗圣杜

▼ 泾河风光

▲ 渭河咸阳段

自然地理画卷（中游）

18

▲ 防风固沙林带

第一章　河流水系

甫说的是"浊泾清渭"呢？他急忙拿着书去问爸爸："爸爸，这首诗有一句写的是'浊泾清渭何当分'，可明明是泾河清澈、渭河混浊啊，这到底是怎么一回事呀？"

爸爸听到琪琪的疑问，立刻说："如果从地理因素来看，渭河流经的地方大多是平原，离黄土高原还有一段距离。而泾河发源于黄土高原上的六盘山，一路带着泥沙流下来，所以泾河比渭河要浑浊一些。"

"那杜甫说得没错呀！为什么……"知道爸爸要给自己讲知识了，琪琪赶紧拿出纸笔准备记录。

"实际上，泾河和渭河的清浊跟人类的活动有很大关系。2000多年前的春秋时代，《诗经》里曾写道：'泾以渭浊，湜湜其沚。'这说明当时的泾河水是清澈的，反而渭河水比较浑浊。但随着时间的推移，到了唐朝，泾河流域的人口越来越多，森林被破坏得很严重，水土流失也加剧了，泾河里的泥沙也就越来越多。杜甫长期住在长安，亲眼看到泾河和渭河的明显区别，所以在他的诗里写下了'浊泾清渭何当分'这样的句子。根据历史记载，泾河和渭河经历了六次清浊变化呢。"爸爸一边摸着琪琪的头，一边耐心地讲解。

"也就是说，植被和水土流失有密切的关系，河流的清浊也跟水土流失的程度有关。"琪琪说道。

"对，琪琪，神奇的'泾渭分明'景象其实是人类和大自然相互作用的结果。到了近代，人类活动更加频繁，对生态环境的影响也越来越大，植被破坏和工业废水污染让泾河和渭河都变得越来越浑浊，最终都变成了黄黑色的河水。"爸爸继续解释。

环保小卫士琪琪听到这里，惊呼："这可不行！我们一定要好好保护植被和河流！"

知道琪琪关心绿色环保的事，爸爸安慰她说："不过值得高兴的是，我们国家已经意识到这个问题，并采取了一系列治理措施。现在全国都在进行国土保护和整治工作，比如建设了'三北防护林工程'来治理水土流失。未来的泾河和渭河都有可能变成清澈的河流。到时候，水清沙幼、鸟语花香的美景都能实现哦！"夜深了，琪琪爬上床，他想：虽然自己很想看到泾渭分明的奇观，但更希望泾河和渭河都能够清澈见底。随后琪琪带着这样的愿望，慢慢地进入了梦乡。

一步步揭开这两条姊妹河流的神秘面纱，探寻它们各自的风姿与韵味……

洛河为何有两条？

周末，琪琪写完作业，想起爸爸前一阵给自己科普了不少河流，便想温故知新一下，他拿出了我国的河流分布图认真看起来。看了好一会，琪琪惊讶地发现有两条洛河都流入黄河，于是喊道："爸爸，您快来看！"

爸爸不紧不慢地走进书房，问："怎么了，琪琪？有什么问题吗？"

"爸爸，爸爸，您看这地图是不是出错了，怎么黄河上会有两条洛河呢？"

"哈哈，好！琪琪看得很仔细。不过，黄河上的确是有两条洛河哦。"爸爸一边说一边走到琪琪身边坐下。

琪琪一脸疑惑地看着爸爸："爸爸，您快给我讲讲这究竟是怎么回事。"

"虽然这两条河流都叫洛河，但这条从西北流向东南的可以叫北洛河，而那条东西走向的则可以叫南洛河。"爸爸解释道。

"靠北一点就叫北洛河，靠南一点就叫南洛河，这个名字起得也太简单了吧？"还没等爸爸说完，琪琪就为这两条河流抱不平。

爸爸摸了摸琪琪的头，说："琪琪，别着急，让爸爸慢慢给你讲。"

琪琪意识到自己有点心急了，不好意思地点了点头。

"北洛河在古代叫做洛水，它的源头在陕西省定边县的草梁山，是陕西省最长的河流。它属于黄河的二级支流和渭河的一级支流。而南洛河，

> **知识点**
>
> 一条大的河流会有其他河流汇入，从而形成较大的水系，这些其他河流就是支流，支流的划分可分为三级。一级支流为直接流入干流的河流，而直接流入一级支流的称二级支流，以此类推。判断方法：一般情况下，较长的可判断为一级支流；若长度差不多时，水量大的为一级支流。

▼ 洛河大桥（航拍）

▲ 洛河上密密麻麻的飞鸟

▲ 三五成群的白鹭纷纷在洛河边落足栖息

在古代叫做雒水,它是黄河右岸的重要支流,源头在陕西蓝田县境内的华山南麓,最后在河南省巩义市汇入黄河。所以,从地理上来说,这两条洛河并不是同一条河,但在地图上这样写也没有错。"爸爸一边解释,一边拿出纸和笔写下"洛"和"雒"两个字。

琪琪挠挠头,表示不太明白。

爸爸扇着扇子继续解释:"中华五千多年的历史中,有很多朝代更迭,河流的名字也会随

知识点

河流的水文特征一般包括径流量、含沙量、汛期、结冰期、水能资源、流速及水位。气候是影响河流水文特征的主要因素。

着君主的想法改变。比如汉朝时把'洛'改成了'雒',到了曹丕时期又把'雒'改回了'洛'。后来两条河流流域的人们都习惯用'洛河'这个名称,也就一直沿用了下来。所以,琪琪不必纠结名字的问题。"

听到爸爸这么说,琪琪点了点头,同意了。

"不过,你想知道这两条洛河有什么不同吗?"爸爸问道。

琪琪毫不犹豫地回答:"想!"

爸爸指着"洛"这个字说:"北洛河的'洛'字,从字形上看就像是河水中有客人,也就是河水暴涨的意思。这条河流每年的径流量季节分配很不均匀,夏天的时候水量最大,所以河水容易暴涨。我想北洛河的名字可能就跟这个有关。"

"至于南洛河的'雒'字,意思是客鸟,也就是候鸟。南洛河流域比北洛河流域要平稳得多,这里的水利开发历史悠久,古时候人们就修建渠道来灌溉农田,植被覆盖也比北洛河好。而且南洛河下游正好是我国候鸟迁徙路线的一部分,每年都有很多候鸟在这里停留。也许这就是'雒河'名字的来源吧。"爸爸说道。

琪琪听后恍然大悟:"原来两条洛河还有这么多故事呢!"

听到这么多地理知识后,他兴奋地说:"爸爸,河流的水文特征才是区别河流的唯一标准吧?"

"琪琪说得对,所以说,世界上没有同一片叶子,也没有同一条河流哦。"

听爸爸科普完两条洛河,琪琪兴高采烈地抱着地图回到自己的房间,打算再搜集几条河流的水文特征。

知识点

径流量,是指在某一时段内通过河流某一过水断面的水量。径流是水循环的主要环节,径流量是陆地上最重要的水文要素之一,是水量平衡的基本要素。

小小地理家的话

全球候鸟迁徙线路主要有八条,其中有三条从我国经过,分别为东非—西亚迁徙线、中亚—印度迁徙线、东亚—澳大利亚迁徙线,每年从我国过境的候鸟种类和数量约占迁徙候鸟的四成左右,其中,东亚—澳大利亚迁徙线候鸟种类和数量最多,有白鹳、天鹅、黑鹳、老鹰、猫头鹰、相思、画眉等,许多摄影爱好者会选择这条线路拍摄壮观的候鸟迁徙景观。

穿越古诗意境中的杏花村，追溯至山西人的"母亲河"——汾河

山西人的"母亲河"

厨房里，琪琪忙前忙后地帮妈妈布置餐桌，爸爸这时对琪琪喊道："琪琪，快把爸爸酒柜里的汾酒拿来，爸爸今天可要小酌两杯。"

琪琪来到酒柜前，满脸疑惑道："爸爸，什么是汾酒？您最近都在喝这种酒吗？"

爸爸笑了笑，缓缓说道："琪琪，还记得诗人杜牧的那两句诗吗？他在《清明》一诗中写道'借问酒家何处有，牧童遥指杏花村。'这杏花村啊，就是汾酒的产地哦！"

琪琪听后若有所思，小声念叨道："原来一瓶酒也有这么悠久的历史呀。"

突然，琪琪灵光一现："爸爸，我知道啦！山西有条河流叫'汾河'，是不是与它有关呀。前几天地理老师才给我们看了地图，当时我还很好奇呢！"

爸爸放下报纸走了过来，摸了摸琪琪的头，欣慰地说："没错，正是汾河。这汾河可大有来头，琪琪，你想知道吗？"

琪琪找来小板凳，乖乖地坐在爸爸身边，准备好要听爸爸讲地理小知识。

"汾河的'汾'字，古时为'大'的意思，又称'大水'，意指此河流宽阔绵长。汾河呢，发源于山西省宁武县管涔山，由北向南纵贯山西省中南部，直线汇入黄河。汾河干流全长约有710千米，流域面积接近4万平方千米，是黄河第二大支流，是山西省最大的河流，也被山西人亲切地称为'母亲河'。"

"原来是黄河的支流呀，我记住啦！爸爸，我记得山西省内不止一条河流，为什么说汾河是'母亲河'呢？"

"这就要说到汾河、黄河与山西的关系了，在古籍《晋问》中，将山西喻为：'晋之山河，表里而险固。'2500多年前的春秋时期，山西是晋

> **知识点**
>
> 汾河流域是山西省工业集中、农业发达的地区。沿岸地区每年从汾河取水24.3亿立方米,占全省水资源利用总量的50%。汾河水造就了太原悠久的农业文明,这里气候温和,自然条件优越,适宜各种农作物生长,以粮食、蔬菜、畜牧、林果为主导,盛产葡萄、苹果、梨、桃、杏、核桃等,其中晋祠大米、清徐葡萄驰名海内外。

国的腹地,到战国时期,三分为韩赵魏,因此也被称为三晋大地。如今说到山西,有个特色形容词就是'表里山河',为什么呢?这里又要说到黄河了。"

爸爸抿了口茶,看了看琪琪期待的小眼神,继续说道:"有一道峡谷,从内蒙古河套平原上安静地向东穿行后抵达呼和浩特市的河口镇,

▼汾河上的大桥

▲ 汾河风光

第一章 河流水系

▼ 黄河及农田

自然地理画卷（中游）

知识点

晋陕峡谷，位于内蒙古、山西、陕西三省区的交界处。晋陕峡谷黄河段，是指九曲黄河从内蒙古准格尔旗经过山西省河曲县向南拐弯，穿过山西保德与陕西府谷两县的河道，沿岸悬崖绝壁，黄河奔涌其中。这里是中华文明和农耕文化的发祥地之一。在当地，老百姓将此段黄河称为"黑三角"。

然后急转南下，奔腾在黄土高原上，并在黄土高原的崇山峻岭之间切开一条数百米深的峡谷，这就是晋陕峡谷。而晋陕峡谷的东岸是吕梁山，就在吕梁山旁有一条自北向南、几乎与黄河平行流淌的巨大河流，这就是汾河。汾河两岸是由断断续续的黄土构成的狭长的河谷盆地，盆地上镶嵌着数十个规模不等的城市，它们的西边是吕梁山，东边是太行山，这里就是山西，像一幅依山傍水的山河图。"

▼ 汾河景区的湿地

> **小小地理家的话**
>
> 　　最近几年，汾河流域正在进行生态治理，大力修建沿岸的公园和湿地。山西省坚定地践行"绿水青山就是金山银山"的理念，全省上下齐心协力推进汾河流域的生态修复。以前汾河里污水横流，鱼儿和鸟儿都不见了，但现在汾河又变得清澈美丽，河水碧波荡漾，景色非常迷人。
>
> 　　我们每个人都要从自己做起，保护江河的水源，共同建设绿色的河道。这样，我们的环境才会更加美好，小鱼小鸟能够快乐地生活，大家也能享受到清新的空气和美丽的风景。

　　"哇！怪不得汾河是山西的'支柱'河流，不愧是黄河第二大支流！"

　　琪琪赶紧拿出山西地图，细细观看，他指着汾河流域说道："汾河是山西人的'母亲河'，那这笔直的流向也恰好代表了山西人坚挺的脊梁！"。

　　爸爸大声笑道："琪琪说得好！这就是'母亲河'的魅力呀！汾河跨越黄土高原上的千沟万壑，穿越在太行山、吕梁山之间，河谷水道纵横，两侧林木繁盛，莽莽苍苍。还在黄土高原上造就出了狭长的汾河平原，平原内有星星点点的村落，规划整齐、黄绿相间的农田，流水充裕，黄土厚重，农耕发达，物产丰富齐备，满足了农业社会生产、生活所需的所有资源。"

　　"不仅如此，汾河流域还紧挨着运城盐池，这一特殊稀缺的'盐'资源，更是推动了这片土地的富庶及繁荣。所以，早在春秋战国时期，汾河平原便是黄土高原崇山峻岭之间的富饶之地，孕育了三晋儿女。

　　"琪琪，一条河流孕育于宽广的流域，繁育出沿河万千子孙，就一定会有它的优势所在。我们更要懂得从多种角度去探索它，懂了吗？"

　　琪琪用力地点了点头，皱着眉头苦苦思索着爸爸说的话。

　　不一会儿，琪琪就赶紧拉着爸爸走到餐桌旁，大叫着："不想了，不想了，肚子好饿呀！"爸爸哈哈大笑着说："你个小滑头！"

第二章 地形地貌

流水侵蚀形成了独特的黄土地貌，但不合理的人类活动给黄土高原水土流失按上了"加速键"

千沟万壑的黄土侵蚀地貌

"琪琪，你来一下。"正在书房的爸爸喊道。

琪琪一进书房，只见爸爸正在翻箱倒柜，便问："爸爸，怎么了？"

"琪琪，来帮爸爸挂起那张照片。"

琪琪顺着爸爸指着的地方看去，箱子上放着一张卷起的照片，他走过去展开照片，荒凉的土山上有着一条条深深的沟谷，沙土飞扬的壮观景象映入了琪琪的眼帘。

"爸爸，这是哪里？这画面也太震撼了吧！"

爸爸收拾好其他箱子后，站起来走到琪琪身边，说："这里是爸爸几年前去过的黄土高原。"

"黄土高原？就是黄土地貌最典型的地区吗？"

"哈哈，琪琪还知道黄土地貌呀？"爸爸有点惊喜。

琪琪回答说："上次老师在课上提了一下，我就记住了。"

爸爸灵机一动，就顺便给琪琪上起了地理："那你看着这张照片，会怎样形容黄土高原呢？"

"唔……"琪琪看着照片上的土地像面包上的割痕，想了许久。突然，他想起一个词，便对爸爸说："沟壑纵横。"

"描述准确！哈哈，琪琪，黄土地貌最典型的特征就是沟壑纵横、千沟万壑。"

> **知识点**
>
> 　　地貌就是指地球表面的面貌，通常是指具有显著特征的地表形态，地貌通常具有特定的形成条件和区域分布。从形成原因来分，大致可以分为侵蚀地貌和沉积地貌两大类，如果从外力作用对象来看，又可以分为流水地貌、风力地貌、冰川地貌等类型。

▲ 黄土高原地貌

"爸爸,这样的沟壑到底是怎样形成的呢?"

见琪琪开始提问题,爸爸笑着说:"要回答这个问题,首先就得先解释黄土高原上的黄土是怎么来的。"

琪琪大大的眼睛里充满疑惑:"难道这些黄土不是原本就有的吗?"

"这可不是,黄土高原上的大部分黄土都是风吹来的。"

看着琪琪诧异的表情,爸爸继续解释道:"科学家们发现,黄土高原沉积的黄土厚度从东到西越来越薄,这足以说明黄

> **知识点**
>
> 风力沉积作用:风在搬运粉砂、微尘的过程中,因风速减小或遇到各种障碍物,如冷湿气团,风运物无法继续前进而堆积起来形成风积物。干旱的风源地区以风成砂沉积为主,风源外围的半干旱地区则发育成黄土。

第二章 地形地貌

▼黄土高原上的百态土林

第二章　地形地貌

▲ 晋陕峡谷乾坤湾

知识点

流水侵蚀，指流水破坏地表，并带走地表物质的作用。可分为（机械）侵蚀和溶蚀两种方式。（机械）侵蚀是流水以其动能使物质脱离地面，进入水中，黄土高原的千沟万壑正是因为（机械）侵蚀而形成的；溶蚀则是水对可溶性物质的溶解。

> **小小地理家的话**
>
> 黄土高原水土流失的治理措施有：植树种草，增加植被覆盖率；打坝淤地，修建梯田；保塬、护坡、固沟；平整土地，修建水库；小流域综合治理，等等。

土是从别处搬来的。而正好黄土高原这个地区冬季盛行偏北风，所以人们就推测这是从新疆、宁夏北部、内蒙古、中亚沙漠来的大量粉砂，逐渐堆积到黄土高原。"

"那得堆多少年才能堆成那么壮阔的黄土高原呀？"琪琪百思不得其解。

"哈哈，单纯靠风，黄土高原确实不会变得那么宏伟，还有其他外力的'推波助澜'哦。"

琪琪托着脑门思考了一下："这外力难道是水吗？"

"琪琪好聪明！正是在水的作用下，黄河携带了上游的大量泥沙，慢慢地，这里的黄土就越来越多了。"爸爸回答说，"解释完黄土从哪儿来，就可以解释为何黄土高原千沟万壑了。"

爸爸喝了口茶，继续给琪琪讲解："黄土高原上的黄土，其实是一种很细腻且颗粒很小的土质，所以这里土质疏松，植被较少。加上这儿的气候又是大陆性强的温带季风气候，降水集中在夏秋季，而且多暴雨，泥沙极容易被冲刷。这是在流水侵蚀作用下形成千沟万壑的黄土地貌，也是黄土高原水土流失严重的自然原因。"

"爸爸，如果有自然原因，那是不是就有人为原因呢？"琪琪不解。

爸爸抚摸着照片，严肃起来："是的，过度的毁林开荒，不合理的耕作制度和开矿等一系列的人类活动，使黄土高原的植被破坏更加严重，加速了水土流失，并逐步导致耕地或牧场被大量缩减。从长远角度看，开发需要有一个适度的量，一旦过度开发越过'警戒线'，不但不能带给人类更多的经济收益，反而会造成不可控的生态危机。"

"这岂不是陷入恶性循环嘛。"琪琪说道。

爸爸拿起照片，准备挂在墙上，"还好我们国家很早就开始对黄土高原的水土流失进行了治理，希望以后再去黄土高原时，生态环境得到大的改善。"

琪琪帮着爸爸挂好照片，心想：希望国家能早日治理好水土流失，以后有机会跟着爸爸去黄土高原看一看。

跟随民歌旋律，走进黄土高原的地理世界，感受塬、梁、峁的奥秘……

黄土高原的奇特地貌

"对坝坝那个圪梁梁上，那是一个谁，那就是咱们要命的二妹妹……我在圪梁梁上那妹妹呀你在哪沟……"琪琪来到书房，看到正在查阅资料的爸爸跟着手机里的音乐轻哼着，歌词是琪琪从未听过的方言。

"爸爸，您在唱什么呀？我怎么有些听不懂？"琪琪挠挠耳朵问爸爸。

"哈哈，琪琪啊，这种歌曲被称为陕西民歌，是陕西人民劳作时集体创作出的传统歌曲，当陕西人厚重淳朴的情感与千沟万壑的黄土高原碰撞时，歌曲就应运而生了，而且这种民歌的歌词多含有当地方言，很能反映现实生活，从某种角度来说，就是一部陕西人民生活的史诗啊。"爸爸摸了摸胡子，摆摆头感叹道。

琪琪似懂非懂地点点头，又问道："爸爸，您说民歌反映生活，那您刚刚唱的'坝坝''圪梁梁''沟沟'又是什么呀？是与昨天我们讲的黄土地貌有关吗？"

"没错，琪琪真聪明！昨天我们讨论了风成高原，水来切割。黄土高原被水流分割出无数奇特的地貌景观，这其中有许多面积较大且平坦的地面，人们把它称为'塬'。塬是怎么形成的呢？随着时间的推移，流水携带大量的泥沙慢慢堆积在盆地的山前地带或盆地内，逐步形成面积较大的平原，这种地形就叫黄土塬，又称黄土平台，也就是歌词中所唱的坝坝。"

琪琪听得迷迷糊糊的，爸爸见状，笑着拿出手机，搜索图片给琪琪看："你看，这些沟壑上宽阔平坦的区域，类似于桌状的高地，就是黄土塬，它们常呈花瓣状，一朵一朵连接着，由于黄土堆积的厚度较大，塬上一般地形平坦，又代表着黄土的最高堆积面，侵蚀程度较低，土壤坚硬，所以是人们历代耕种和生活的主要区域。我国目前面积最大的黄土塬是位于泾河上游的董志塬，素有'天下黄土第一塬'之称。"

"爸爸，我看懂了，就像是一个立体梯形嘛！"琪琪跟随着爸爸的讲解，细细查看着图片上的黄土塬纹路，又不解地问道，"爸爸，您说这是

第二章 地形地貌

45

▼ 黄土高原

人们生活劳作的地方，可是塬的周边都有沟谷环绕，感觉这地方的交通太不方便了，那人们出行交流该怎么办呢？"

"嗯，这个问题问得好！确实是这样，在黄土塬的周围沟谷深切，且坡度较大，有时塬和塬之间距离很近，两个人隔着山沟都能喊话，但见面却要花上半天时间，交通极不方便。这时候要修路怎么办呢？那就要在'梁'上解决！"爸爸很快翻开另一张照片，将其放大，指着图片说，"梁

▲ 典型的黄土地貌：梁

是平行于沟谷的长条状高地，是'塬'被侵蚀切割后的产物。墚的顶部有的几十米宽，有的几百米宽，但其长度可达到十几千米，从空中视角俯瞰，两侧又呈脊状不断向四周的沟谷里倾斜。所以墚的顶部也经常被用来修路，解决人们的出行问题。琪琪，你可以把这想成是长长的高架桥，就好理解啦！"

"我知道了，爸爸！这就是民歌中所唱的圪梁梁吧，就像是一座座高

知识点

董志塬是地理名称，位于甘肃省境内中南部，在泾河北岸，马莲河和蒲河两大河流之间。西北地区典型的黄土高原在陇东，董志塬又是陇东黄土高原之最。董志塬名胜古迹灿若星辰，原野风光引人入胜，拥有闻名遐迩的"董志塬八景"，如果你感兴趣的话，可以去查阅资料和图片看看。

第二章 地形地貌

▼黄土高原梯田（航拍）

黄河岸边的梯田

高的桥梁,可以把周围的塬连接起来,这样就方便多啦。想不到黄土地貌上还有如此丰富的地理知识呢!"琪琪兴奋地抱住爸爸蹭了蹭,仰起头说,"爸爸,还有什么知识,快继续讲嘛!"

"哈哈,乖孩子,那爸爸再给你说说,除了塬和墚,还有一种黄土地貌叫作'峁'。"爸爸握着琪琪的手指,指向图片中鼓起的山包,说道,"在这些流水侵蚀较为强烈的地区,积累的厚黄土会被重塑,有些脆弱的墚会从顶部开始断裂分离,独立成一个个驼峰状、馒头状的山包,这就是被称作'峁'的黄土丘陵,也就是缩小版的塬。在黄土丘陵地区,塬、墚、峁三者的关系也一定程度上反映了流水对地貌的重塑演化作用。怎么样?琪琪,今天听完,有没有加深对黄土地貌的了解呢?"爸爸喝了口茶,笑着

小小地理家的话

由于大量泥沙入河，淤塞河道，妨碍水力资源顺利开发，还使得下游河道经常洪水泛滥，且强烈的现代侵蚀，严重破坏了当地的土地资源，给工农业的生产和发展造成障碍，所以，必须对黄土地貌进行改造，这是一项复杂且艰难的任务。首要目标是控制水土流失，通过增加地面植被，削减地面坡度来实现，比如坡上修筑水平梯田、谷底修筑土坝和非耕地造林种草等。改造利用要因地制宜，采取不同方法在黄土塬区执行"固沟、护坡、保塬"的方针；黄土丘陵区采用"坡修梯田沟筑坝，峁顶谷坡搞绿化"的办法。如今改造黄土地貌的工作已经取得了很大成绩，已有20%的侵蚀面积被基本控制，但要控制大面积水土的流失，还须进行长期而大量的工作。

看向正在认真看图的琪琪。

琪琪耐心地听完爸爸的讲述，若有所思地点了点头，然后高兴地说："爸爸，我又学习到了三个专业地理知识，明天上学又可以跟小伙伴们讲啦！他们肯定没我厉害！"

爸爸看着琪琪得意的小表情，哈哈大笑起来："爸爸还没讲完呢，其实呀，还有个重要的地貌叫'黄土川'，但是，我怕你消化不了喽。"爸爸拍了拍琪琪的头，勾了勾琪琪的鼻子，惹得琪琪大笑起来。

正巧妈妈的晚餐做好了，琪琪对着爸爸吐了吐舌头，做了个鬼脸，扔下一句："爸爸，下次记得给我讲哟！"便向餐桌跑去。

黄河中游的"天府之国",被大自然慷慨赋予的肥沃土地……

物产富饶的汾渭平原

这天,正在查看黄河中游地图的琪琪发现,在汾河与渭河两条大河交汇处,有个似月牙儿的低矮平原,上面还镶嵌着星星点点的城市,琪琪不禁想到地理课上老师讲过多条河流交汇可能会形成冲积平原,那这里是不是也是个充满秘密的神奇平原呢?

琪琪带着疑问,赶紧跑向爸爸的书房,猛地撞到正在练习书法的爸爸,爸爸放下笔,故作严肃道:"慢点跑!受伤了怎么办?今天琪琪又有什么问题着急问爸爸呀?"

琪琪朝爸爸怀里钻了钻,兴奋地说道:"爸爸,还记得您给我讲的渭河与汾河吗?刚才我发现它们的汇集处是平原,还有好多我叫不出名字的城市呢!"

爸爸听后,拿起地图,细细看了起来:"这个叫汾渭平原,它们是由汾渭二河冲击而成,主体为渭河平原和汾河平原,地处陕西省和山西省境内,这个平原来头还不小呢!农业发达,物产富饶,是我国最早被称为'天府之国'的地方呢!"

"哦?我只听说过四川的成都是天府之国,原来在黄河中游也有,爸爸您快说说,它是不是有很多宝藏呀?"琪琪抬起小脑袋,满脸期待地望着爸爸。

"哈哈,听爸爸慢慢给你说。先说这汾河平原。汾河贯穿平原中部,丰富的水系资源使平原土壤肥沃,灌溉发达,慢慢地就成了山西最大的农耕区,主要产棉花和粮食。加之山西省省会太原就在汾河平原北部,作为省内经济、政治中心,又是华北地区重要的重工业基地,为农业区带来先进的技术和资金,所以就带动了整个汾河平原的农业机械化,实行精耕细作,逐渐成了山西农业的高产区。"

"原来是这样呀!那渭河平原呢?"琪琪继续发问。

"这渭河平原呀,又被称为关中平原,位于陕西省中部,渭河由西向东横贯平原，东西长100千米，是整个汾渭平原中最宽阔的部分。渭河平原河网密布，农耕历史悠久，盛产小麦、棉花、玉米等农产品，不仅是陕西省农业最发达的地区，还是我国重要的商品粮产区。"

"看来都是以农业为主。爸爸，为什么最开始都是农业最发达呢？""嗯，准确地说是灌溉业发达。以渭河平原为例吧，自古以来就以灌溉业著名，曾有'中原龙首''八水绕长安'一说。""咦？长安我知道，是如今陕西省的省会西安，那'八水'又是什么呢？"

爸爸轻轻点了点琪琪的小脑袋，说道："八水指的是渭、泾、沣（fēng）、涝（lào）、潏（jué）、滈（hào）、浐（chǎn）、灞（bà）八条河流，它们在西安城四周穿流，都属于黄河水系，后来经历时代变迁，如今其余七条都汇入了渭河，在地质变动与泥沙沉积后，才造就了今日的渭河平原。琪琪，你还记得爸爸以前给你讲过的郑国渠吗？都是引自这些河流哦。"

"记得！它是我国古代著名的水利工程，原来是在渭河平原上啊。看来河流、水系、水利、平原这些都是息息相关的！"琪琪挠挠脑袋感叹道。

"对呀！河流产生河网，河网冲积平原，汾渭平原又正因为河网密布而灌溉水源充足，再加上温带季风气候，这才有了发达的农耕、肥沃的土地、丰富的物产嘛！而且这里人口众多，琪琪熟悉的陕西省西安、宝鸡，山西省运城，河南省洛阳、三门峡，等等，这些城市都在这些平原上呢。"

琪琪点了点头，赶紧扳着小手指头去地图上数数画画了。

爸爸见状笑了起来："可真是个小地图痴呢！"

知识点

水利工程也称为水工程，是通过控制和调配自然界的地表水和地下水，来达到除害兴利目的而修建的工程。水虽然是人类生产和生活必不可少的宝贵资源，但其自然状态并不完全符合人类的需要。只有兴修水利工程，才能控制水流，防止洪涝灾害发生，并对水量进行一定的调节和分配，以满足人民生活和生产的需要。

小小地理家的话

　　汾渭平原是我国的第四大平原,也是黄河中游地区最大的冲积平原。汾渭平原历史文化悠久,拥有很多珍贵的文物遗迹,不但孕育出灿烂的华夏文明,也是我国黄河流域中资源条件优越、工农业生产水平高、经济文化发达的地区。

▲ 渭河平原

自然地理画卷（中游）

红色湖水的秘密与"镁花"结晶的美丽，揭开了盐湖自然奇观与生态恢复的神秘面纱

运城盐湖

周末，爸爸带着琪琪去看摄影展，一进展厅，琪琪就被一幅色彩斑斓的湖泊航拍作品吸引住了，赶忙喊来爸爸，激动又好奇地问："天哪！爸爸快看，这湖水的颜色怎么是红色的啊？"

爸爸看了看这幅作品的命名——《千年盐湖，色彩运城》，便捋了捋胡子问琪琪："琪琪，你知道死海吗？"

琪琪百思不得其解，明明自己问的是湖泊，爸爸为什么却问"死海"这个地方呢？他左思右想，想起有一次看旅游杂志时上面曾介绍过，就对爸爸说："好像是国外的一个旅游胜地。"

"没错，死海是在以色列和约旦之间的约旦大裂谷处，实际上它不是海，是一个内陆盐湖。而这幅图片拍的正是内陆盐湖，只不过这湖在山西运城，叫运城盐湖。"爸爸说道。

琪琪急忙问爸爸："那这里是不是可以叫作'中国死海'？"

"哈哈，"爸爸笑着夸奖琪琪，"的确这里有'中国死海'之称。但与以色列死海不同的是，运城盐湖的黑泥以硫酸盐为主。"

"爸爸，可是您还没给我说为什么湖水的颜色会变化呢？"琪琪依旧对湖水的颜色好奇。

知识点

运城，属于山西省的地级市，古称"河东"，位于黄河中游、汾河下游，因"盐运之城"得名。运城，中国第一个奴隶制社会——夏在这里诞生，是中华文明的重要发祥地之一。很多驰名中外的名胜古迹坐落于此，如武庙之祖"解州关帝庙"、中国四大名楼之一的鹳雀楼、道教三大祖庭之一的永乐宫、《西厢记》故事发生地普救寺等等。

看着对湖水颜色感兴趣的琪琪，爸爸拉着他坐到展厅一旁，准备好好给他科普一番："这里的湖水会变色有两个原因，一是因为气温上升后，盐湖的钾、钠等矿物质成分蒸发了，湖水就会呈现红色或者粉红色。"

琪琪挽着爸爸的手听得起劲。

"第二个原因呢，就是运城盐湖生长着一种杜氏盐藻。杜氏盐藻在生存条件苛刻时，会产生血红素，就是会变成红色的藻体，湖水看起来就像被染成了红色或者粉红色。"

"真的太神奇啦！"琪琪惊叹于大自然的鬼斧神工。

这时，爸爸补充道："更神奇的是，人如果进入盐湖，会自然漂起来。琪琪，你知道这是什么原理吗？"

"爸爸，您让我想一想。"琪琪低下头思索着，"我知道啦！既然这里是盐湖，那含盐量一定很大，对吗？"

"琪琪说得对。"爸爸轻轻拍了下琪琪的手背。

"这样的湖水密度一定很大，只要大于人体的密度，人就能在水上漂浮了，是吗？"

▼ 山西运城解州关帝庙大门

▲ 运城盐湖

听到琪琪回答得如此准确，爸爸立马夸奖道："哈哈，回答正确，你的课外科普书看得很不错。"

科普完运城盐湖，爸爸和琪琪起身继续看展览。走着走着，爸爸指向一幅粉色的"花"问琪琪："你猜，这是什么花？"

任凭琪琪怎么看，都认为不是花，更像是水晶之类的东西，于是他就大胆回答爸爸："爸爸，您考不倒我，这肯定不是花，这是水晶吧！"

爸爸听了哈哈大笑，说："琪琪真聪明，但这也不算是水晶，当气温低于0℃时，硫酸镁便会从卤水里结晶，形成一种晶莹剔透、形状多样的粉红色小花，被称为'镁花'，这其实是硫酸镁的结晶体。"

他们走到一个角落处，琪琪看到一幅作品，拍摄的

▲山西省运城市盐湖处于山西晋南盆地

知识点

内陆盐湖产生于内陆盆地，四周降水或冰雪融水通过地表径流和地下径流，溶解了土壤或者地壳中的盐分以及可溶性矿物元素，最后汇集到盆地中央，并伴随强蒸发，形成盐分和各种矿物元素含量很高的湖水。

是运城盐湖周边繁花似锦、鸟语花香的景象，便生出疑惑："爸爸，死海这地方听起来感觉就是寸草不生的地方，为什么运城盐湖这里却有花有草，还有那么多动物生活在这里呢？"

"琪琪，这是个好问题。"爸爸笑着说。

"这是得益于近几年的生态环境改善和保护啊！"爸爸感叹道，"其实盐湖也是富含生物多样性和生产力的生态系统，经过系统的盐湖生态保护和恢复工程建设以及污染治理，这里微生物物种不断丰富，才会有越来

▲ "硝淞"景观

多的水禽候鸟能到这里巡游觅食。慢慢地,这里就变得生机勃勃!"

"原来盐湖也需要保护呀!"

"当然啦,自然界给了我们那么多的馈赠,我们应该爱护自然,保护自然。"爸爸耐心给琪琪讲解着,"运城盐湖带给我们的,不仅仅是美丽的风景和神奇的现象,还有它的千年产盐的文化,有益于人体的黑泥、温泉。"

琪琪兴高采烈地说:"我好想去体验一下。爸爸,那今年暑假,我们一家人就去运城盐湖旅游吧!"

"好!"爸爸牵起琪琪的手走出了展厅。

小小地理家的话

杜氏盐藻是一种能在高盐度海水中生活的绿藻,并常在高盐环境中变成红色。在极为恶劣的自然条件下,这种极端生物依然能焕发出顽强的生命力,被称为"死海中绽放的生命奇迹"。

从"沙进人退"到"绿进沙退",代代抗沙人的不懈努力,让消失的毛乌素绿意重生,书写了人定胜天的美丽奇迹……

千年沙海变绿洲

这天傍晚,爸爸正坐在院子里侍弄花草,突然看到自家孙儿垂头丧气走了进来:"怎么啦?琪琪,在学校遇到什么不开心的事了吗?来给爸爸说说吧。"

琪琪耷拉着小脑袋,委屈地看向爸爸,说:"爸爸,我今天怎么也想不明白,为什么我明明在地图上看到毛乌素沙地了,但是地理老师在课堂上留下的问题却是'消失的毛乌素',这是为什么呢?"

爸爸听完,也紧锁着眉头思索了一会儿,突然灵光一现:"我知道了!宝贝。"说完就牵着琪琪来到书房,在一堆的报纸里细细翻找起来。

"爸爸,您在找什么呢?"琪琪不解地问。

"爸爸在找关于毛乌素沙地的新闻呢。哈!找到了,来看这个。"说完,爸爸就把那份印有《绿进沙退,毛乌素千年沙海变绿洲》的报纸摆在琪琪面前。

"咦,这是什么?和'消失的毛乌素'有什么联系呢?"

爸爸摸了摸胡子,神秘一笑,说道:"这呀,就要从古代说起了。"

"啊?爸爸,这怎么说到古代了呀,爸爸快说,不要卖关子啦!"琪琪轻轻摇晃着爸爸的胳膊。

"好好好。这毛乌素是我国四大沙地之一,因地处半干旱地区且地面没有完全被沙覆盖,植被只有少数乔木和灌木。它横亘陕西、内蒙古、宁夏三地,面积约有5.5万平方千米,比海南省还要大呢!这毛乌素沙地在唐代以前曾是茫茫草原,当时这里水草肥美,风光宜人,

> **知识点**
>
> 我国的八大沙漠是:塔克拉玛干沙漠、古尔班通古特沙漠、巴丹吉林沙漠、腾格里沙漠、乌兰布和沙漠、库布齐沙漠、柴达木盆地沙漠、库木塔格沙漠。四大沙地是:科尔沁沙地、毛乌素沙地、浑善达克沙地、呼伦贝尔沙地。

第二章 地形地貌

▼ 毛乌素沙地南沿的防护林带及农田

曾是匈奴民族的政治和经济中心，还是一座很好的牧场呢。后来啊，由于不合理开垦、气候变迁和战乱，生态恶化，地面植被丧失殆尽，于是就地起沙，渐渐形成了沙地。随着时间慢慢推移，一两千年以后，毛乌素沙地逐渐扩展，从唐代开始，有积沙，到明清时，就已经形成茫茫大漠了。"

"哇，原来还有这段历史呀！想不到黄沙漫天的沙地以前会是草长莺飞的景象，真是可惜了。"琪琪叹了口气，想象着美丽的画面不禁感到惋惜。

爸爸爱怜地摸了摸琪琪的脸蛋："琪琪啊，还记不记得你们地理老师的

题目？为什么说是消失的毛乌素？"

琪琪摇了摇头，用渴求的眼神看向爸爸。

"琪琪啊，这其实是一代一代治沙人辛苦劳作的成果啊！你知道吗？我们国家从20世纪60年代起，便打出'与沙斗争，人进沙退'的口号，老百姓开始艰苦抗沙，与风沙一打就是70年的'游击战'。他们将治沙的接力棒代代相传，从70年前的一把铁锹、两只手，到如今科学治沙防沙，毛乌素沙地不断缩小着面积，绿色版图在不断扩大，已经向北推进了400多千米。这片拥有1200年'沙龄'的毛乌素沙地就慢慢变绿啦！"爸爸说道。

▶ 毛乌素沙地

▲ 防护林及农田

"琪琪，你知道吗？就在2019年，毛乌素沙地所在的榆林市还被国家林业和草原局授予'国家森林城市'的称号呢！从'沙进人退'到'绿进沙退'，榆林实现了完美蜕变！"

"哇！治沙老前辈们真的是太令人佩服啦！用勤劳的双手撑起沙漠绿洲，琪琪要向他们致敬！"说罢，琪琪抬起小手，端正地对着报纸敬了个少先队队礼。

爸爸赞许地摸了摸琪琪的头，问道："琪琪啊，你还记得爸爸给你讲过的植树造林吧？这是一项常规抗沙方法，但是毛乌素沙地里抗沙的树，不'浇水'也能活呢！"

琪琪听完思考了一会儿，实在不明白，便缠着爸爸讲解其中的奥妙。

"这抗沙啊，也是需要科学技术的！治沙的核心就是'锁水'，只要是管住沙、保住水，树木成活率就高，但如何在干旱缺水的地方保住水呢？在土壤专家们的精心研究下，提出了一项水动力学土壤技术方案，并经过

▲ 毛乌素沙地的新村镇楼群

长期实践应用,终于发现毛乌素沙地的生态秘诀——使植被生长和土壤供水达到数值的平衡,减少蒸发量。这一项技术,为毛乌素沙地造林解决了大问题呢!"

"太神奇啦!科学研究与实践碰撞出火花,大大缩减了抗沙难度,给毛乌素沙地铺上了迷人的绿色!爸爸,我一定要努力学习,长大了也要做一名科学家,为建设祖国贡献自己的力量!"琪琪挺起胸脯,坚定地望向爸爸,眼里闪烁着对未来的希望。

小小地理家的话

如今毛乌素沙地已经变成榆林沙地森林公园,成为当地人假日郊游、观光的好去处。在这里,可以春赏花,夏摘果,秋观叶,冬踏雪,成了榆林人新的生活内容。千年沙海变身绿洲,靠的是抗沙干部群众70年不变初心的坚守。茫茫塞上,一片片的樟子松苍翠挺拔,而这一片片郁郁葱葱的绿色,已经成为榆林的底色,为当地转型发展带来了新的生机。但值得注意的是,毛乌素的沙地虽然已经被控制和改善,但还有待提高的地方,沙区生态环境建设水平仍处在初级阶段,生态系统稳定性还有待提升。抗沙的劲儿,还不能放松。

第二章 地形地貌

第三章 植被特征

自然地理画卷（中游）

黄河汛期彰显人类智慧

干旱与湿润并存

74

"据水利部消息，自7月1日起，黄河正式进入汛期。今年汛期来势凶猛，部分地区可能出现旱涝并存、旱涝急转现象。黄河流域汛期降水偏多，黄河上中游地区出现暴雨洪水的可能性大，可能有较严重的汛情……"琪琪一家正在电视机前观看新闻，黄河来势汹汹的汛情令人揪心。

琪琪不禁想到一个问题，心里带着谜团，问身旁正在喝茶的爸爸："爸爸，黄河中游段流经黄土高原，那里是降水较少的地带，为什么会有这么

大的暴雨呢？"

"琪琪，黄土高原降水较少，不代表整个中游流域都是如此，不能一概而论。我们要看河流流经的河段，每个河段受到地形、气候、降水的影响，都会形成各自不同的流域特点。黄河中下游属于北温带半湿润区，以中游的渭河、泾河河段为例，其气候较为湿润，光热资源比较充足，大部分地区年平均气温在10℃～15℃之间，同时，受季风影响，降水又很充沛，是黄河流域年降水量最大的区域之一，降水季节分配主要集中在7~8月，这个时间往往容易出现较强暴雨。"

"那出现暴雨的河段，河水量猛增，不就很容易造成洪涝灾害吗？就像刚才新闻里播出的洪水，像猛兽一样侵袭沿岸的村庄、树木。"

"是呀，气候与降雨量是引发河流流量变化的重要因素，除此之外，还与河流本身的流向有关，中游河段比如渭河，是黄河最大的一级支流，流经黄土高原，年输沙量高达2亿吨，贡献了黄河泥沙的1/8呢！渭河河面

▼ 昔日沙漠滩，今朝变绿洲

第三章 植被特征

▼ 初春汾河

宽阔，水面蒸发率高，一部分水汽在大气层累积，可以增加空气湿润度，加之气温因素，就会影响该流域气候啦。"

"唔……"琪琪托着小脑袋思索了一下，问道."那黄河中游的其他河段呢？比如靠近上游的汾河、无定河流域，海拔高，降水应该偏少一些吧。"

"没错，在黄河中游偏上的汾河、北洛河等流域以及黄土高原大部分都属于半湿润区，降水偏少，主要降水时段都在夏季和秋季。"

"爸爸，我明白了，流域内的河流与气候息息相关并相互影响，气候

> **小小地理家的话**
>
> 简单总结黄河流域整体气候特征为：一是光照充足，太阳辐射较强；二是季节差别大、温差悬殊；三是降水集中，分布不均，年际变化大；四是湿度小、蒸发大。

▲ 黄河洪水

与河流为人们带来生产便利的同时,也可能导致气象灾害!爸爸,除了伏旱和洪水,黄河中游还有哪些气象灾害呀?"

"琪琪真是越来越聪明了,思考问题也会从多种角度出发啦!在毛乌素沙漠及陕北地区,干旱少雨,植被稀疏,只要出现大风天气,就极易有沙暴和扬沙灾害,每年的四五月份,沙暴天数比较集中,经常在10天以上,甚至有时扬沙天数超过了20天!这对于当地的农作物以及居民生活来说,都是相当不利的。"

"爸爸,就没有什么办法治理了吗?"

"有啊,多年来,我国都在西部地区抗沙、治沙,因地制宜,科学防害。比如,移植植被使当地气候湿润;发展当地特色抗旱果树,根固土壤的同时,也可以带动经济效益,等等。一方水土养育一方人,我们虽不能彻底改变生存环境,但完全可以适应环境,并让环境变得更美好。"

第三章 植被特征

不同的土壤功能各异，黄土"皮肤"也有大学问

黄土高原的"皮肤"

又到了周末，琪琪拿着小铁铲，在自家小院捣鼓着树苗。爸爸打完太极拳回来，看见琪琪正捧着一抔土壤发呆，便问道："琪琪，在看什么呢？这么入迷？"

"爸爸，我在看孕育树苗的土壤呢，颜色泥黄，就跟黄土高原上的土壤颜色一样，您说这种黄土是不是全国到处都有呀？"

> **知识点**
>
> 土壤的形成主要源自地壳表层岩石的风化。暴露在地表的风化壳是土壤形成的物质基础，通过与周围环境发生一系列复杂的物理、化学和生物反应，逐渐形成具有肥力特征的土壤。

爸爸被琪琪逗笑了，说道："琪琪，那怎么能一样呢，土壤虽然像空气、水、阳光一样随处可见，但是生存的环境不同，土壤的质地、颜色、成分也各不相同，不同的土壤孕育出的农作物都大不相同呢！这里面的学问多了去喽！"

听爸爸这样说，琪琪的好奇心立马被勾了出来，只想拉着爸爸一探究竟。

"这土壤啊，除了生长农作物、提供食物这一基本功能，还有许许多多的'神奇功能'呢，比如它可以在紧急关头调蓄洪水，上演一出'水来土掩'；还可以为动植物、微生物提供良好的栖息地；有些特殊土壤还是治病救人的良药，至今都还有食用黏土棒治疗肠道疾病的传统呢！"

"哇！这么神奇。爸爸，您快说，黄土高原上的黄土又有哪些秘密呀？"

"哈哈，别急，听我慢慢说。土壤学家们常常将土壤比作地球的皮肤，黄土就是黄土高原的皮肤。这层松散的物质像皮肤一样覆盖在表面，维持着黄河流域生命的存续。而黄土高原虽然被黄土覆盖，但绝不止黄土一种，由黄土作为母质，衍生出至少14个土类，主要有黄绵土、褐土、灰钙土、黑垆土等等。爸爸就给你讲讲黄土高原存在最广泛的两种土壤吧。"琪琪立马放下小铁铲，坐在小板凳上开始专注地听爸爸讲，"首先是黄绵土，它是由黄土母质经过直接耕种而形成的一种幼年土壤，因土质疏松、软绵，土色浅淡偏黄，故称为黄绵土。古时的黄绵土因不良的耕作习惯和经营方式曾被消耗破坏，加之在千百年来强烈的侵蚀作用影响下，其成土过程速度远远落后于侵蚀过程，所以土壤依旧停留在母质状态，土壤肥力水平较低。"

琪琪听得云里雾里，为难地挠挠头，说道："爸爸，这也太深奥了，我不太明白。"

爸爸笑了起来，摸了摸琪琪的脑袋，继续说道："你这样想，黄绵土就好比新生的小婴儿，在没有充分的发育之前，抵抗不住其他土壤长期的侵蚀，时间一长，原本该成年的黄绵土却还像小婴儿一般，你说它能不能提

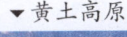
▼ 黄土高原

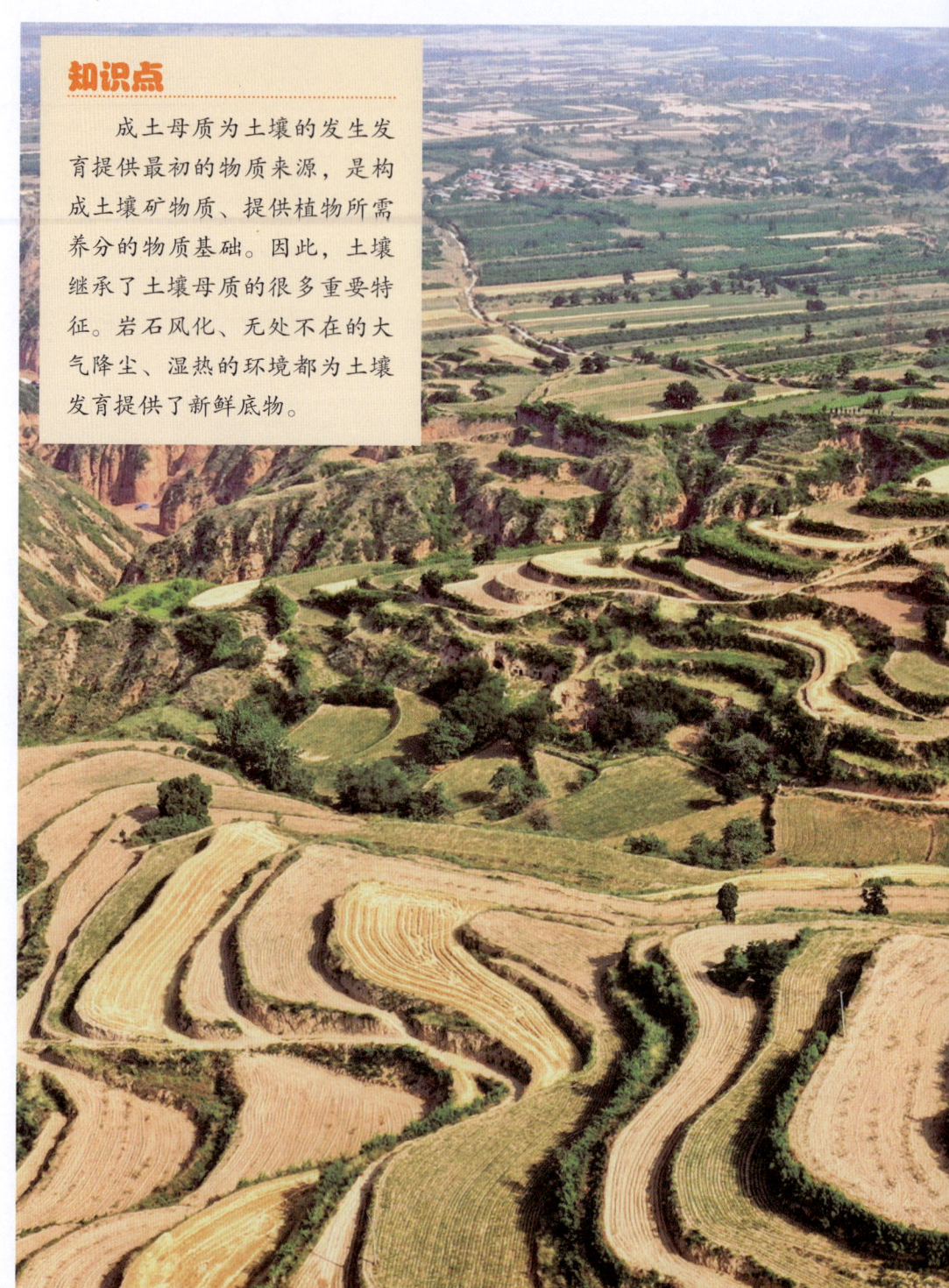

知识点

成土母质为土壤的发生发育提供最初的物质来源，是构成土壤矿物质、提供植物所需养分的物质基础。因此，土壤继承了土壤母质的很多重要特征。岩石风化、无处不在的大气降尘、湿热的环境都为土壤发育提供了新鲜底物。

▲ 黄土地貌

第三章 植被特征

> **小小地理家的话**
>
> 　　土壤是一种近乎不可再生的自然资源。根据联合国2015年发布的《世界土壤资源状况》报告，世界范围内土壤正面临土壤侵蚀、土壤酸化、土壤污染、土壤盐渍化和土壤生物多样性丧失等多种威胁。仅以土壤侵蚀为例，每年就会造成250亿~400亿吨表土流失，导致作物减产、土壤固碳能力下降、养分和水分明显减少。据统计，每年因侵蚀所造成的谷物损失高达760万吨。近年来，频频见诸媒体的土壤污染事件，更让人们对这一宝贵资源的安全充满忧虑。

供肥力，孕育出农作物呀？"

　　琪琪摇了摇头："不能！爸爸，所有的黄绵土都没有利用价值吗？"

　　"呵呵，当然也不全是，大自然总会有它的生存法则。黄绵土还有个特性就是透水性良好，蓄水性能强。如果黄绵土身处的地形坡度低缓，又降水充沛，那就极易储水蓄水，能保持土壤水分，适合栽培农作物；如果坡度过大，处于陡坡地带的黄绵土，就适宜植树造林。琪琪，听明白了吗？"

　　"爸爸，这次我懂啦！黄绵土虽然自身并不具备充分的生长力，但在环境条件、土壤水分的影响下，依然可以发挥作用呢！爸爸，还有一种土壤呢？"

　　"另一种土壤叫作黑垆土，其表面有一层暗灰色的腐殖质层，其特点是土壤黏性强，土层肥沃深厚，常分布于地形平坦、侵蚀较轻的黄土塬上，尤其是董志塬、早胜塬、洛川塬等塬区，是中国黄土高原地区主要的土类之一。"

　　"爸爸，如果土壤黏度高的话，应该很容易被耕种吧？"

　　"没错！它在暖温带半干旱半湿润气候下形成，年平均气温8℃~10℃，年降水量300毫米~500毫米，所以气温较高，相对湿度较小，加之它的腐殖质层深厚，适耕性又较强，所以绝大部分都已被开垦为农田。"爸爸叹息了一声。

　　琪琪点了点头，消化着爸爸说的知识点，不禁看了看自己脚下种植小树苗的土壤，认真思考起来……

黄土高原上的天然水库——子午岭，一幅充满生命力的森林画卷

黄土高原的天然植被区

"我家住在黄土高坡，大风从坡上刮过……"琪琪牵着爸爸的手，稚嫩清脆的歌声回响在城市的大道上。

"爸爸，今天我学会一首歌叫《黄土高坡》。我还记得爸爸您说的那些关于黄土高原的知识。"琪琪突然停下来说道。

"那琪琪跟爸爸说说，你还记得什么？"爸爸笑着问琪琪。

"黄土高原是一个水土流失严重、植被覆盖少的地方，看起来是千沟万壑、遍地黄沙的样子。"琪琪志骄意满地跟爸爸"卖弄"起来。

"说得对，琪琪的记性真不错。"爸爸捋了捋胡子，接着说，"不过，今天爸爸想给你讲讲不一样的黄土高原。"

"不一样的？"琪琪疑惑地看着爸爸说。

爸爸笑着摸了摸琪琪的小脑袋说："虽然黄土高原上植被生存难度大，但依然留存着一片天然植被哦。"

琪琪睁着大大的眼睛，眼神中透着疑问："黄土高原上居然会有天然植被？"

"当然。"爸爸捋了捋胡子，接着说道："在甘肃宁县东侧，有一座脉络分明的条状山脉，叫子午岭，是黄土高原上的天然植被区，也是重要的生态公益林，保存得较好。"

"爸爸，这里为什么叫子午岭呢？"好奇的琪琪发问。

爸爸看着窗外的天空，回答道："古人称北为'子'，南为'午'，而子午岭的山势呈南北走向，所以就叫子午岭了。"

琪琪边听着爸爸的科普，边用笔在自己的小本本上写写记记。

"琪琪，子午岭山清水秀，苍松翠柏交相辉映，有着广袤富足的温带阔叶林，但其实这都是天然次生林。"爸爸继续说着。

"次生林又是怎样的森林呀？"

"简单来说，就是原始森林被破坏后又自然形成的森林。"

第三章 植被特征

▲ 子午岭

琪琪有点不悦,气鼓鼓地说:"是不是又是人类活动破坏的?为什么都不好好保护我们的自然环境呢?"

爸爸看着义愤填膺的琪琪,哈哈大笑起来:"我们的环保大使琪琪又生气了。确实,次生林的形成,很大一部分是源于人类活动的伤害,比如不合理的采伐、火灾、垦殖和过度放牧。"

"爸爸,不过为什么后来又长成自然森林呢?"

"因为生态环境有自己的修复机制,通过自然界动态平衡和动植物以及微生物等共同作用,使遭到毁坏的一个区域的自然面貌得到恢复。所以现在的子午岭出现了绿树成荫、滔滔林海景观,灵动小鸟又叽叽喳喳地穿梭在森林里,清新的空气令人感到舒适惬意。"爸爸越说越高兴,"正因为如此,子午岭又有黄土高原'天然水库'、陇东'绿色屏障'、陇上'天然氧吧'等美誉。任何华丽的辞藻都不能表现出子午岭万分之一的魅力,它的奇秀俊美只有当人身临其境才能感受到。"

"哇!这里可真是个宝地,那等放暑假了,您就带我去子午岭看看,

▼ 灌木和次生林

好不好?"琪琪兴奋地抓着爸爸的手,说出了自己的愿望。

"那你要努力学习,考个好成绩,我才带你去哦。"爸爸趁机提出条件。

琪琪信誓旦旦,向爸爸立下保证:"没问题!为了领略子午岭的风光,我一定会加油的!"

夕阳照在父子俩的身上,他们的身影渐渐消失在路上。

小小地理家的话

子午岭有黄土高原上的天然物种"基因库"的美誉,莽莽林海孕育了多彩的自然,养育并包容了多样的生物。奇花异草、珍禽异兽、古树名木星罗棋布,不计其数。子午岭境内生长的各种植物多达1000余种,其中,国家保护的珍稀植物有:紫斑牡丹、核桃楸、刺五加、杜松、陕西鹅耳枥、文冠果等;野生动物种类庞杂,达150余种,也养育着国家级保护动物如金钱豹、白鹳、黑鹳、金雕、豺、鸳鸯、水獭、猫头鹰、苍鹰等10多种;除此之外,还有丰盈的林副产品,野生木耳、羊肚菌、核桃等特产久负盛名,甘草、柴胡等400多种品质优良的中药材遍布山间。

第四章　自然景观

晋陕峡谷，不仅有奔腾不息的壮阔黄河，还有静静刻画在石壁上的自然画卷……

动静皆宜的晋陕峡谷

到了周日，早早写完作业的琪琪嚷嚷着要看电影，刚好视频窗口推荐了一部名为《狭路相逢》的电影，爸爸便点开播放，和琪琪一同观看。

两个钟头过去了，电影也落幕了，琪琪意犹未尽，似乎在思考着什么。爸爸看着琪琪问："琪琪，你在想什么呢？"

"爸爸，电影里的地方是真实存在的吗？"

爸爸笑着说："当然啦，这部电影就是在我之前和你提到过的黄河的晋陕峡谷取的实景，要不，今天爸爸就给你讲讲晋陕峡谷？"

琪琪一听爸爸又要给自己科普地理知识了，欢呼雀跃地喊着："好啊！好啊！"

"琪琪，你看这滚滚黄河，从内蒙古的河口镇掉头直驱向南，就像一把利剑，将黄土高原劈为两半，形成了现在这样深邃的峡谷。这条峡谷便成为山西省和陕西省的天然分界线，所以叫作晋陕峡谷。"爸爸边说边翻出手机，找到晋陕峡谷的照片给琪琪看。

只见黄河断崖巍峨峭立，峡谷壁立千仞。琪琪十分惊讶："天哪，真是太壮观了。"

爸爸继续说道："晋陕峡谷是黄河干流上最长的连续峡谷，一直到山西省的禹门口才结束。虽然我们常说滚滚黄河，但实际上黄河也有安静的一面。"

"安静的黄河？感觉和我眼中的黄河很不搭呢。"琪琪表达出自己的疑惑。

爸爸继续找着相关照片展示给琪琪看："琪琪，你看看这个盘龙湾和乾坤湾，这里落差较小，水流速度相对没有那么快，远远看去，河水深深切入黄土高原，穿梭于晋陕峡谷，安静得苍凉。"

琪琪目不转睛地看着照片，确实感受到晋陕峡谷寂静的雄伟。

"而且在峡谷两岸的石壁上，有经过大自然千万年雕绘出来的天然画卷。"

▲ 黄河盘龙湾

琪琪惊奇地喊道:"在石壁上居然能画画呀?"

爸爸看着琪琪的眼睛说:"是的。在山西省吕梁市曲峪镇开阳村附近,峡谷石壁上有着长达2000米的水蚀浮雕,就像一幅展开的画卷绵延着,需要坐船才能看到这般美景。远远看去,有的如园林池沼,有的如人物及动物……"

"哇!爸爸,我好想去看一看这幅由自然画出来的画卷呢。"琪琪完全被晋陕峡谷吸引住了。

"以后爸爸一定带琪琪去领略晋陕峡谷风光。不过你先猜猜,爸爸接下来会给你讲这里的什么呢?"

"有静必有动,爸爸您是想介绍这儿的动态吧!"

爸爸摸着琪琪的头,说:"琪琪真聪明。起伏的江水因落差急转直下,水流像鱼一样在蜿蜒的河床之间游动,时而藏在谷底,时而从群峰之间跃出,拍打着岸边的鹅卵石。加上黄河泥沙混杂、水质浑浊,奔腾的河水如同一条条黄龙,掀起层层黄浪,体现了北方景观特有的伟岸豪迈,体现了水与石的厮杀,气势磅礴。"

爸爸说到这儿,琪琪的脑子里就出现了深涧腾蛟、浊浪排空的画面。

"其实季节不同,晋陕峡谷也会有不同的风貌,会给人的心灵带来不同的震撼。"

琪琪疯狂点头表示赞同:"我仅仅只是听爸爸这样说,都能感受到峡谷的千姿百态。"

爸爸哈哈大笑,轻轻地拍了拍琪琪的肩膀。

厨房传来妈妈让琪琪和爸爸去吃午饭的声音,父子俩才走向了餐桌。

第四章 自然景观

自然地理画卷（中游）

▲ "黄河画廊"，自然侵蚀形成的艺术品

第四章 自然景观

自然地理画卷（中游）

▼黄河壶口瀑布

第四章 自然景观

自然地理画卷（中游）

九曲黄河十八弯，每一道弯都是大自然的杰作

壮观的蛇曲景观

爸爸讲完晋陕峡谷之后，琪琪就一直心心念念着这波澜壮阔的地方。放学回家路上也在想着，以至于爸爸在楼下公园喊了他好几遍，他才听见。

"琪琪，想什么想得那么入神？这样走路太危险了。"爸爸问道。

琪琪有点不好意思，看着爸爸说："还不是爸爸给我讲完晋陕峡谷，让我无法忘怀嘛！"

爸爸看出了琪琪的小心思，说："哈哈，没想到琪琪那么喜欢晋陕峡谷。那你能想起我提起的乾坤湾吗？"

琪琪点了点头:"不过,爸爸您没细讲,我只记得这里水流相对较缓。"

"是的,我今天就给你细讲一下晋陕峡谷。"

"太好了!"琪琪开心地蹦了起来。

爸爸领着琪琪在公园的石凳上坐下,开启了琪琪专属的小课堂:"我们都知道晋陕峡谷是壮观的峡谷,但很少有人知道还有神奇的'嵌入式蛇曲'景观。"

琪琪特别害怕蛇,听到爸爸一说蛇就直打冷战:"爸爸,蛇那么可怕,一点也不壮观呀!"

"哈哈。"爸爸被胆小的琪琪惹得哈哈大笑起来。

"此蛇非彼蛇,黄河流经山西永和县和陕西延川县时,会形成五道大弯,称为河曲,它们被河流冲刷成弯曲延长的地貌,像蛇一样蜿蜒爬行,所以科学名称为蛇曲。"爸爸解释道。

琪琪若有所思地看着爸爸。不等他回话,爸爸继续说:"这永和、延川黄河蛇曲,是目前我国干流河道蛇曲规模最大、最密集的蛇曲群。在南北

▲ 乾坤湾

▲ 清水湾全景

▼ 黄河乾坤湾

长约50千米流程中就有漩涡湾、延水湾、苏亚湾、乾坤湾、清水湾等五大蛇曲。特别是在乾坤湾，这'S'形大拐弯跟八卦中的太极图极为相似。"

"可是为什么说它是嵌入式的呢？"琪琪想了好久都没想明白。

爸爸想锻炼一下琪琪的思维能力，便问："家里的洗碗机就是嵌入式的，那你再思考一下，'嵌入式蛇曲'会嵌入到哪里呢？"

琪琪思考片刻，想了一下说："难道是嵌入到地下的岩石里了？"

爸爸满意地频频点头。琪琪继续发问："爸爸，可以给我解释一下它是怎么嵌进去的吗？"

"一般说来，在坚硬的岩石上很难发生'凹岸侵蚀，凸岸堆积'这样的情况，所以'蛇曲'只能形成在由松散沉积物组成的平原或河谷之中，很难发育在岩石中。而在黄河的'S形蛇曲'却像宝石般深深地镶嵌进了地壳的岩石圈内，就像是用凿子一下一下凿出来的。琪琪，你思考一下地质构造的运动，是不是就容易理解了。"

琪琪灵光一现，说："晋陕峡谷不就是因为地壳抬升和流水侵蚀下切相互作用而形成的吗？"

"琪琪说得对，这种'嵌入式蛇曲'的形成，正是地壳的抬升所引起的。"爸爸打开保温杯喝了口水，紧接着说，"河流形成'蛇曲'之后，加之地壳的持续抬升，给了河流向下切割的力量，而早先形成的'蛇曲'限制了流水的运动，因此河流就只能保留着'蛇曲'形态继续向下切，一直切到深深的岩石圈里面，看上去就像是'嵌进去'一样。"

琪琪正听得津津有味，看此时已晚，爸爸便说："天也快黑了，我们先回家吧。"

黄河禹门口，鲤鱼跃龙门

"咆哮万里触龙门"

这天，琪琪和爸爸来到了位于山西省的一处峡谷。眼前的黄河水咆哮着奔腾着，在峡谷中横冲直撞，撞击着峭壁，飞出一层层凌空雪浪。

"黄河西来决昆仑，咆哮万里触龙门。"爸爸为眼前壮阔的景象所惊叹。

"爸爸，刚才那句诗是不是唐代大诗人李白写的？难道我们现在就在传说中的龙门吗？会不会真的有鲤鱼越过去之后就变成了腾飞的巨龙呀？"琪琪越说越激动，兴奋地在原地蹦跶起来。

"不错，此地名为禹门口，这里也是古来相传'鲤鱼跃龙门'的地方。看这湍急的水流，小小的鲤鱼需要付出多大努力才能一跃龙门而过啊，但鲤鱼越过后是不会变成巨龙的。人们只是借以形容升官、中举等飞黄腾达之事，有时也比喻逆流前进，奋发向上。"爸爸细心地讲解了禹门口的典

▼ 黄河晋陕峡谷

第四章 自然景观

故和它的意义,琪琪在一旁听得津津有味。

"爸爸,这禹门口里有个禹字,而且这地方需要修筑水利,让我想起大禹这个治水的历史名人,难道这个地方是用他的名字命名的吗?"

"琪琪真聪明。古籍《禹贡》中有关于'导河积石,至于龙门'的记载,相传这里是大禹治水时所开凿,故称禹门。又根据《水经注》记载:'龙门为禹所凿,广八十步,岩际镌迹尚存。'故禹门又称龙门。人们为了怀念禹的治水功劳,曾在河中岛上建了大禹庙,可惜在抗日战争期间毁于战火。"爸爸叹了一口气。

琪琪跟着爸爸也叹了口气。

爸爸和琪琪随着游客们继续往前走。爸爸突然问道:"琪琪,你可知道,这吸引无数文人墨客前来赋诗咏怀的'龙门八景'分别是什么吗?"

琪琪立即开动了机灵的小脑袋瓜,翻阅记忆力里阅读过的书籍,尝试着寻找答案。

> **知识点**
>
> 禹门口水利工程,是一个以泵站、水库、灌区为主的大型综合水利工程。完成建设并投入运行后,可控制面积约250.88万亩的农业灌溉,将成为山西省最大的农业灌区。

"爸爸，我实在不知道。"琪琪耷拉着脑袋说道。

爸爸慢悠悠地说："这龙门八景是石栈连云、鸣泉漱玉、南亭夜月、北口秋风、层楼倚汉、飞阁流舟、桃浪三级、雷声一震。在禹门出口处，有百余步宽的距离，水流湍急，波涛汹涌，河水冲撞着岩石，可谓是平地一声雷。关于禹门口的典故啊，还有很多很多，之后爸爸再慢慢告诉你。禹门口除了被赋予许多文化价值之外，它也是连接山西和陕西的重要交通节点，如今这里已新建起铁索桥、公路桥、铁路桥，沟通了秦晋两省，促进了两省之间的文化交流和经济发展。"

河水再一次疯狂地咆哮起来，一声声巨响伴着冲天的水柱，阳光在弥散的水雾里折射出彩虹，刚柔并济，父子俩面对着奔腾不息、气势磅礴的龙门之景，对大自然的鬼斧神工惊叹不已。

小小地理家的话

禹门口作为一个连接陕西和山西的著名景点，除了能欣赏到雄伟磅礴的黄河，感受祖国激情涌动的脉搏外，来到这个景区的时候，更会有不少当地人向你介绍大禹治水的历史和故事，在欣赏美丽的风景之时，为自己是中华民族的传承人而感到骄傲和自豪。

▼禹门口

裁弯取直，让"三十年河东，三十年河西"现象成为历史……

"三十年河东，三十年河西"

琪琪闷闷不乐地坐在阳台上，爸爸看见琪琪这样，便走过去问："琪琪，遇到什么困难了吗？"

爸爸话音未落，琪琪就扑进爸爸的怀抱："爸爸，我这次地理考试被同桌超过了，我好不服气噢。"

爸爸摸着琪琪的头，安慰说："没关系，琪琪。只要你努力再努力，下次一定会考好的。"

"真的吗？"琪琪抹掉眼角的眼泪说道。

"琪琪，你听说过'三十年河东，三十年河西'这条谚语吗？"

"爸爸，这条河是指黄河吗？"

爸爸点点头："没错。在黄河中游的禹门口到潼关河段，我们称为小北干流的这里，以前最容易出现'三十年河东，三十年河西'这种现象。小北干流属于淤积性游荡型河道，因为其洪水经常泛滥，且河流含沙量很大，使其泥沙淤积严重。又因河床高，河道浅，水流散乱，主流游荡不定，因此黄河经常改道，改道后，一个村子以前在河的西岸，后来变到东岸去了。因此就有了这句谚语。"

听着听着，琪琪也就忘记了自己的委屈。

爸爸沉默了一会儿，走进客厅喝了杯水。琪琪跟在爸爸后面，等着爸爸继续给自己讲知识。

爸爸接着说："还有种情况也会导致河流改道哦，不知道琪琪还记不记得'S'形河流的形成？"

琪琪思考片刻，便想起来了："就是流水的侵蚀作用，对吗？地转偏向力让流水不断侵蚀的地方为凹岸，不断堆积的地方为凸岸。"

爸爸示意琪琪坐下，并说："琪琪说得对，那你想没想过这河流越来越曲折了，会怎样呢？"

这可问倒琪琪了，但他拿起纸笔把河流侵蚀过程画了下来，模拟曲折变化。他惊奇地发现，这个"S"变得越来越扁。

"哇，爸爸，您看这曲折的河两端快接在一起了。"琪琪把模拟过程展示给爸爸看。

爸爸感叹琪琪的实践能力："琪琪真厉害！都学会这样思考问题了。"夸完后，爸爸继续说："确实，特别是在洪水突然来袭时，会对河流的凹岸进行剧烈冲刷，使得距离较近的两个凹岸相互靠近，最终成为新的河道。"同时，爸爸也在纸上演示着另一种河流改道的情况。

> **知识点**
>
> 潼关，位于陕西省渭南市，因临潼水而得此名，也是古代军屯驻地之一，由于地形非常险要，谷深崖绝，山高路狭，因此为兵家必争之地。

琪琪指着与新河道断开的一处问："爸爸，这个被分离出去的叫什么呢？"

"这是牛轭湖，你看它的形状像不像老家拴着牛脖子的颈箍？"

"嗯嗯，看起来一模一样。"

爸爸话锋一转："不过，琪琪要想看到'三十年河东，三十年河西'，已经不太可能咯。"

琪琪惊讶地问："为啥，爸爸？"

爸爸看着纸说："河道游荡多变，可不是什么好的事情。你想，这种情况一旦发生，就说明这里洪水肆虐，那么在这里生活的百姓们就会遭难，农田被淹，人们流离失所。新中国成立后，国家开始研究如何治理黄河泛滥，灾难也就极少发生了。"

琪琪认真地听着，也提出了自己的疑问："那到底是怎样治理的呢？"

"只要河流变得笔直了，就可以减少泛滥的情况。所以人们就不等自然界对河流取直，而是人为地把河流变直，这就叫作裁弯取直。"

"洪水真的给人带来太多麻烦了，真的很讨厌……"琪琪生气地说。

爸爸摸着琪琪的头说："现在的黄河治理后又好很多了，住在黄河边的人们都深切感受到这样的变化。"

"爸爸，那就好，真希望黄河变得越来越好，不要让我们的'母亲河'再哭了。"琪琪说。

看着天真的琪琪，爸爸不禁笑了起来。

▼ 东平水道大刀湾航道,经裁弯取直后,航行变得安全畅顺

自然地理画卷（中游）

黄河百里生态廊道，历经三期治理，美得就像一幅浓墨重彩的风景画

沿黄百里生态廊道

这一次假期，琪琪和爸爸来到了三门峡市游玩。

琪琪和爸爸在三门峡市的黄河岸边悠闲地散步。在黄河岸边新修了健康步道，步道上有游人在骑行、跑步。一路上景色非凡，靠崖一边有茵茵绿草，临水一边看尽黄河滔滔。

琪琪蹦跶着，和路上的小朋友一起吹起了五彩缤纷的泡泡。玩了好一会儿，爸爸喊起来："琪琪，玩累了吧，快来喝点水歇一会儿。"

琪琪和爸爸来到树荫下，凉爽的微风拂面而来，知了正在演奏着夏日狂想曲。

琪琪满脸堆笑地对爸爸说："爸爸，这地方可真舒服呀！"

爸爸朝着岸边望去，说："琪琪，你知道我们面前这条大河的名字吗？"

"当然知道，是我们祖国的'母亲河'，黄河呀！"琪琪不假思索，脱口而出。

爸爸笑了笑，说道："不错，那你知不知道在这之前，我们的'母亲河'是什么样子的呢？"

琪琪思考了一会儿，说道："以前的黄河，因为人们过度开发，导致其地表植被被破坏、河流枯竭，生态环境变得十分恶劣。"

爸爸点了点头，说："如今的黄河，河清岸绿，美景连成线，这都是我们国家对于黄河廊道生态科学治理的功劳呀！生活在黄河两岸的人们直接深刻地感受到黄河的惊人变

▲ 山西境内的湿地公园

知识点

三门峡位于河南省西部。三门峡名字的由来是因为此地位于河南、山西、陕西三省的交界处。传说大禹治水时，为了将黄河之水引向东去而将高山劈成三道，形成"人""神""鬼"三道峡谷，形似三道大门，三门峡因此得名。又因其地处秦岭崤山山脉，古时函谷关就矗立境内，所以三门峡又称"崤函"。

化，难怪现在很多人直呼：快不认识黄河了！以前的黄河不注重生态保护，河面漂浮着渔家游乐船和岸边农家乐排放出的餐饮垃圾，几乎让黄河不堪重负。"

琪琪又好奇地问道："爸爸，黄河的生态环境是怎么一步步治理成如今这样的呢？"

爸爸看着琪琪，拍了拍他好学的小脑瓜，说道："据爸

第四章 自然景观

111

▼ 三门峡天鹅湖国家城市湿地公园

第四章 自然景观

113

爸所知，在政府的带领下，当地人民退耕还林还草，对道路进行加固，绿化美化沿途景观，治理入河支流。目前黄土高原的水土流失和沙尘天气等问题已得到很大的改善，曾经贫瘠的黄土高原变成了如今的秀美山川。"

爸爸指着黄河，说道："环境改善之后，当地政府沿着黄河主线上的一个又一个湿地，串联起了沿线的中心城区、乡村，形成独特的三门峡黄河

> **知识点**
>
> 退耕还林是指有计划地停止耕种容易水土流失和容易造成沙漠化的耕地。为了保护和改善生态环境，退耕还林遵循三个原则：宜乔则乔、宜灌则灌、宜草则草。因地制宜地造林种草，恢复林草植被。

▼ 黄河公园邙山末端炎黄二帝塑像（远眺）

> **小小地理家的话**
>
> 　　三门峡在5000年中华文明史中熠熠生辉。作为"丝绸之路"唯一道路遗址的崤函古道，大力弘扬黄河文化，保护和维护黄河生态健康，是三门峡构建生态廊道肩负的重大历史使命。

文化，更好地推动城市发展。"

　　琪琪听得入了迷，他思考了一会儿后又问道："爸爸，这听起来是个不小的工程呢。"

　　爸爸停顿一会后继续说："是啊，这滔滔黄河水波涛相逐，滚滚东流，治理起来岂是一朝一暮的事，因而这总长度190千米的大工程，被分为了三期分别完成。随着项目的竣工，三门峡市主城区的景观群已经串联了起来，王官黄河湿地、黄河公园、陕州公园、天鹅湖湿地公园共同组成了开放公园，供人们观赏娱乐。这些成绩都是人民群众日夜奋斗出来的呀！"

　　琪琪听了之后说："为了我们的'母亲河'早日恢复美貌，我也要出一份力才行！"说完，琪琪便从座椅上跳了下来，将街道上一个空罐子拾起并投进了垃圾箱。

　　爸爸会心一笑，起身牵起琪琪的手说道："好孩子，你看这绿化带，沿着黄河岸边绵延而去，像不像给黄河系上了一条绿色的裙带？"

　　琪琪放眼望去，兴奋地说道："爸爸，是啊！好美，我们继续去下一个公园吧！"

　　在鸟语花香的黄河边，身披彩巾的游客络绎不绝，父子俩穿过树荫，向下一个公园走去。

第四章　自然景观

小浪底调沙盛景，犹如巨龙咆哮，场面蔚为壮观

"双龙飞腾"

这天，爸爸准备带着琪琪到黄河小浪底水库参观。出发前，琪琪满脑子都是爸爸前一天说的"双龙飞腾"奇观，他充满想象力的小脑袋里浮现出两条威武的金龙，在水底搅动出巨型漩涡，随后如离弦之箭般一跃而出，激起冲天巨浪，伴着雷鸣般的咆哮，两条巨龙在空中盘旋一会儿后便消失在遥远的东方。

爸爸戳了戳神游的琪琪："你又在想牛奶雪糕啦，这么入神？一会儿可就要开闸泄洪了。"

等琪琪回过神来，发现自己和爸爸已经到达小浪底水库景区，眼前的景色让人心旷神怡，河湾曲折蜿蜒，近在眼前；湖面烟波浩渺，远至天边与天色相接。岛屿星罗棋布，既有乡村田园的浪漫，又不失自然山水的恢宏气魄。

这大好风光顿时让琪琪来了兴致，"爸爸，神龙什么时候出来呀？我好想快点看看巨龙是什么样子！"

"哈哈，爸爸所说的双龙腾飞其实是一年一度的调水调沙活动。只不过在小浪底范围内开闸泄洪，巨大的水柱像黄龙般奔腾而出，气势雄伟，是游人不可错过的惊艳之景呢！"爸爸笑着解释道。

"原来如此。能吸引如此多的游人专程前来欣赏，一定很壮观吧？爸爸，我都有点迫不及待了呢！"琪琪兴奋地说道。

"不急不急，应该马上就到时间了，大家都在等着呢。"

琪琪环顾四周，只见观景台处已经挤满了游人，大家备好相机，准备记录下这宏伟磅礴的一瞬间。

"爸爸，为什么我们国家要大力修建这么一座水坝呢？"好学的琪琪向爸爸提出疑问。

"黄河小浪底水利枢纽工程，自然条件很优越，战略地位很重要，是黄河干流上的一座大型水利工程，综合性很强，是治理开发黄河的关键性工程，比如它可以防洪、发电，还有灌溉功能，而且小浪底工程的库容也很大，库容越大，控制性就越好。"介绍起这项意义非凡的工程时，爸爸的语气中带着浓浓的自豪。此时的爸爸放下了手中的相机，继续说："并且它的所处地是控制黄河下游水沙的关键部位，下游的防洪、发电、供水都靠它了。

"呜哇！"

忽然间，观景台响起了一片惊呼声，随着闸门的开启，一清一浊两股巨大的水柱奔腾而出，仿佛是金银两条巨龙翻腾着激起了千层巨浪，漫天水雾宛若遮天蔽日的帘幕，无比壮观。爸爸也惊叫起来，兴奋得像个孩子，举起相机不断地按着快门。

"哇！原来这就是小浪底的双龙腾飞呀！"琪琪神气地说道，然后蹦跶着让爸爸帮他和这壮丽的景色合影留念。

▼ 小浪底水库观看调水排沙的游客

▲ 小浪底水库调水排沙场面

小小地理家的话

承载着5000年中华民族血脉的黄河是中华民族的"母亲河"。它肩负着沿途50多座大中型城市的供水任务。然而自20世纪90年代以来，黄河饱受摧残，生态环境恶化。为解决黄河的生存险境，小浪底工程开始投入使用，为"生态治黄"打下了坚实的基石。小浪底水库既可以拦蓄上游洪水，保护下游地区不受洪灾侵害，又能利用储蓄的水资源冲刷下游河道，减轻水库淤积。小浪底水利枢纽工程的建成，不仅改善了黄河的生态环境，还能将自然资源转化为可以被有效利用的能源，具有非凡的意义。

▼ 黄河小浪底水利枢纽工程

水雾如烟腾，旱地船行奇，尽显自然之美妙

"黄河千里一壶收"

"君不见黄河之水天上来，奔流到海不复回。君不见……"琪琪朗读着李白的《将进酒》，突然对其中的诗句好奇了起来，"爸爸，黄河水真的是从天上来的吗？"

"哈哈，当然不是啊。这句诗很像是观壶口瀑布时的感受呢！你想啊，我们看瀑布的时候，那水像不像是从天上飞下来的呢？"爸爸对琪琪说道。

琪琪放下了李白诗集，趴在爸爸的书桌上看着地图，重复着爸爸的话："壶口瀑布？"

爸爸看着琪琪说："是啊，壶口瀑布可是黄河上著名的瀑布。东边挨着山西，西边挨着陕西，黄河水流到这儿，因为地势的影响，河口就收得像个狭小的壶口。"

"所以它的名字叫壶口瀑布！"琪琪说。

"壶口瀑布在黄河中段，那瀑布的水是不是黄色的？"琪琪在地图上看着瀑布的位置，提出了疑问。

"琪琪之前学的知识都没有忘嘛，是的，壶口瀑布两侧就位于晋陕峡谷，黄河从雪峰连绵的昆仑奔腾而出，到了内蒙古和山西的接壤之地，突然回转调头了！原本由西向东奔流的河势来了一个90°大转弯，经过千万年河流泥沙的冲刷，在黄土高原上就撕开了一道又宽又深的裂缝，这个裂缝就是晋陕峡谷。"爸爸的手在地图上画着，从黄河源头画到壶口瀑布的位置，仔细地给琪琪讲解着。

"正是因为黄河携带大量的泥沙，所以壶口瀑布的水也就是黄色的，壶口瀑布也是世界上第一大黄色瀑布。"

爸爸轻轻抿了一口茶，继续跟琪琪说道："而且壶口瀑布还有八大奇观：水底冒烟、旱地行船、霓虹戏水、山飞海立、晴空洒雨、旱天惊雷、冰峰倒挂、十里龙槽。等这个冬天过去了，爸爸就带你去看一看这个雄

第四章 自然景观

▲ 黄河壶口瀑布

> **小小地理家的话**
>
> 壶口瀑布的形成和发展，是河床上裂点发展和移动的结果，裂点就是河流中突然形成的急坡地段。孟门曾经是壶口瀑布过去的位置。由于溯源侵蚀，裂点不断沿河向上游推移，瀑布下的深潭延伸成原河槽中的小河槽——即"十里龙槽"。如今这段黄河的裂点已到达龙王辿，即今之壶口瀑布；而孟门就是较近地质时期裂点后退与河流下切时遗留在河床的两个石岛。

伟的瀑布！"

琪琪听得两眼直冒星星，非常向往，兴奋地拉着爸爸的手说道："好啊，好啊，我这就去查查壶口瀑布的旅行攻略。"

"爸爸，壶口瀑布会消失吗？"琪琪想起了黄河不断冲刷着黄土高原的事情，担忧地问着。

爸爸一边收起地图一边回答道："琪琪啊，所有瀑布都会消失的。跟水滴石穿是一个道理，瀑布的水流不断向下冲刷，形成瀑布高低差的地形总会被冲刷平的。那时候，雄伟的瀑布就消失了。"

"不过嘛……"爸爸看着失落的琪琪安慰道，"虽然每个瀑布都有自己有限的时间，但是随着时间的推移，新的瀑布也会不断诞生，地球的地质运动会为新瀑布的诞生创造条件，所以瀑布会像地球上的生命一样，新老更替，生生不息。"

华山之险，千尺幢、苍龙岭、长空栈道、鹞子翻身，步步惊心

天下奇险的"神山"

"嘿！哈！"琪琪拿着长长的晾衣竿在家里比画着，口中念念有词。

"琪琪，干什么呢？"爸爸端着果盘走了过来，"你奶奶刚买的葡萄，快来尝一尝。"

"我约了同桌在体育课上'华山论剑'呢。我得抓紧练习，可不能成了他的手下败将！"琪琪伸手抓了一把葡萄，一手仍抓着晾衣竿充当的"剑"，嘴里念念有词。

"哈哈，你这个孩子。"爸爸大笑起来，"那今天爸爸就跟你说一说华山，好不好？"

"好呀，我不但要成为第一剑客，还要成为懂得最多的百科全书。我要成为文武双全的人才！"琪琪开心地拍起手来。

"琪琪，你先说说，关于华山，你知道些什么？"爸爸问道。

琪琪想了想，回答说："三山五岳，华山是五岳里的西岳。"

"不错。华山坐落于陕西省华阴市，南边挨着秦岭，北边挨着黄渭，古时候被称为西岳，又称太华山。"

"原来如此。爸爸，华山有多高呢？"琪琪问道。

"华山有三座主峰，分别是西峰莲花峰，东峰朝阳峰，南峰落雁峰，其中南峰海拔2154.9米，是华山最高峰，也是五岳最高峰。除此之外，华山自古以来就有'奇险天下第一山'的名号。"

"奇险？"琪琪疑惑道。

爸爸喝了口水，回答道："华山主要有四险。第一险是千尺幢——

> **知识点**
>
> 三山五岳：泛指中国各大名山。一般来说，三山指的是安徽的黄山、江西的庐山和浙江的雁荡山；另一种常见的说法则认为，"三山"是指道教传说中的三座仙山，即蓬莱、瀛洲、方丈。五岳则是指泰山、华山、衡山、嵩山、恒山。

从玉泉院出发到北峰的登山通道上，悬崖峭壁上足足盘旋了370多阶的石梯，人们需要手抓铁索，脚攀陡壁，手脚并用，才能沿陡峭的山路攀登。登到石梯的顶端，有一个像井口一样的窄颈，要通过它才能向华山继续前行，如果把这个'井口'盖住，道路便会被堵塞，所以这里又被称为'太华咽喉'。

"第二险是苍龙岭——这里笔直插天，好似苍龙腾空，所以它的台阶也异常陡峭，有45°以上的坡度，而且每阶只有半米多宽，走在上面，远看就像走在刀刃上一样，让人有如履薄冰之感。加上两旁是万丈深壑，令人心惊目眩。"

琪琪不禁打了个冷战："听起来都瑟瑟发抖了。"

爸爸笑了笑，继续说道："等你经历过前两个险就能到达北峰峰顶，在这儿你就能看到'华山论剑'的石碑了。"

▼ 江西庐山世界地质公园

"就是我明天要跟同桌切磋武艺的地方吗？"琪琪问道。

"哈哈，没错。等你论剑结束，就能到第三险，险中之险——长空栈道，由华山派第一代宗师元代高道贺志真筑建而成，站在栈道上向上看、向下看都是悬崖绝壁，仅有铁索横悬，一般人是不敢上去的。"

爸爸停下来，故弄玄虚地捋了捋胡子："接下来要说的最后一险，名字很是特别。"

"是什么？是什么？"琪琪兴奋地问道。

"这第四险啊，叫鹞子翻身。对比前几处险境，这里更是一绝。它没有方便行走的石板路、木栈道，脚下的路全是凿出来的石窝。游客需要紧贴悬崖峭壁，双脚踩准石窝，双手牢牢抓住铁链。有几处地方需要像鹰鹞一样，左右翻转身体才可通过，是对人们体力和胆力的双重考验！"介绍完毕，爸爸也同时停下了手里扇扇子的动作。

▼安徽黄山

▼华山

知识点

海拔：是指地面某个地点高出海平面的垂直距离，是某地与海平面的高度差，通常以平均海平面做标准来计算。

▼ 华山南天门聚仙台"长空栈道"

第四章 自然景观

自然地理画卷（中游）

小小地理家的话

华山，不仅是座以奇险峻秀驰名天下的中华名山，更是承载了厚重历史文化的千古圣山。华山在拥有独特神奇的自然景观和厚重深刻的人文历史的同时，还有很多不为世人熟知的文化内涵。华山新时期的成就和辉煌也正由辛勤敬业的人民努力缔造。

"好酷！不愧是第一险山，怪不得武林宗师们都选在这里切磋武功呢！没点真本事的人，别提比武了，上山都是问题吧。"琪琪激动地喊着。

"琪琪可真聪明，能领会到大师的用意。那琪琪想亲自去挑战这天下第一险山吗？"爸爸问。

"啊？这个啊，那么高的山，我还是先去练练剑，强身健体后再说吧。"说完，琪琪一溜烟地跑开了，只留下爸爸在原地哈哈大笑。

▼ 西岳华山风景区华山论剑碑刻

太白山六月雪飘，昔日奇景因全球变暖渐行渐远

"六月雪飘飘"

> **知识点**
>
> 太白山，秦岭山脉最高峰，也是青藏高原以东第一高峰，以鹤立鸡群之势冠列秦岭群峰之首。自古以来，太白山就以高、寒、险、奇、富饶、神秘的特点闻名于世。太白山是渭河水系和汉江水系分水岭最高地段，具有低、中、高山等地貌类型，界限清楚、特点各异，气候类型按一定规律呈连续的带状分布。

正值酷夏，气温高得吓人。琪琪和爸爸来到冷饮店避暑，琪琪趴在窗前看着窗外的景色，马路像一块炙热的铁板，烤得路上的行人连动作都变得快起来。空气被加热到扭曲，透过它，笔直的建筑看起来柔软而律动，琪琪被自己的观察逗得傻笑。

"琪琪，什么东西把你逗得这么开心呀？"爸爸递来琪琪最爱吃的牛奶雪糕。

"哇，是雪糕！谢谢爸爸！"琪琪接过雪糕，开心极了。

琪琪边吃边说道："这么热的天气，要是有吃不完的雪糕该有多好呀。"

爸爸看着天真的琪琪说："哈哈哈，你这孩子，可别太贪心。不过说到吃不完的雪糕，你知道吗？即使在这么炎热的夏季，一些高海拔的山峦上也仍然有冰雪存在呢！在这附近便矗立着一座因六月飞雪而著名的太白山。"

"太白山？"琪琪歪起小脑袋思考着。

"我知道了'西当太白有鸟道，可以横绝峨眉巅'。这是唐代诗人李白《蜀道难》里，描绘太白山之高的诗句。"

爸爸会心地点了点头："很好，琪琪反应真快！自古以来太白山都被视作'蜀道难'的第一道天然屏障，因为在交通闭塞的年代，陡峭的

第四章 自然景观

自然地理画卷（中游）

134

▼太白山

第四章 自然景观

▼秦岭主峰太白山

> **小小地理家的话**
>
> 太白山景色优美，集中了秦岭独特的生态、历史、文化、科学研究和旅游价值。太白山因其美丽的"太白山六月雪天"而闻名中外。

太白山好似无路可走，唯有天上的鸟儿才能自由飞过。由于它的海拔高，气候也非常有特点，是典型的垂直型气候带，植物和动物也有规律地分布在不同的海拔高度。"

"真神奇呀，祖国中心能有这样一座巍峨的大山！对了，爸爸，快给我讲讲太白山六月飞雪的奇观吧！"勤学好问的琪琪瞪大了眼睛，充满期待地看着爸爸。

爸爸清了清嗓子："太白六月飞雪作为关中八景之一，从古至今便吸引着许多的文人墨客，他们留下了千古佳句。唐代诗人杜甫有'犹瞻太白雪，喜遇武功天'的诗句，柳宗元在《太白山祠堂碑》中有'雍州西南界于梁，其山曰太白，其地恒寒，冰雪之积未尝已也'之句，从这些诗、句中就可以想象到太白山盛夏积雪的奇丽景色。"

琪琪听了之后，不禁对神秘瑰丽的太白山产生了无限的憧憬："爸爸，有机会您一定要带我去见识一下太白山的胜景！"

爸爸笑着摸了摸琪琪的头，又叹了一口气："可惜啊，近年来由于全球气候变暖，冬季降雪减少，盛夏又多次出现伏旱高温等炎热天气，因而也很难再看到'太白积雪六月天'的胜景了。"说完，爸爸的眼睛望向了远方。

爸爸的一番话，让琪琪的心情变得复杂起来，等他经过短暂的游离回过神来时，手中的雪糕竟已经融化了大半。

"大自然有时候还真脆弱啊。"琪琪温柔而惋惜地呢喃道。

红碱淖，我国最大的沙漠淡水湖，正面临生存危机

独特的沙漠湖泊风光

"爸爸！爸爸！"门外传来叫喊声，琪琪急匆匆地进门放下书包，大步流星地朝着爸爸的书房走去，不小心绊倒在了爸爸跟前。

爸爸扶起琪琪，蹲下身子拍了拍琪琪膝盖上的灰："什么事？这么着急？"

"爸爸，今天老师的故事讲了一半就放学了，我还想再听听王昭君的故事呢。"琪琪蹭到爸爸怀里撒娇地说道。

"好好好，没问题！"爸爸合上手中的报纸，开始讲述这段传说……

"王昭君是我国古代四大美人之一，少女的她以宫女身份被选入宫。但因为她不肯像其他人一样贿赂皇宫里的绘画师傅毛延寿，毛画师就将王昭君画得丑陋无比，使其在选妃时落选。后来南匈奴呼韩邪单于来长安朝觐汉天子，想要成为天子的女婿。汉元帝便把昭君赐给了呼韩邪单于，从此以后，昭君就远离故土，踏上出塞的路途了。"爸爸继续说，"传说她在远嫁途中，经过尔林兔草原时，想到可能一辈子都回不来了，便感慨万千，万般不舍涌上心头，于是站在原地流了七天七夜的眼泪，于是就形成了67平方千米的湖泊，这就是人们口中所传的'昭君泪'，也就是如今的红碱淖。"

琪琪摸了摸自己的小脑袋问："眼泪湖？那她得有多伤心啊！那个湖水应该很咸吧，因为我知道眼泪是咸咸的呢。"

爸爸笑着拍了拍琪琪的肩膀，接着说："那可不一定哦，红碱淖是我们国家最大的沙漠淡水湖，水中的盐分含量极低。当地的人都把它叫作海子。因为沙漠里面环境气候非常特殊，所以沙漠湖泊的动态变化也是非常大的。再加上人类的开发活动，红碱淖每年的湖水面积都在不断缩小，甚至面临着干涸的危机，也因此被誉为湿地精灵的遗鸥面临着生存威胁，这就是所谓的'皮之不存，毛将焉附'。"

琪琪愣住了，皱着眉头问爸爸："那有什么办法可以让红碱淖恢复原来的样子呢？我还想去看看湿地精灵呢！"

自然地理画卷（中游）

140

▲ 陕西神木县红碱淖

第四章 自然景观

▼ 黄河风光

知识点

淡水湖，顾名思义就是以淡水形式存在在地表上的湖泊，分为封闭式和开放式两种。大多数的封闭式淡水湖都在高山或者内陆区域，既没有河川流入，同样也没有河川流出，而开放式淡水湖就有多条河川流入、流出并且面积比封闭式的大得多。淡水湖一般是外流湖，因为水源可以不断更新和补充，所以淡水湖里面水的盐分含量就很低。

爸爸端起桌子上的茶喝了几口，长叹一声："这需要大家的共同努力才行，首先必须关掉红碱淖周边危害水质的焦化厂，并且还要增加淖内水量，也就是需要增加一定的降水量。其次要建立湿地保护区，避免人们滥用水资源。总之，这需要各方面协调配合。这是一个庞大复杂的工程，要一步一步慢慢来。"

琪琪似懂非懂地点了点头，自信地挺起胸脯说："我也要成为保护红碱淖的一分子，成为保护湿地精灵的小英雄！"

爸爸捧腹大笑，竖起大拇指宠溺地对着琪琪说："好好好！我们家的小英雄，洗洗手吃饭吧。"

▼红碱淖风景区

小小地理家的话

　　红碱淖有"大漠明珠"之称，它是中国最大的沙漠淡水湖，同样也是世界上最大的遗鸥繁殖与栖息地。这些年来，红碱淖周围煤矿在不断开采，红碱淖的地下水流发生改变，形成新的暗河，红碱淖水系进入煤矿采空区而使水域大面积减少。与此同时，城市为了发展工业，解决水源问题，在红碱淖的主要两条补水河流上截流，这样直接导致了红碱淖地表汇水量急剧下降。目前红碱淖的水位以每年20~30厘米的速度下降，水质也在不断恶化。

神木二郎山，一山藏百庙，一庙藏古今：

千年庙群话沧桑

▼石漫滩国家森林公园

客厅里，琪琪饶有兴致地看着爸爸刚买的《中国大百科全书》，爸爸则坐在沙发上看着早间新闻。

"爸爸，您知道'塞北小江南'指的是哪里吗？"琪琪抱着百科全书，看着爸爸。

"这我当然知道，是黑龙江的东宁市！"爸爸胸有成竹地对琪琪说。

"那您知道'塞上江南'是哪里吗？这个您肯定不知道！"琪琪一脸不服气地说。

"宁夏平原。"爸爸轻轻一笑，然后对琪琪说。

"您怎么什么都知道呢？"琪琪脸上露出了震惊的表情。

"不仅如此，我还知道有一个'北国小江南'，你知道是哪里吗？"爸爸笑着说。

"不知道。"琪琪望着爸爸，故意拉长语音说。

"'北国小江南'在我国河南省舞钢市。"爸爸刮了一下琪琪的鼻头，宠溺地说。

"舞钢市？舞钢市在哪里呀？我都没听说过。"

> **知识点**
>
> 景区位于"北国小江南"——河南省舞钢市，地处石漫滩国家森林公园核心地带，是国家4A级景区、国家水利风景区，有自然和人文景观100余处，具有休闲度假、康体养生、户外拓展等功能。

琪琪满脸疑问。

"那里有什么好玩的吗?"接着琪琪又满脸期待地看着爸爸。

"舞钢市境内有一座二郎山,它是国家4A级景区和国家水利景区。"爸爸笑着说道。

"二郎山?我知道古代传说中有个叫二郎神的神仙,这座山跟他有什么关系吗?"琪琪满怀好奇地问道。

爸爸说:"当然有关系啦,传说古代有12个太阳,二郎神便用山把太阳一个一个压住,使其不得复出,最后留下一个。那些压日的山也是由二郎神担来的。"

"爸爸您看,为什么陕西省神木市这里也有一个二郎山呢?"琪琪指着书上的图片说。

"你可真是个小机灵鬼。在我国境内有许多二郎山哦。除了这两个之

▼陕西省神木市石峁遗址

外，还有甘肃岷县二郎山、山西沁县二郎山、四川天全县二郎山、山东淄博市二郎山等。

陕西省神木市的二郎山既有险峻雄奇的风光，又有深邃的历史文化沉淀。"

"爸爸您看，这座庙里有好多漂亮的彩画！"琪琪指着书对爸爸说。

"对呀，这些都是壁画，具有很高的艺术造诣，神木市二郎山上大大小小共有100余座庙宇，庙内的彩画重工笔，以油彩画法为主，雕塑石刻题词丰富多彩。这座庙至今仍保存有完整的石刻九龙照壁和石刻卷顶各一处，还有壁画2幅、碑石10余通，以及石刻楹联、题字等。这些石刻都具有较高的艺术价值和史料价值哦。

"以后有机会爸爸亲自带你去看！"爸爸接着说。

"好！"琪琪从沙发上蹦了起来。

小小科学家的话

党的十八大以来，水利部黄河水利委员会认真落实习近平总书记治水重要论述精神，积极践行水利改革发展总基调，在完善国家统一分配水量、省（区）负责配水用水、用水总量和断面流量双控制、重要取水口和骨干水库统一调度模式的同时，持续强化科学调度和监督管理，发挥了有限水资源的综合效益，确保了供水安全。多次化解流域及相关区域旱情，为保障国家"粮仓"增产增收提供"黄河担当"；实施引黄入冀补淀，滚滚黄河水千里北上润雄安，最大限度支持华北地区地下水超采综合治理行动。

红石峡夕阳如画，石刻艺术璀璨，风光绮丽

榆林红石峡

> **知识点**
>
> 清代榆林著名书法家陈璋，曾写过"三山拱翠"的匾额，就是形容榆林古城北依红山，东踞驼峰，西临黑山的形胜。红山红石头，驼峰黄土丘，黑山黑土岭，三座颜色不同的山拱卫着翡翠般碧绿的榆林城。

夏日早晚多见火烧云，红了一片天。爸爸坐在阳台的摇椅上摇着，眼睛始终离不开那火红的天。琪琪搬着小板凳坐在爸爸身旁，学着爸爸的样子望着那火红的天，窥探这夕阳的秘密。

直到天渐渐褪去红色，琪琪才摸着脑袋问爸爸："爸爸，您到底在看什么呢？看得这么入迷。"

"我在回忆我看过的最美的夕阳是在哪里。"爸爸说。

"那爸爸能跟我描述一下您看过的最美的夕阳是什么样子的吗？"琪琪兴奋极了。

"要说我看过的最美夕阳，无疑是我年轻时在榆林红石峡看到的'红山夕照'了。"

"红山？红色的山吗？好奇怪啊！我还从来没有见过红色的山呢！快给我讲讲吧，爸爸。"琪琪向爸爸投去期待的目光。

"我们琪琪啊，还真是个好奇的小朋友。其实啊，红山不是红色的山，指的是榆林红石峡。那里石头是红色的，当夕阳向东照下的时候，石头红得分外耀目，所以人们叫它红石峡。夕阳西照，那里像夏日的火烧云一样绚丽无比，这就是人们所说的榆林八景之一。"

爸爸看着着迷的琪琪，又继续说道："榆林红石峡不仅有着绚丽无比的夕阳美景，它更是历史长河中书法艺术的瑰宝。在红石峡的石壁上，有历代文人墨客题写的书法艺术作品，石壁上星罗棋布的石刻和大大小小的洞窟。让人无不想探究其中的奥妙与神秘。"

小小地理家的话

红石峡又被叫作"雄石峡",因为红石峡的石头是红色的,并且它的山体地势雄伟,石峡两边直上云霄,显得雄伟壮观。红石峡位于陕西省榆林市北3000米处。早在宋元时期,红石峡便被开凿出来了,随着时间的推移,峡谷两边的崖壁上有着大小不一、星罗棋布的洞窟和摩崖石刻,在东西石壁上还有参差不齐的石窟,东边是雄山寺,西边便是书法石刻。南北山崖之间穿流而过的是榆溪河水,普渡桥连接着南北两岸,有真、草、隶、篆等历代书法石刻160余幅,被称为"塞上碑林"。红石峡两侧杨柳成荫,长城和榆溪河穿峡而过,榆溪河更是慷慨激荡,奔流不息,这般景色被人们称为"万里长城第一胜景"。

"哇,要不是看过红树林,我还真的不太相信有山是红色的呢!如果遭到人们破坏后红树林会消失,那么红石峡会消失吗?"

"琪琪,你要记住,自然环境的好坏与人类的行为是密切相关的,人类不当的活动会影响自然环境的,红石峡也不例外。红石峡位于黄土高原与毛乌素沙漠的交界处,属于沙漠中较为奇特的景观,它本身的生态环境就很脆弱,加之当地的风化作用,如果再遇有人类不正当的活动,那红石峡最终也会不复存在。"

琪琪托着下巴若有所思,最后坚定地向爸爸点了点头,拍了拍挺起的胸膛自信地说:"我是个好孩子!我是不会破坏那些美丽壮观的风景的,我会好好地保护它们。"

"哈哈哈,我们琪琪真棒!但这些自然风光的保护光靠琪琪一个人,是远远不够的,还是要靠大家的努力以及各方面的经济支持才能保护好!不过琪琪有保护环境的意识就很不错了,爸爸希望你长大后也能继续做保护环境的小英雄!"

自然地理画卷（中游）

黄河湿地，雎鸠鸣唱，与鹦鹉洲同绘河流沉积之妙笔，共赏美丽生态图景

"关关雎鸠，在河之洲"

一大早，琪琪就站在阳台上苦恼着，嘴里一直重复着"关关雎鸠，在河之洲。窈窕淑女，君子好逑……"恰好爸爸提着浇花的水壶来到阳台，便摸着琪琪的头说："孩子，为什么一直重复这一句呢？"

"因为老师要求背诵，我却怎么也背不下来。"琪琪解释道。

爸爸停下来，蹲下身子面向琪琪，说道："那你知道这些诗句是什么意思吗？"

▲ 黄河湿地上的候鸟

"唔……大概知道，但雎鸠是什么，我不太明白。"

"这雎鸠啊，它是一种鸟，而关关形容的就是这种鸟的叫声。琪琪，你还记得我之前跟你讲过的鹦鹉洲吗？"

"记得！记得！鹦鹉洲是个江心洲，也是长江中的沙洲岛。"

"'关关雎鸠，在河之洲'中的'洲'与我们之前所讲的鹦鹉洲就有异曲同工之处。这个'洲'与黄河有很大的关联，它被叫作黄河湿地。'在河之洲'的洲指的是合阳洽川黄河湿地，雎鸠就是那片湿地上生存的鸟，在那片湿地上不仅有雎鸠的存在，还有你喜欢的天鹅、丹顶鹤等许多珍稀鸟类的存在，有些连爸爸都没有亲眼见过呢！所以，为了保护那些珍稀的动植物以及恢复湿地的生态系统，人们就会在湿地设立自然保护区。"

> **小小地理家的话**
>
> 以黄河湿地资源为核心的生态旅游景区正在不断地完善建设，比如位于陕西合阳的徐水河国家湿地公园等。徐水河国家湿地公园以保护湿地生态为前提，以提供休闲度假功能为主要内容，人们不仅可以欣赏美丽的风景，还可以畅玩各种水上娱乐项目。除此之外，湿地公园的建设还十分注重对黄河湿地生物多样性的保护和对黄河水生态安全的维系。

"原来'关关雎鸠，在河之洲'诗句讲的是河流中沙洲上的鸟在鸣叫啊。这下我可明白了！那爸爸您说，鹦鹉洲跟黄河湿地到底有什么异曲同工之妙呢？"

"咦，我们琪琪提出的问题越来越有深度了。鹦鹉洲和黄河湿地都是由河流中的泥沙堆积而成的，鹦鹉洲是由心滩发育而来的；黄河湿地下面一般沉积的是较大的泥沙颗粒，上面沉积比较细的泥沙颗粒，我们所看到的鹦鹉洲就是由较细的泥沙沉积而成的。"

琪琪满脸带着大大的问号："听起来真难！爸爸，如果它是沙地，人们在上面不会陷下去吗？"

"哈哈哈，当然不会啦！人们在保护湿地的前提下，修建了许多的湿地公园，让人们能够看到珍稀的鸟类，也让人们可以看到黄河的美丽风景。我们讲了这么多关于黄河的风光，难道琪琪就不想去这些地方看看吗？"

"当然想啦！爸爸可以带我去看雎鸠吗？"琪琪就这样一直缠着爸爸闹腾。

▼黄河湿地

第五章　自然资源

自然地理画卷（中游）

从"泥河"到"甜河"的奇妙旅程

"矿泉水"资源

此次黄河之行，让琪琪涨了不少见识，也让琪琪对这条宏伟壮阔的大河充满了敬佩之情。

"爸爸，快看，岸边的景色好美啊！"

爸爸接着琪琪的话："这正是生态治理的成果啊，曾经的黄河中游地区水污染问题严重，黄河水质一年不如一年。"

"对了，你知道黄河中游地区的水有什么特点吗？爸爸以前给你讲过。"

琪琪歪了歪小脑袋瓜，想了一会说道："黄河中游的水因为流经黄土高原的关系导致含沙量大，水源主要来自雨水补给，汛期在夏季，水量大，冬季会结冰。"

"不错，不错，知识掌握得很牢固。"爸爸毫不吝啬自己的夸奖，继续说道："你放眼望去，这河水如玉石般通透，岸边水草相连，如今这水可是有点'甜'呢！"

"甜？爸爸，难道是这河水里的泥沙变成了白砂糖吗？"琪琪仿佛看见了童话里甜蜜的糖果河。可惜，除了一阵穿喉而过的清凉，这水并没有琪琪想象的那般甜蜜。琪琪失落地跑回来，疑惑地看向爸爸。

"哈哈哈！"爸爸被琪琪的天真逗得放声大笑，那爽朗的

知识点

工业污染是黄河水污染的"大头"，占废污水排放总量的73%，工业废水含有大量的重金属元素，水体中的重金属元素经过微生物的作用，能够转化成毒性更大的化合物。不仅危害水生生物健康，还会经过食物链走向人们的餐桌。人若长期食用这些食物，就会危害中枢神经系统，引发身体器官的衰竭，甚至死亡。曾经有一段时间，黄河周边一些企业的工业废水通常是简单处理甚至直接排放进黄河，对黄河的生态环境造成了极大的破坏。工业废水污染治理需要投入大量资金，且运行起来也需要高昂的成本，因此治理难度很大。

▼ 洗煤厂

笑声在山河间穿梭回响,"你可真是个小馋猫,爸爸所说的甜,是带着引号的。得益于上游水库的调节,上游的来水经过沉淀,淤泥被除净,留下了天然的矿物质,因此饮用起来有隐约的甜味。除此之外,黄河水在经过治理之后,给周围居民生活带来了极大的便利。黄河流域的居民不仅利用河水来灌溉农田,还能作为生活用水使用,让人们曾经的苦日子变得甜起来。"

琪琪恍然大悟,向岸边望去,只见树木郁郁葱葱,水草丰茂,通透的河水泛着波光,甚至还能看到游弋的野鸭、悠闲的羊群。

"爸爸,我现在好像能感受到这河水有多甜了。不仅是因为河水经过治理污染干净清澈,还有沿岸的人们生活得到了改善之后的幸福感,是这些才让河水变得甘甜呀!"

爸爸听完,欣慰地摸了摸琪琪的头,说道:"好孩子,你能理解得这么深入,爸爸的幸福感也是直线上升啊!"

自然地理画卷（中游） 160

▲ 白天鹅

小小地理家的话

　　黄河流域的水资源保护，引起了国家的重视，2003年6月建立起第一个关于重大水污染事件的反应机制。水利专家委员会也开始对黄河污染物实施监测管控，杜绝工业废水以及生活污水污染黄河，改善黄河水质。相信在国家的持续关注和控制下，黄河流域水生态环境将逐步变好。

黄河鲤鱼，肉质鲜美，风味独特，堪称鱼类翘楚

黄河鲤鱼闻名遐迩

金色的夕阳映照大地，放学的铃声也随即响起。爸爸准时在校门外等着琪琪放学。只见琪琪兴冲冲地从人群里探出头来，迫不及待地向爸爸奔去。

"琪琪今天这么开心，一定是在学校受到老师和同学们的夸奖了吧？我看这地板都快被你踩出小花儿来了！"爸爸笑着说道。

琪琪打趣地挑了挑眉毛，说："爸爸，我都期待您下厨好久了，您答应了今天要给我做鱼吃的，我都馋了一天了呢！"

爸爸被琪琪逗得大笑。"哈哈哈，你这小馋猫！可不要光想着吃，上课都没有专心听课喔！"

爸爸和琪琪来到了当地最大的水产市场，这里售卖着全国各地的新鲜水产，种类齐全，各式各样的水产让琪琪目不暇接。爸爸仿佛目标很明确，径直往市场深处走去，琪琪看见一家摊主远远地就朝爸爸挥手。老板似乎和爸爸相识已久，互相寒暄过后，老板拿出早已准备好的一条肥硕鲜活的鱼，金鳞赤尾，在灯光映照下十分耀眼。

琪琪按捺不住好奇心，问道："爸爸，这是什么鱼呀，为什么您专门挑选这条鱼呢？"

爸爸结完账后，转头对琪琪说："嘿嘿，小馋猫，这回你可有口福了，这可是爸爸专门为你挑选的黄河鲤鱼！"

"我想起来了，我们之前去黄河旅游的时候您就说过，鲤鱼跃龙门，这一定是没跃过去的鲤鱼吧。"琪琪坏笑道。

琪琪的小幽默把爸爸逗乐了："不管它有没有跃过龙门，黄河鲤鱼在全国可是有鼎鼎盛名喔！黄河鲤鱼的肉质一直都是鱼类翘楚，细嫩鲜美，自古就有'岂其食鱼，必河之鲤''洛鲤伊鲂，贵于牛羊'之说，而且它的形态优美，体型肥硕，还有金色的鳞片，是我国宝贵的鱼类资源。"

琪琪听了爸爸的介绍，馋得流下了口水，可是他突然转念一想："爸爸，这么名贵的鱼类难道不是野生动物吗？食用野生动物可是违法的行为呀！"

爸爸拍了拍琪琪的肩膀，说道："放心吧，我们现在能吃到的黄河鲤鱼都是经过人工培育养殖出来的。人工养殖的黄河鲤鱼虽然无法还原真实在野外生长的肉质和口感，但是胜在人工管控的环境让鲤鱼的品质有了保障。"

爸爸的解释打消了琪琪的顾虑，他又一次被黄河鲤鱼的鲜美馋得流下了口水。

"爸爸，那我们快回家吧！我已经迫不及待地想尝尝您的手艺了呢！我来帮您拿鱼！"琪琪从爸爸手里接过那条肥硕鲜活的鲤鱼，鱼儿用力地翻腾了几下，力气大得让琪琪手足无措，琪琪使出了全身力气控制它，样子像极了年画里抱着大鱼的福娃。晶莹的水珠在金黄的夕阳下闪闪发光，不知道是琪琪努力提鱼累出的汗水还是馋得流下的口水。

▶ 黄河鲤鱼

自然地理画卷（中游）

知识点

黄河流域沿线省市的渔业主管部门和科研院所做了很多工作：种质选育与复壮、改善养殖环境、发展生态养殖等等，但最主要的还是申请"三证一标"的国家级质量认证。什么是"三证一标"呢？三证：无公害食品认证，绿色食品认证，有机食品认证。一标：国家地理标志产品。

小小地理家的话

很多地方都有鲤鱼，但为什么偏偏是黄河鲤鱼出名呢？自古以来，鲤鱼都是代表着吉祥之意，而黄河鲤鱼不同于其他地方的鲤鱼，有关黄河鲤鱼的诗词、传说、文艺作品有很多，如年年有余、多子多福、鲤鱼跃龙门等，所以说它还是一条文化鱼。

▼菜肴：黄河大鲤鱼

后记

从提笔到付梓，这位名叫琪琪的小男孩和爸爸已然在无数次的策划会中、键盘声中有了越来越清晰的轮廓，他和我们的读者一起探寻不同的学科领域，感受不同的学术氛围。回顾琪琪和爸爸走过的每一处知识王国，每一册图书的正式出版，背后都少不了认真付出的学者与编辑。我们回顾过往，感谢每一位创作者的付出和希望出版社编辑的辛勤耕耘。

感谢该系列丛书的主编许强教授，他立足于我国黄河和黄土高原的保护治理之千秋大计，和读者们一起探寻黄河上中下游自然景观、历史沉淀、文明传承、环境保护以及绿色发展的点点滴滴。此外亦要感谢该系列丛书的课题支持：国家自然科学基金重大项目课题（课题编号：41790445）；四川省社科规划普及项目（课题编号：SC20KP021）。同时，丛书也是成都理工大学的国家自然资源科普基地、四川省科普基地和四川省社科普及基地团队合作的成果。

琪琪的故事还在未完待续中，期待您和这个小男孩一起，解锁不同知识殿堂的更多可能。

读懂黄河

自然地理画卷（下游）

主　编　许　强　范宣梅　黄　寰
副主编　林汐璐　王　潇　杨　扬
编　写　徐　豪　李楚祎　徐　帆　蒲川豪　向　昕　钟　萍
　　　　龙江兰　王洪林　徐于钦　罗孜宇　唐瑞琪　高丽娟

希望出版社

图书在版编目（CIP）数据

读懂黄河·自然地理画卷.下游 / 许强著.—太原：希望出版社，2024.12
ISBN 978-7-5379-9299-2

Ⅰ.K928.42-49

中国国家版本馆CIP数据核字第20250ZQ877号

图片代理：人民图片网

DUDONG HUANGHE . ZIRAN DILI HUAJUAN (XIAYOU)
读懂黄河·自然地理画卷（下游）

出 版 人	王 琦
责任编辑	孙晓夏　张　平
复　　审	宸源雪
终　　审	傅晓明
封面设计	王 蕾
责任印制	李 林　李世信

出版发行	希望出版社
地　　址	山西省太原市建设南路21号　邮编：030012
经　　销	新华书店
印　　刷	三河市恒彩印务有限公司
规　　格	720mm×1000mm　16K　印张：11
版　　次	2025年3月第1版
印　　次	2025年3月第1次印刷
印　　数	1—5100册
书　　号	ISBN 978-7-5379-9299-2
定　　价	52.80元

版权为本社独家所有，未经本社同意不得转载、摘编或复制

目录

第一章　历史变迁

"地上悬河"…………………………………………… 2
黄河改道话沧桑………………………………………… 7
"济水"消逝之谜 ……………………………………… 13
来自"母亲河"的"吐哺"…………………………… 18
黄河断流探因…………………………………………… 22
残冬送暖、涌流破冰…………………………………… 28
填海造新陆……………………………………………… 32

第二章　河流水系

金堤河的四季变化·····················40
逆流的大汶河························48
天然文岩渠排洪记······················54
东平湖里的水浒遗风·····················58
渤海新陆水循环·······················64

第三章　地形地貌

华北平原上的金色画卷····················70
百川东流汇阶梯·······················75
豫东平原金麦浪·······················79
黄河冲积扇·························84
岱崮地貌··························86

第四章　植被、气候

温带季风气候························92
落叶阔叶林·························94
田野里的轮作乐章······················98
黄土高原风沙舞·······················103

第五章　自然景观

云台山……………………………………………………110
峰林峡里的山水奇遇……………………………………116
登泰山而小天下…………………………………………120
泉城济南水悠悠…………………………………………127
沂蒙山……………………………………………………133
奔流到海不复回…………………………………………139
黄渤海分界线……………………………………………142

第六章　自然资源

金色油田探宝记…………………………………………148
黄河湿地生态乐园………………………………………153
黄河湿地百鸟鸣…………………………………………157

后记 ……………………………………………………… 163

▲ 黄河风光

前言

▲ 黄河下游最窄河段

万里黄河于峡谷中穿行，在草原上回首，一路向南与黄沙搏斗，流至河南郑州桃花峪，进入黄河下游段。在这里，黄河进入了相对平坦的中原地区，湍急的脚步逐渐放缓，抖落了一身沙尘，也开启了人民与河患的千年对抗史。离开豫东平原，黄河在齐鲁大地上涵养出东平湖，与五岳独尊的泰山山水相映，最终于东营奔腾入渤海，冲积成千里黄河三角洲。黄河在这里结束，新生命却在这里生根发芽。

黄河下游自桃花峪始至入海口终。由于中游至下游黄河流速放缓，大量来自中游裹挟的泥沙在下游沉淀淤积，形成举世闻名的"地上悬河"，河床高度平均高出河两侧地面约3米~5米，部分河段河床可高出地面约10米，因此下游绝大部分河段都需堤防约束，人称"千里黄河大堤"。

今日的千里大堤，体现的是黄河两岸人民千年抗争的血泪史。黄河下

自然地理画卷（下游）
02

▼ 郑州桃花峪黄河大桥

▲ 金堤河

游因多沙善淤,改道频繁,"三年两决口,百年一改道",绝非妄言。黄河故道北至天津,南至淮河,今日黄河河道是1947年封堵决口,恢复郑州花园口后回归北道于山东东营的垦利县入海,在此之前,黄河人民与"母亲河"抗争的历史是说也说不完。

黄河下游共有一级支流三条:天然文岩渠、金堤河与大汶河。天然文岩渠发源于焦作市武陟县,原为黄河泛滥时期留下的水沟,后经中原人民疏通成渠,现为黄河下游重要的防洪排涝河道。金堤河发源于河南省新乡市,1964年后成为河南、山东两省界河,具有明显的季节性河流特征。大汶河发源于山东省旋崮山北麓沂源县境内,汇入东平湖,出陈山口后注入黄河,大汶河畔孕育了著名的大汶口文化。

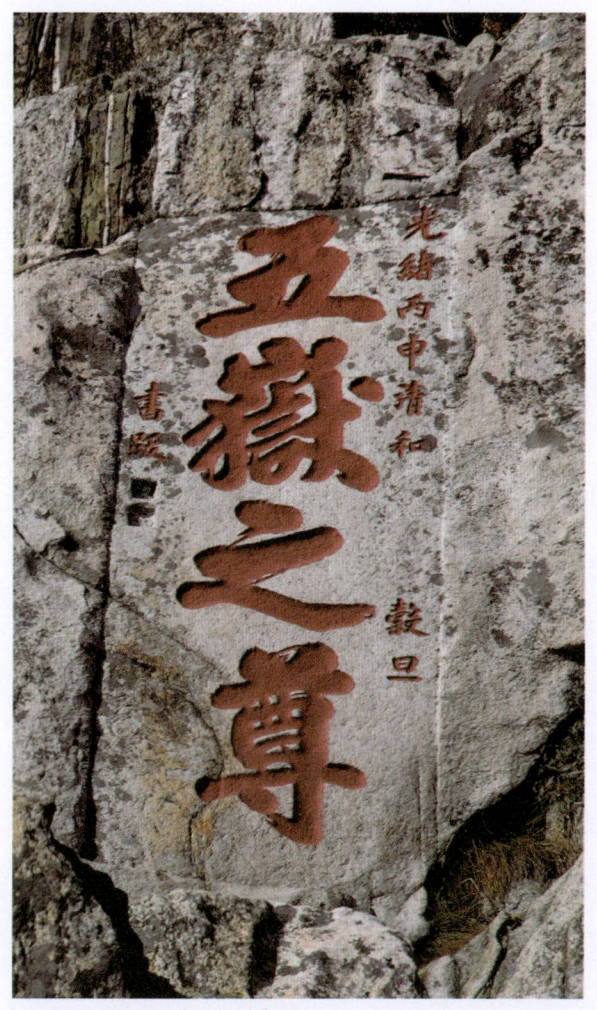
▲泰山书法石刻：五岳独尊

古时黄河曾有三次大决口，河水汇入古巨野泽，形成了一片大水泊，号称"八百里梁山泊"，《水浒传》中英雄好汉们聚义的故事的发生地正是在此。如今八百里梁山泊已然干涸，仅剩一遗存水域，名为东平湖，目前是控制黄河安澜入海的大型水库，实际蓄水能力可达20亿立方米，保护着黄河下游安然度过汛期。

河水继续流淌，却在前方遇到了一尊"门神"，那便是有"五岳独尊"之称的东岳泰山，黄河于泰山北麓济南市境内，夺原大清河河道入海。而泰山雄踞山东核心，绵亘于泰安、济南、淄博三市之间，如同一尊门神，护卫着其身后的山东半岛，泰山山系所涵养的水源与自然环境，与黄河一起共同孕育了别具特色的齐鲁文化。

百川东到海，何时复西归？黄河绵延万里，终于来到了它的尽头——东营，在这里，黄河将一路上带来的剩余泥沙沉淀，形成了中国最年轻的一片土地——黄河三角洲，低洼的湿地与沼泽，还有大河带来的丰富营养物质，使这里成了生物梦寐以求的天堂。

回望黄河下游千余里，贯穿豫鲁两省，豫鲁苏皖津冀都曾是它所哺育的子孙，也是曾与它抗争的土地，但是作为它的子孙，黄河边上的人们永远心怀感激与敬畏。大河滔滔，东流入海，"母亲河"还将继续哺育它的子孙，黄河永远是中华民族的精神图腾之一。

第一章　历史变迁

自然地理画卷（下游）

2

> 黄河下游的"地上悬河"高高在上，河水仿佛悬在空中……

"地上悬河"

晚饭后，琪琪和爸爸一起到河边散步。琪琪扒着护城河的护栏，看着下方河道里潺潺流淌的河水，他突然灵机一动，问爸爸："爸爸，河都是在地上的吗？天上会不会也有河呢？"

爸爸摸了摸琪琪的小脑袋，思考了一下说："这我不知道，不过倒是有地上的河，足有三四层楼那样高。"

琪琪扭头看了一眼远处的楼房，眯着眼睛用指尖比画了一下："三四层楼那样。"然后张大了嘴："哇，那好高哦。"

"可不是嘛，如果你站在高处看，河面上行驶的船只比地面高很多。"琪琪闭上眼睛想象这个场景，有些疑惑地挠了挠头："好神奇！那我在哪里能亲眼看到呢？"

爸爸用手指着一个方向，看着远方说："我们经常看到的河流，河道一般都低于河流两岸的地面，但在黄河的下游，却与众不同，黄河的下游河床高于两岸的地面，如果是第一次见的话，真的十分震撼。"

琪琪若有所思："我还以为那么长的黄河，每一段河道都是一模一样的黄浪

▼ 黄河风光

翻滚，原来还有这样的地方啊。"

爸爸低头看着琪琪仰起的脸，摸了摸琪琪的头发，说："可不是嘛，琪琪长大以后要多出去看看。"爸爸说完便十分神秘地眨了眨眼睛，从衣兜里掏出来一个包好的馒头，"你知道，黄河之所以是黄色，就是因为河水里面含有比较多的泥沙。那你知不知道，黄河下游为什么有些河段的河流水位会高于地面吗？"

琪琪揪着自己的头发想了半天，最后放弃地摆了摆手，转而求助爸爸。爸爸撕开馒头的包装，把馒头放到琪琪的眼前："琪琪，馒头是用面粉做成

第一章 历史变迁

自然地理画卷（下游） 4

▲ 浑浊的黄河水卷裹着大量泥沙

第一章　历史变迁

的，而面粉和了水就变成结实的大面团。那么你可以想象一下，如果把黄河河道里的泥沙比作面粉，泥沙在水下的河道里慢慢沉淀累积下来，日复一日，年复一年，时间久了之后是不是河底也会出现一个一个像面团一样的泥沙堆积呢？"

琪琪拍了拍手："我听懂啦。是不是黄河里的泥沙随着时间推移会越堆越多，就像一个个馒头垫在河底的河道里，于是把河底越抬越高，所以水只能越走越高，最后黄河下游的水位就高过了两岸的地面高度？"

> **小小地理家的话**
>
> 黄河里的水带着很多泥沙，其中四分之一的泥沙会沉积在河道里，而另外四分之三的泥沙会被带到黄河的入海口。每年，黄河的干流和支流中都会淤积上亿吨的泥沙。这些泥沙让黄河下游的河床一年比一年高，慢慢地形成了一个像悬在地面上的河流，人们称它为"地上悬河"。

爸爸赞许地冲琪琪竖起大拇指："对，河道不断升高，最后高出了河流两岸的地面，我们把这样的河叫作'地上河'。黄河的上游有高山峡谷，比较陡峭，所以黄河的水都流得很快，就像我们在下坡时，会受惯性作用而加快速度一样。可是到了华北平原，地面宽阔、平坦，地表起伏小，于是河流落差变小，河水也懒悠来了，慢悠悠地向入海口流动，从上中游被带到下游的泥沙也趁这个机会想歇一下，最后全沉在了这个河段的河床中。"

"这样，就形成了壮观的'地上河'，是吗？"琪琪有些向往地看着眼前的小河。

"可不仅是壮观。"爸爸啃了一口手里的馒头，"两岸的人民每到汛期都面临着洪水的威胁，日子可不好过呀。河水越来越高，你猜一猜，之后会发生什么？"

琪琪皱着眉头，摸着下巴想了想："河水会溢出来，淹没周围的区域？"

"对啊，黄澄澄的河水每天都在你头上流动着，多吓人。为了防止河水泛滥，保护两岸附近的人们，围河大堤也越修越高，'地上河'也更加明显了。"

琪琪听完有些失落："原来让人惊叹的景色也不全是大自然的馈赠，还有可能危害人们的生命安全。"

黄河千年的改道历史，见证了自然与人类的较量

黄河改道话沧桑

今天放学后，走在回家路上的琪琪有些心不在焉，他回到家里，急忙翻出书包里的历史书，走到家中悬挂着的地图前，仔细对照着看起来。

"琪琪，回来了？你在看什么呢？"爸爸端着茶杯从书房里走出来，看到琪琪一反常态的行为，不禁有些疑惑，便凑上前去探问。

"爸爸，从地图上看，黄河在东营入海，"琪琪低下头，用手指着历史书上的插图，"可是，明朝时的黄河却在江苏入海，好端端的一条大河怎么会改变河道呢？"

爸爸笑而不语，转身回到书房，拿出一本历史地图册递给琪琪，说道："你再看看这本历史地图册，看看黄河河口都在哪里。"

琪琪接过地图册，仔细翻看后，结果让他惊讶无比：从先秦时期开始，黄河下游的河道在北到今天的天津一带、南到今天的江苏一带这个三角形区域内来回变动。这个事实让琪琪感到更加迷惑了。

"我来给你讲讲吧。"爸爸说，"黄河下游经常改道，主要是因为它是一条'地上悬河'，河水里含有很多沙子。"

"哦？难道沙子的力量有这么大，能让河流改变路线吗？"琪琪忍不住问道。

"当然不是，河水中的沙子并不会直接推动河水改变方向，但沙子会慢慢沉淀下来。如果沉淀的沙子足够多，河床就会被抬高，河水也会随之升高。两岸的居民为了保护家园，不得不修筑更高的堤坝来防止河水泛滥。但是，一旦洪水来了，堤坝抵挡不住时，会发生什么呢？"

"堤坝会倒塌，河水会在地面上泛滥，时间久了，河水就会侵蚀出新的河道！"琪琪一下子明白了，抢着回答道，"这样看来，黄河改道可不是什么好事，河水泛滥会让两岸的老百姓受苦，天灾真可怕。"

"说得没错，黄河自然改道确实是因为这个原因，但有时候改道也是人为造成的……"看着琪琪迷惑而震惊的眼神，爸爸叹了口气，继续说

自然地理画卷（下游） 8

▲ 沉淀的泥沙形成了坚固的堤坝

第一章 历史变迁

▲ 京杭大运河江苏邳州段

道:"历史上记载,黄河下游曾经决口泛滥超过1500次,大规模改道有20多次。在夏商周时代,黄河处于自然流动的状态,分成多条小河穿过河北地区,在天津附近汇入渤海。到了战国时期,人们开始有意识地约束河流,齐国首先在黄河下游修筑堤坝防洪,并开发滩地,其他诸侯国也纷纷效仿,逐渐将分散的河道约束成一条。但大量的泥沙也让这条河道容易淤积。公元前602年,黄河在黎阳宿胥口决口,改道向东北流,这是第一次大改道。西汉时期,人口增加,黄河水位升高,变得不稳定。公元前132年,黄河在濮阳西南决口,洪水冲入巨野泽,影响了16个州郡,这种状态持续了23年。公元11年,黄河再次大规模决口,泛滥了近60年,这是第二次大改道。东汉时期,王景治理黄河,河道向南移动,这是第三次改道。隋唐时期,黄河河道相对稳定。北宋后期,由于河道严重淤积,黄河于1048年在商胡决口,改道向北流,这是第四次大改道。金元时期,1128年,守将杜充下令决开黄河南堤御敌,黄河自此向南泛滥,进入淮河。元初,黄河又进入了自然漫流状态,1343年至1349年间,黄河再次决口,洪水夺大清河入海。明朝建立后,为保证京杭大运河畅通,采取了'北岸筑堤、南岸分流'的防御方案。1855年,黄河在铜瓦厢(今河南兰考县)决口,分成数支,其中一支汇入大清河,于利津(今东营)入海,形成了今天的河道。1938年,国民党为了阻止日军侵略,扒开了郑州花园口黄河南堤,黄河全河夺淮改道,泛滥了9年,直到1947年才恢复原河道。"

听完爸爸讲述的这一长串历史,琪琪不禁感叹道:"原来黄河下游这么多年来一直在变迁,而且每一次大规模的改道都或多或少与人们的活动有关。看来我们一定要注重水利建设,防止这些悲剧再次发生。"

"你说得对,千年以来,黄河的泛滥改道与人类活动密切相关。虽然古人也做了很多努力,但水患治理是一个长期的过程,需要不断的技术更新和经验积累。新中国成立以来,我们国家投入了大量的技术和人才,上游恢复植被,提高水土保持能力,下游巩固堤坝,蓄水清淤,使得黄河自花园口决堤改道后再也没有发生过大规模决口改道。未来我们与黄河的斗争还不会停止,但在一代代水利人的努力下,黄河一定能永葆安宁,为两岸百姓送去清流,不再是灾祸。"

济水的神秘消失背后，藏着哪些自然与历史的秘密

"济水"消逝之谜

"爸爸，今天的课堂上，老师讲到'五岳四渎'，可惜还没来得及讲完就下课了，老师卖了个关子，让我们先自己了解一下。爸爸，您能给我讲讲吗？"刚放学回到家，琪琪便放下书包，直奔爸爸的书房，迫不及待地抛出自己的疑问。

爸爸正仔细端详着书桌上一幅尚未完成的书法作品，听罢，侧身小心放好毛笔，问琪琪："那我倒要先考考你，你知道'五岳四渎'都是哪'五岳'哪'四渎'吗？"

"这我知道，东岳泰山、南岳衡山、西岳华山、北岳恒山、中岳嵩山合称'五岳'，长江、黄河、淮河、济水合称'四渎'。'四渎'中前三条河流我都知道，不过这济水是指哪一条河流啊？"琪琪挠了挠头，这个问题着实难住了他。

"哈哈，你不知道也是正常的，爸爸也只是听说过这条河流的名字。其实从严格意义上来说，济水早已不存在了。"爸爸面露微笑，给琪琪答疑解惑。

"啊，能名列'四渎'，这条河流应该很大吧，怎么会消失呢？"这反倒让琪琪更加迷惑了，一条大河怎么会凭空消失呢？

"我先给你讲讲这条河流的历史吧。古人把济水列为'四渎'之一，是有道理的。你看，现在还有好多地方的名字都和济水有关，比如济源、济宁、济南、济阳，这些名字都证明了济水的重要性。相传，济水是从太乙池发源的，太乙池在现在的河南省济源市王屋山上，济源这个名字就是因为它在济水的源头而得名的。"

"古人的地理知识有限，他们说济水'三隐三现'，意思是济水河道曾三次消失又三次重新出现。他们还记载说济水上中游多次穿过黄河，但这与我们现在知道的地理常识不太一样。所以，现在学术界对济水上游的具

自然地理画卷（下游）14

▼ 大清河

第一章　历史变迁

体流向，甚至它是不是一条独立的河流，还有一些争议。不过，济水上中游和黄河有一个共同的特点：泥沙很多，容易淤积。久而久之，泥沙把河道填平了，所以济水上中游已经不存在了，'三隐三现'也就无从考证了。"

"济水从荥阳以下分成南济和北济两条河，最后汇入巨野泽，巨野泽还有一个名字叫梁山泊。"

"我知道！那就是《水浒传》里一百单八将聚义的地方！"琪琪兴奋地说。

"没错，不过当年八百里的梁山泊现在已经大部分消失了，只剩下东平湖。济水从巨野泽再次流出时，就叫做清河，清河的河道基本上和现在的黄河下游并行。说到这里，你猜猜看，今天的黄河下游的最后一段，会不会曾经是清河也就是济水的河道呢？"爸爸问道。

"啊！难道黄河下游的那一段其实是以前的清河？"琪琪猜测道。

"答得不错，但也不完全正确。两宋时期，黄河泛滥，原本的清河水被迫在济南决口，汇入了漯水，与原来的济水河道分开了。后来，刘豫把泺水引入济水故道，为了区分，这条新的河被称为小清河，而原来的那条清河则被称为大清河。从此，严格意义上的'济水'就不复存在了，只有小清河还在使用部分济水故道。后来，小清河也经过几次改道，今天的小清河只有部分河段还属于原来的济水故道。"

爸爸端起茶杯，喝了几口，接着说："也就是说，在大清河改道之前，它还可以算是济水的一部分，但改道后就和原来的济水没有关系了。小清河则是人们利用济水故道人工引水形成的新河流。到了清朝咸丰五年（1855年），黄河在河南兰考铜瓦厢再次决口，黄河水北上夺走了大清河的河道流入渤海，截断了京杭大运河的航运，形成了今天山东黄河的河道雏形。但是，原大清河的河道承受不住黄河水，屡次发生大规模的决口和改道，最终形成了今天的黄河走向。"

"原来济水的历史这么复杂啊……"琪琪低头沉思着，仔细琢磨着爸爸的话。

"你注意到没有？济水的消失和谁有重要关系呢？"爸爸问。

"黄河！济水的几次大变化，都是因为黄河的改道和决口。"琪琪回答。

"对，无论是济水上游的高泥沙量导致河道淤积，还是下游黄河泛滥挤占济水的河道，黄河都直接或间接地导致了济水的消亡。还记得前面提到的巨野泽吗？它的缩小也是因为黄河泛滥，河水中的泥沙沉积在湖底，导致湖床越来越高，可以蓄水的空间越来越小。作为济水下游水源的巨野泽水量减少，可能是导致济水消失的原因之一。"

"原来是这样。这么重要的河流就这样消失了，真可惜啊。"琪琪惋惜地说。

"哈哈，这倒也不必难过。虽然济水失去了实体，但它仍然在地名、书籍和文化中留下了印记。从这个角度来看，济水并没有消失，反而在我们的文化中闪闪发光。"

"不过，济水的消失对我们今天来说是一个重要的教训。黄河的泛滥导致河流消失、生灵涂炭，时刻提醒我们要重视水利建设，尊重自然规律，保护环境，防止黄河再次泛滥，重现当年黄水夺济的故事。"

说完，爸爸提起毛笔，挥毫写下"海晏河清"四个大字。琪琪看着这四个字，感受到了它们背后的深刻含义。

▼ 山东济南，大雪后的小清河历山北路段风景如画

> 黄河的泥沙孕育了肥沃的土地，让我们的餐桌上有了香喷喷的馒头

来自"母亲河"的"吐哺"

"咬一大口大馒头，真是惬意啊！"说着，琪琪又张开嘴咬了一口馒头。爸爸看到儿子狼吞虎咽的样子，赶忙说道："慢点吃，慢点吃，别噎着！"

听到爸爸劝告，琪琪改为细嚼慢咽，还喝了一口汤，这才把这一大口馒头吞进了肚子里。

见状，爸爸也不再责怪儿子的吃相，感慨地说："能吃上这一口大馒头，真的要感谢我们的'母亲河'啊。"

"对啊，没有黄河水的灌溉，我们今天可没有这么多的面粉，更别提吃上这样的白面馒头了。"琪琪慢慢咀嚼，此时他也能感受到爸爸那一辈人对粮食格外珍惜的原因。

"琪琪，你知道为什么中国这么多山川河流，唯有长江与黄河被中华民族尊为'母亲河'吗？"爸爸给琪琪出了道题。

"这我当然知道了，在古时，黄河流域和长江流域孕育了中华文明的火种，我们的祖先曾凭依这两条大河生活。"

"那我来考考你，长江因为流域面积广、水量丰富，带来了灌溉和航运的便利，这些得天独厚的条件让它成为'母亲河'。那么黄河又是凭什么成为'母亲河'的呢？"

"这……"琪琪想了想，黄河没有航运能力，水量也不如长江多，灌溉能力也比不上长江，实在想不出黄河还有什么特别的优势。

看到儿子犯了难，爸爸便开口说道："其实，这还得感谢黄河的'黄'。"

"哦，'黄'？难道是黄河里的泥沙？但是泥沙有什么作用呢？"琪琪疑惑地问。

"在古代，没有我们现在这么方便的道路和交通工具，出行非常不

便。地形对发展的影响很大，比如'蜀道难，难于上青天'的诗句和'愚公移山'的故事都说明了这一点。一座大山就能阻隔一个地区的发展和交流。黄河因为含沙量高，容易泛滥，通过反复的泛滥和淤积，在下游形成了广阔的冲积平原。"爸爸指着墙上挂着的中国地形图说，"你看，这里大面积连片的绿色区域，表示这里是平原地区。"

"啊，原来是这样！没有高山阻挡，人们的交流变得方便多了，交流促进了发展！"琪琪恍然大悟。

"如果只是这样，黄河还不足以孕育文明。我们还要感谢黄河泥沙的另一个重要作用——它能让土地变得更加肥沃。"

"黄河带来的泥沙不仅仅是沙子，还含有丰富的矿物质和有机质，这对土地的肥力有很大的帮助。经过河水的泛滥和沉积，泥沙与原本的黄土相互作用，形成了疏松多孔、适合耕作的黄潮土。黄河水中的盐分还能让

▼ 收割小麦

▲ 大清河岸边的戴村坝水文站

土壤的含盐量保持在一个合适的范围内。这些有利条件促成了黄河农耕文明的发展，也是今天我国最大的冬小麦主产区的基础。说不定你现在吃的这个馒头，它的麦子就是在黄河边长大的呢！"

"哇，原来黄河真的像母亲一样，不仅给我们提供了广阔的土地，还为我们准备了丰富的营养，称它为'母亲河'真是名副其实！"琪琪说着，又咬了一口手中的馒头，夹了一筷子菜，"那我更要珍惜'母亲河'给我的粮食了！"

爸爸给琪琪盛了一碗汤，笑着说："不光是黄河，还有广大农民伯伯的努力和科研工作者的辛勤工作。有了黄河创造的良好条件，还需要农民的辛勤劳动和科研人员的精心育种，才能让我们今天吃得饱饱的。我们中华民族就是这样，克服自然带来的困难，感激并利用自然赠予的优越条件，用勤劳的双手和集体的智慧，在大河畔开创了我们的文明。所以，黄河和长江才能以'母亲河'之名享誉全球啊！"

黄河曾经断流，但通过人们的努力又恢复了生机

黄河断流探因

"君不见黄河之水天上来，奔流到海不复回；君不见高堂明镜悲白发，朝如青丝暮成雪。"爸爸陶醉在李白的诗词中，不禁吟诵出声。

琪琪也被爸爸的吟诵感染了，感慨地说："我们和千年前的古人一样，都能看到黄河奔流的美景，好像我也能感受到诗仙李白写诗时的那种豪情了！"

听罢，爸爸却认真地说："美景确实是美的，但这条奔流的黄河也曾有过断流的时候。"

> **知识点**
>
> 河流断流：在某些时间内，原有的江河水流因水源枯竭，导致河床干涸。以黄河来说，一般以黄河下游最后一个水文站——利津站流量是否低于1立方米/秒为依据，判断是否发生黄河断流。

"啊？"琪琪惊讶地问道，"黄河这么大的一条河，怎么会停下脚步呢？虽然不像李白诗里说的'黄河之水天上来'，但它有来自雪域高原的冰雪融水和沿途的雨水，应该不会缺水啊，怎么会断流呢？"

"上游确实有很多水，但下游需要的水也不少。"说着，爸爸翻开地理图册，里面有一张黄河断流的照片。看到印象中像黄龙一样奔腾不息的黄河露出了光秃秃的河床，琪琪心里感到很难过。

"从1972年到1996年的25年间，黄河干流多次出现断流。1995年，黄河入海口的利津水文站连续断流了122天。从黄河口一直往上游到河南省开封市陈桥村附近，几乎看不到昔日汹涌的河水，只剩下光秃秃的河床和一点点细小的水流。1996年，断流时间甚至长达226天，这真是让人非常痛心。"说完，爸爸叹了口气。

琪琪也有同感，又问："那黄河为什么会断流呢？水利专家找到原因了吗？"

"黄河断流的主要原因是水量减少了，但造成水量减少的原因比较复杂：

首先，黄河全流域的用水量增加了。那个时期，黄河流域发展迅速，用水量急剧上升，20世纪90年代下游的引水量是60年代的3.3倍；其次，能够到达下游的水量也减少了，因为上中游地区的发展用去了更多的水，加上降水量减少，花园口水文站1969年至1990年的径流量比1959年至1968年平均每年减少了123.47亿立方米；最后，黄河下游作为'地上河'，几乎没有支流补给，为了减轻下游河床的抬升，每年都需要中上游提供输沙水量将泥沙带走，结果中上游不能充分蓄水来为下游调整全年水量。再加上黄土地区的植被覆盖度低，水土保持能力差，导致黄河下游几乎没有水源补充，只能依靠中上游来水。综合这些原因，黄河下游断流也就不足为奇了。"

爸爸翻到地理图册的下一页，继续说道，"幸好，国家在经历了多年的断流后做了很多努力。在中上游广泛恢复自然植被，提高了水土保持能力，使得中上游的输沙量明显减少。在下游修建了小浪底水利枢纽工程，这是一个治理黄河的关键工程。与传统的水利工程不同，小浪底水利枢纽不仅用于发电和蓄水，还具有调淤的能力。每年6月中旬至7月初，小浪底都会开闸放水，利用水的势能冲刷河床，清除水库中的淤积泥沙，给黄河下游'洗澡'。通过这种'削峰填谷'的方法，小浪底水利枢纽工程运行20年来，黄河下游再也没有发生过断流，河床高度也没有明显抬高。"

听完爸爸的一番讲解，琪琪终于放心了："工程师们真厉害，好像给黄

▼ 利津水文站的工作人员密切观测水情变化

第一章 历史变迁

自然地理画卷(下游)

▼ 黄河小浪底水利枢纽工程

河这条黄龙加了一道保险,让它乖乖听话了。"

爸爸笑着说:"你的比喻很恰当。但保险也不能永远保证黄河安宁,还需要'教化',提高黄河流域的植被覆盖率,增强水土保持能力,平时节约用水。只有每个人都参与进来,不再无节制地向我们的'母亲河'

▼ 黄河小浪底水库大坝调水排沙出水口(远眺)

索取水源，久而久之，我们的'母亲河'才能长流不息，洗去一身黄沙，变成'青龙'，带领我们的民族再次腾飞！"

小小地理家的话

"削峰填谷"这个词原本是用来描述电力系统中调整用电负荷的一种方法。它的意思是，根据长期观察到的电网负载变化规律，当发电量多于用电量时，就把多余的电能储存起来；当用电量多于发电量时，就把储存的电能释放出来，这样就能保持发电量和用电量之间的平衡，既不会出现"电荒"，也不会有多余的电浪费掉。

在水利系统中，"削峰填谷"也有类似的意思。利用大型水库和水利枢纽的蓄水能力，当洪水来临时，多个水库会一起储存洪水，减少每个河段的洪水压力，同时把水存起来。当下游需要更多水的时候，水库就会开闸放水，保证下游有足够的水流，满足人们的用水需求。通过这种方式，可以平衡全年的水量，减少自然灾害的发生。简单来说，就是在水多的时候存起来，在水少的时候放出来，让河流一年四季都有稳定的水流。

黄河凌汛时，冰块奔腾而下，壮观又危险……

残冬送暖、涌流破冰

数九寒冬将尽，琪琪等不及地想要活动一下，他拉着爸爸来到公园散步。公园里已有新芽冒出，树枝上也可见点点绿意，低头一看，脚边的小溪已经开冻，清澈的溪水在残冰间穿梭，更显清冽。

"爸爸，小溪流里的冰已经开始融化了，那大江大河里的冰应该也已经化开了吧？"琪琪心生疑问，向爸爸求教道。

"是这样的，不过大江大河里的冰面解冻，可就不像小溪里这样安宁了。这其中最典型的例子，莫过于黄河了。你还记不记得黄河的走向？"爸爸深思后答道。

"我知道！地理课上有学过，黄河自西向东流，在北方大地上绵延，如同一个'几'字。"不愧是琪琪，一下子便说出了答案。

"那你知不知道，我国冬季究竟哪边更冷一些呢？"爸爸面露笑容，继续追问。

"那当然是北方比南方更冷一些了。"琪琪有些不太明白了，"但是黄河都在北边，应该会全部冻结上吧？"

"没错，但是想一想黄河的走向，是不是还有是自南向北流的？"爸爸提醒道。

"对……啊！我明白了。爸爸，难不成更靠南的河段因为温度高于北边的河段，会出现南边河上的冰面先化开，而北边的冰面还没化开的情况？"琪琪在爸爸的引导下似乎明白了什么，高兴地向爸爸求证。

"说对了！这样就会出现一种独特的现象叫作凌汛。出现这种现象，有两个基础条件：第一，河段所处的地区冬季温度必须够低，才能使河面冻结；第二，河段上游在冬末春初时的温度要高于下游，才可能出现上游冰面化开，下游仍然冰封的情况。像黄河这种流量相对较大的河流，上游开冻后积攒的水量足以冲开下游的冰面，河水带着大小不一的冰块流淌，称作凌汛。"爸爸耐心解释道。

"黄河上的凌汛现象,通常发生在甘肃兰州到内蒙古河口镇,以及郑州花园口到东营入海口这两段,你看看这张地图。"爸爸边说边打开了手机上的地图软件,"这两段河段是不是很符合凌汛出现的条件?"

"哇!河水带着大小不一的冰块向下游流淌,这样的景象一定很壮观!那为什么没有听说'凌汛旅游'呢?"琪琪还有很多的疑问。

爸爸摇了摇头:"唉!凌汛固然壮观,但是积蓄了一冬的河水和冰块的威力难以想象啊!记不记得我跟你说过,黄河下游河段是著名的'地上河'?两岸修筑有高大的黄河大堤?试想一下,掺杂着泥沙的黄河水再带上冰块,这对黄河大堤会有多大的压力?

"正因为如此,每年到了凌汛期,黄河沿岸的人民都会严阵以待,做好大堤加固工作,黄河上的浮桥也会全部拆除,保证冰凌安然流过,有时

▼ 黄河内蒙古段冰凌区(航拍)

▼ 黄河河道内出现大面积流凌或封河现象

> **小小地理家的话**
>
> 　　中国大部处于北温带,而冬季太阳直射点位于南半球,北半球获得的太阳辐射能量少,气温低;同时中国南北纬度相差达50℃,北方与南方正常太阳高度差别显著,故造成北方大部分地区气温低,且南北气温差别大。而从蒙古、西伯利亚一带常有寒冷干燥的冬季风吹来,更加剧了北方严寒并使南北气温的差别增大。因此,南方温暖,北方寒冷,南北气温差别大是中国冬季气温的分布特征。其中,秦岭—淮河一线以南,1月平均气温高于0℃,分界线以北1月平均气温则低于0℃,秦岭—淮河一线成为区分河流是否结冰的分界线。

下游冰面迟迟不能开冻,就需要以人工爆破的方式将冰面炸开,恢复河流的畅通,不让来自上游的河水在下游过度积蓄,形成大的洪峰。"爸爸长舒一口气,接着说道,"从前黄河凌汛使黄河两岸特别是黄河下游的百姓叫苦不迭,自清朝光绪年间到新中国建立初期,有记载的因凌汛造成的决口大大小小就有40余次。

　　"不过,新中国成立之后,随着科技的发展和政府的精准施策,凌汛已经不再不可一世了,通过分析长期的水文监测数据和利用更加强大的卫星遥感监测等技术,人们已经可以有效限制凌汛的影响,保障黄河两岸居民的安全,凌汛决口已经是历史了。"

　　听完爸爸的讲解,琪琪原本悬着的心终于放了下来:"原来凌汛壮观的背后有这么多故事,大自然的力量实在是太厉害了。"

　　爸爸笑着摇了摇头,说道:"自然的力量虽然值得人类敬畏,但也并非不可战胜,只要人类能够尊重自然规律,自然的力量也能为人类所用。等过几天凌汛洪峰退去,水量稳定之后,我带你去黄河大堤边上见识一下!"

　　"好!我太期待了!"

黄河入海口的填海造陆，是大自然神奇的鬼斧神工

填海造新陆

"沧海桑田，不过一念之间。"周末一早，电视里播放着爸爸常看的国际新闻，爸爸坐在沙发上，不禁有感而发。

琪琪却笑了："爸爸，这就不对了，从地质学来看，地质演化是个非常漫长的过程，地质学家们计时都是以百万年计的，沧海变桑田，'一念之间'可什么都发生不了。"

爸爸笑着冲琪琪摇了摇手："的确，你说的没问题，不过在我们国家，的确有这么一个地方，昨日此处还是大海，今日便已被土地覆盖，就是这么神奇！"

听爸爸这么一说，琪琪顿时来了兴趣："爸爸，您说的这个地方是哪里啊，能让大海一下子变成陆地，真的有这么神奇吗？"

"呵呵，这个地方说来你并不陌生，就是黄河的终点——东营黄河三角洲，在那里平均每年都会多出6.4平方千米的土地。"

"哇，这么厉害，难道是有人用挖掘机把大海填起来了吗？"琪琪说道。

"不是，这里用大自然的'鬼斧神工'比喻再合适不过了，每年凭空多出的土地，其实是黄河在背后做推手，在为我们填海造陆。"

"黄河从中游带来的泥沙，让黄河下游变成了"地上河"，下游的人们因此受了很多苦。但当这些泥沙来到黄河入海口时，因为河流流入大海，水流变慢了，河水中的泥沙就慢慢沉积下来。黄河的泥沙特别多，所以在入海口处沉积得很快，形成了新的土地。据统计，从1977年到2010年，黄河入海口的海岸线每年向外推进340米，每年新增6.4平方千米的土地。要知道，在宋朝的时候，这里大部分还都在海平面以下呢。"

"哇！原来沧海桑田真的可以发生啊！大自然的力量真是太神奇

▼黄河大桥

了！"琪琪感叹道，"不过爸爸，难道大海不会阻止黄河泥沙侵占它的空间吗？"

"问得好，琪琪。"爸爸说，"实际上，黄河填海造地的过程，就是黄河和渤海之间的较量。黄河带来的泥沙会沉积下来，而海水和海浪则会侵蚀这些新形成的土地。大多数时候，黄河占上风，但也有一些例外。你还记得我讲过的黄河断流的事情吗？"

"我记得，您说过从1972年到1996年，黄河下游经历过非常严重的断流期。"

"对，就是在那段时间里，由于黄河输沙量大大减少，几乎没有泥沙沉积，海浪不停地侵蚀，海岸线向内陆推进。1995年至1999年，黄河入海口的沙嘴向内陆移动了约2.5千米。1999年至2002年，小浪底水库开始蓄水，黄河下游的来水来沙进入低谷期，黄河口海岸线向外延伸的速度明显减慢。2003年至2006年，随着小浪底调水调沙能力的增强，水沙量恢复正常，黄河造陆的效果也恢复到了正常水平。所以，黄河与渤海的争锋还会持续很长时间，这也说明了地质演化过程的漫长。"

"原来如此，时间的长短也是相对的。爸爸，黄河带来的松散泥沙淤积出来的土地，能支撑人们在上面耕作生活吗？"琪琪问道。

爸爸拍了拍琪琪的肩膀："孩子，别忘了，还有成千上万种生物和我们共同生活在这片土地上，大家同呼吸、共命运。的确，黄河泥沙淤积出的土地不经人工处理，在短期内不能满足人类活动的需求，但这些新土地实际上

第一章 历史变迁

▲ 黄河三角洲国家地质公园

是黄河三角洲湿地的一部分。这片湿地是很多动物的家园，全球8条候鸟迁徙通道中有两条会经过这里。湿地面积扩大，意味着它能承载更多的生物，生物多样性也会更加丰富。比起短期的开发利益，这是一笔宝贵的财富。"

"原来是这样，人与生物共享生存空间，和谐相处，才是全人类发展的方向。"琪琪若有所思地说。

"说得没错。"爸爸看着电视上的国际新闻，"人与人、人与生物、人与自然的和谐相处，直到我们真正融入自然，发挥作为自然一分子的作用，才能让地球回归祥和自然。河与海的争锋最终是大自然自我调节的过程，希望我们人类也能早日认识到这一点，减少与自然不必要的冲突，这样才能更好地保护我们的地球未来。"

▼香港国际机场

小小地理家的话

　　填海造陆，就是把原本不是坚实陆地的地方，比如湖泊、海洋或者河边，通过人工的方法变成陆地。对于那些山多平地少的沿海城市来说，填海造陆可以直接为城市创造更多的土地，让城市有更多发展空间。很多沿海的大城市都用过这种方法来制造平地。举个例子，著名的香港国际机场就是通过填海造陆修建起来的。而黄河的填海造陆效应则是自然形成的，没有人工直接参与。黄河带来的泥沙在河口沉积，逐渐形成了新的陆地。这种自然过程就像大自然自己在"填海造陆"一样，慢慢地增加了陆地的面积。

第一章　历史变迁

第二章　河流水系

金堤河像一位季节性的魔术师，夏天汹涌，冬天静悄悄⋯⋯

金堤河的四季变化

初夏雨后的清晨，处处都是湿漉漉的，爸爸站在小花园边的屋檐下，欣赏着即将绽放的一缸荷花。"万事万物皆有其时。"爸爸低下头，向琪琪说着这句看似云里雾里的话。

"皆有其时？爸爸的意思是说，万事万物都会遵照规律运行，是这个意思吗？"琪琪好像读出了爸爸话里的意思。

"不错，看来你的小脑瓜越来越机灵了。"爸爸夸奖道，"可是这'时'，既有相对较长的'天时'，也有较短的'一时'，只有二者都能把握住，才可称之为'得其时'。"

这下琪琪就有点摸不着头脑了："爸爸，'天时'和'一时'又是什么呢，什么情况下才能称之为'得其时'呢？"

此时云层已渐渐消散，虽然还未完全放晴，但是天色开始逐渐变得明亮，爸爸带着琪琪来到花园中，近距离观赏荷花，此时的荷花尚未完全绽放，只看到荷花苞顶的一抹嫣红。

"我再来给你举个例子吧。在黄河下游，有这样一条支流，名叫金堤河。"爸爸不紧不慢地开始讲解。

"金堤河？黄河的支流中，似乎没怎么听说过这条河啊？"琪琪苦思冥想，还是没能在记忆里发现有过这条河流的蛛丝马迹。

"的确，想不出也属于正常，金堤河在黄河的众多支流中只是普通的一支而已，它发源于河南省新乡市，现在是河南与山东两省的界河。金堤河的河道雏形是黄河决口泛滥后留下的，后几经自然和人工作用，形成了今天的金堤河河道。之所以我要以它为例，是因为它是一条季节性河流。"

"哦，季节性河流。我好像学过，在新疆，我国的第一大内流河——塔里木河就是一条季节性河流。但季节性是如何体现的呢？"

"所谓季节性，是指某个事物在一年内受季节变化影响特别明显，反映在河流上便体现在河流的水量上，比如你所说的塔里木河。塔里木河作为一条以高山冰雪融水为主要补给水源的河流，在每年的夏季，气温高，融水多，就会发生融雪洪水，6~9月的河流径流量占全年的70%~80%，而到了每年的春季，由于高山冰雪得不到降水补充，加上春季气温还不足以让高山冰雪融化，因此春季的来水量还占不到全年水量的10%。金堤河也有类似的季节性。"

"爸爸，金堤河位于黄河下游，哪里来的冰雪融水呢？"琪琪发问了。

"河流除了冰雪融水补给，还有降水补给的形式。降水量跟什么有关？是气候。金堤河所处的黄河下游在我国的温带季风气候区。你想想，温带季风气候有什么特征？"

"我知道，夏季高温多雨，冬季寒冷干燥，季风性显著！"

"这样一来就很好理解了。在季风的吹拂下，大量的降水集中在夏季，到了冬季则几乎没有什么补给，作为完全依赖降水补给的一条河流，金堤

▼ 金堤河

▼ 塔里木河

▼ 金堤河畔白鹭

河的流量也随降水量一起涨落。由于它的河道还保有以前黄河故道河床多淤积物的特征，因此，夏季金堤河洪涝严重，而到了冬季则出现水量稀少甚至断流的情况，季节性十分明显。这是不是就是事物中得'一时'而不得'天时'的表现呢？"

琪琪听罢陷入了沉思，盯着缸中尚未绽放的荷花花苞出神。

见状，爸爸微微点头后继续说："不过，'天时'也并非听天由命。"

"哦？"还未完全脱离思绪的琪琪有点不明白了。

"'天时'终究只是长期的环境条件而已，既然无法动'天时'，那就去主动适应'天时'。还是拿金堤河来说吧，长期放任会给当地老百姓造

成许多困扰。在20世纪末，国家主动出手治理，针对金堤河的季节性特性，加固和加高了原有堤坝，对险要处则用石坝替换了原本的土坝，还进行了大规模的河道清淤疏浚工作，结合金堤河季节性的特点，它被定位为洪涝期的排洪滞洪河道，干旱期的蓄水河道，为黄河流域下游用水安全保驾护航。有数据表明，自河道治理以来，金堤河全年水量分布不均的特性有了明显的变化，洪涝期能够安然度汛，干旱期则能保有一定的水量以供灌溉使用，这样一来，是不是金堤河通过人工手段适应了'天时'，发挥自己的作用了？"讲完后，爸爸摸了摸琪琪的头。

"原来是这样……"琪琪一下多了许多感悟，再看缸中的荷花，在阳光的照耀下终于绽放，在绿叶的衬托下显得更加熠熠生辉。

"时代不同了，马上就要到你们的'天时'了。"爸爸拍了拍儿子尚显稚嫩的肩膀，感慨地长叹一声，转身走了。

看着爸爸的身影，咀嚼着爸爸话中的含义，琪琪暗下决心，一定要得到属于自己的"天时"。

小小地理家的话

中国的气候复杂多样，有温带季风气候、温带大陆性气候、亚热带季风气候、热带季风气候、高原山地气候五种气候类型，从南到北依次处于热带、亚热带、暖温带、中温带、寒温带五个气候带。

▲ 塔里木河

大汶河，这条向西倒流的神奇河流，藏着许多自然和历史的秘密

逆流的大汶河

放学路上，琪琪一边走，一边想着老师在课堂上提到的"神奇"河流，百思不得其解，上楼的时候，还差点撞到邻居家的小王姐姐。

回到家，琪琪放下书包，一溜烟跑到了爸爸身旁："爸爸，我一直以为中国的河流都是向东流的，但老师说凡事都有例外，山东省内有条河，它是向西倒流的！"

爸爸听了，莞尔一笑："你们老师说的是不是大汶河。"

琪琪透过爸爸的老花镜，可以看到爸爸弯起了双眼："没错，就是大汶河！爸爸，为啥大汶河会倒着流呀？"

爸爸放下手机，不紧不慢地说道："我们国家绝大多数河流都是自西向东流，是因为我国西部地势高，东部地势低，水从高处往低处流，所以就大河向东流了，要找到一条自东向西流的河流实在不容易。大汶河流经的地方，东边地势高，西边地势低，所以它就自东向西流了。大汶河是我国最大的一条倒流河。"

"原来是这样！"琪琪恍然大悟。

"爸爸，那您给我讲讲这条河流的故事吧。"琪琪用双手托着脑袋，眼神专注地看着爸爸。

"没问题。"爸爸拿起桌上的茶杯，抿了一口茶，悠然地讲道，"登上巍峨挺拔的泰山，向南望去，大汶河就像一条银色的带子，在风中微微抖动，亮闪闪的。"琪琪想象着这样的画面，瞬时觉得美丽极了。

爸爸继续说道："大汶河滔滔奔流的河水灌溉了大片肥沃的良田，由此诞生了举世闻名的'大汶口文化'。每年进入汛期，拦水坝上浊浪排空，坝下银带飞泻，大汶河滔滔西流。

"美丽的大汶河，可以分为上中下游三段，从山东省泰安市岱岳区大汶口镇以上是上游，上游河段又称牟汶河，流域形如扇，是大汶河的主要集水区。大汶河源头众多,分别来自五条河流,故有'五汶'之称。"爸爸拿起刚刚放在茶几旁的手机,找到一张高清的黄河下游地图,将手指在屏幕上滑动着,为琪琪勾勒出大汶河的走向和形状,"岱岳区大汶口镇至东平县南城子村戴村坝为大汶河中游,流域略成方形,是'大汶口文化'的发祥地。"

爸爸说着,找出几张大汶河的春日风光图,描绘着大汶河的景象:"春日里阳光正好,远眺辽阔的大汶河,流沙泛着金光,芦苇在风中飘摇,美不胜收!"琪琪盯着图片,眼睛发亮,连连发出"哇哦"的赞叹声。

爸爸放下手机,给琪琪讲起了大汶河的水系、水文特征,还不时用手比画着宽度,仿佛爸爸掌心间流淌着滔滔汶水。

"大汶河的干流及大部分支流水流湍急,大汶河上游河道较窄,水流流经时,非常迅猛。而颜庄以下至嬴汶河口,河道展宽两至三倍,水流开始慢下来,河床积聚了丰富的河沙资源,沙粒呈圆形,颜色纯正,质地坚硬。大浪淘沙,历经数千载,河沙成了流域中的宝贵资源。

"除了河沙这一资源,汶水河畔还有许多珍稀禽类。"爸爸知道琪琪最喜欢翱翔于万里长空的鸟儿了,"从远处望去,大汶河沿岸芦苇丰茂,白鹭和豆雁等鸟类在翱翔、盘旋,成为水岸天空中赏心悦目的一道风景线。"

"实在是太美了!"爸爸的描述极具画面感,令琪琪不禁发出感叹。

▶ 大汶口遗址

▲ 大汶河风光

第二章 河流水系

▼黄河风景

天然文岩渠像一位默默无闻的英雄，帮助黄河抵御洪水……

天然文岩渠排洪记

倾盆大雨下个不停，爸爸和琪琪只能闲坐家中，打开电视，新闻里正播放着近日的洪涝，由于全国大范围有强降水，许多条河流出现了洪水，甚至超过了警戒水位线。在重庆，水位已经超出警戒水位线10多米，洪水漫上了江边的道路和酒店大堂，看着就让人揪心。

"爸爸，这么高的洪水，看起来好可怕，我们只能眼睁睁看着洪水泛滥，不能做些什么吗？"琪琪止不住地担心起来。

"唉，近几年来，由于全球温室效应加剧，极端天气越来越多了，洪涝和干旱已是当代人不得不重新审视的大问题。从现在来看，我们确实没有什么办法彻底解除洪涝的威胁，不过防护手段还是有一些的。"

"防护手段？您能仔细讲讲吗？"

"洪水的防护手段，一种很直接，让沿岸的水利设施和建筑足够结实、高大，加固加高沿线的堤坝，能顶住洪水的压力。而另一种则是让洪水的水量尽量以一种平和的方式通过危险河段，可以利用大型水利枢纽的联合蓄水能力，将洪峰蓄在一个相对安全的水域内，降低洪水对危险河段短时间内的压力，再将洪水缓缓释放，就能将急流转化为静水。不论是加固堤坝还是蓄水，都只是在设施可承受范围内的权宜之策，当前面两种方法不足以完全抵御洪水的压力时，就需要第三种方法出手了，这就是利用其他河流。"

"利用其他河流？如何实现呢？原本的河流已经发出警告，再让别的河流参与进来，岂不是添乱？"

"在黄河下游有一条一级支流，叫作天然文岩渠，它发源于河南省焦作市武陟县，分为两支，北支叫作文岩渠，南支叫作天然渠，两条支流都流经原阳县、延津县、封丘县，在长垣县汇为一支，合成天然文岩渠，再向东北方向流至濮阳市汇入黄河。这条河流本身流量不大，河流坡降也比较缓，但是下游的河面比较宽阔，平均宽度达20米，这样的条件用于农业灌溉或是航运显得捉襟见肘，不过却让这条河流成了蓄水宝地，人们利用它的这一特点，在它与黄河的交汇处修建了分洪闸，平日里分洪闸保持通畅，以保证天然文岩渠的正常流通，当黄河突发强洪水，堤坝和水库不能完全抵御洪水压力时，分洪闸就会打开，让黄河的洪水进入天然文岩渠，由于天然文岩渠本身有低流量、宽河道、缓坡降的特性，所以黄河洪水可以轻易逆流而上，汇入天然文岩渠，洪水会有极大程度的削弱。目前天然文岩渠被设计为可协助黄河抵御十年一遇级别的洪水，在大雨时期也可成为主要的排涝通道，是现在豫北四县的主要防洪排涝通道。"

"啊，原来一些不足以灌溉或者航运的河流还有这种作用。但是爸爸，天然文岩渠只能协助黄河抵御十年一遇级别的洪水，万一出现了更凶猛的洪水，要怎么办呢？"琪琪还是不放心。

"这种时候，就需要一些人做出一定的牺牲了。"爸爸的神情突然变得凝重，"当洪水过于凶猛，连排洪河道都不足以完全承受时，就需要蓄滞洪区来承接洪水的冲击了。"

"蓄滞洪区？难道是要将洪水引到陆地上？"

"不完全是，蓄滞洪区大多是河堤外临时贮存洪水的湖泊或者洼地，这些地方很多从前就是河流流经的一部分，在强洪水来临之际，将这些地区的人们提前疏散后，打开预设在河流上的闸坝，引导洪水进入蓄滞洪区，人为增加可蓄水的面积，来减轻洪水对其他地方的冲击，从而保护城市等重要地区的安全。"

看着琪琪充满敬意的神情，爸爸说道："在2020年的洪涝期，淮河洪水形势严峻，安徽省阜南县蒙洼蓄洪区的王家坝闸开闸泄洪，当地老百姓自接到撤离通知到完成撤离仅用了7个小时，开闸后，整个蒙洼蓄洪区变成汪洋，但却成功保证了淮河干流沿线的安全，在河水沉寂了12天后，退水闸开闸泄洪，当地百姓很快回到了自己的土地上开展抢种补种。这些可敬的百姓，是我们这个和平年代的平民英雄。"

"原来我们能安然坐在这里，背后是有人做出了这么大的牺牲啊。"琪琪紧握双拳，"等大雨过去，我想去那些排涝河流和蓄滞洪区走一走，去好好感谢一下我们的恩人们。"

"好，我陪你去！只要大家都有这份心，并为之奋斗，将来我们一定能够更科学地防治洪涝灾害，让所有人面对洪水都能泰然处之。"爸爸说道。

▼ 黄河湿地秋色

东平湖，昔日梁山泊的遗存，如今变成了守护黄河的英雄::

东平湖里的水浒遗风

"大河向东流啊，天上的星星参北斗啊……"这几天琪琪时不时就会哼几句《好汉歌》。跟着爸爸一起看《水浒传》，琪琪深深迷上了梁山泊好汉聚义的故事。下了课，便给身边的同学们讲智取生辰纲、武松醉打蒋门神的故事，在他的影响下，班上掀起了一股"水浒热"。

回到家中，琪琪又拿起了《水浒传》，细细品读书中的故事，不禁自言自语道："我也想体验一把好汉在梁山泊中聚义的滋味。"

这话被刚散步归来的爸爸听得一清二楚，他微微一笑，对琪琪说："好啊，改日我们就去梁山泊体验一下。"

琪琪的神情有些惊喜，但紧接着又黯淡了下去："爸爸，您别逗我了，《水浒传》里的梁山泊虽然不是杜撰，但是也早就不见了，上哪里去体验呢？"

"梁山泊是黄河决口时的河水汇入古巨野泽而形成的一片大湖，但是宋代后黄河改道，梁山泊失去了水源，便干涸退化了，不过，今天我们还能看到梁山泊昔日的影子。"

"影子？难道梁山泊还在？"琪琪再一次兴奋起来。

"不错，在昔日梁山泊的位置，也就是今天的山东东平县境内，有一座大湖，叫作东平湖，它是《水浒传》中所描写的八百里梁山泊的唯一遗存水域。虽说是遗存水域，但是东平湖常年水面可以达到124.5平方千米，蓄水总量可以达到3亿立方米，是山东省第二大淡水湖。大汶河是它的主要水源。今天到东平湖，还能够从浩大的水面感受到当年八百里梁山泊的风采。"爸爸指向墙上的地图，"你看，东平湖是黄河下游仅有的一个天然湖泊，沿着黄河的河道看过去，你就能找到它。"

循着黄河河道看去，琪琪果真找到了一片蓝色的水域，但是跟南边的南四湖相比，这片水域就显得有点小，与想象中的"八百里水泊"相去甚远,琪琪自然是有些失望。

爸爸读透了琪琪的心思,说道:"别看今天的东平湖在地图上似乎并不是很大,但是它的作用依然配得上它作为梁山泊遗存水域的名号。北宋末到金代,随着黄河水量的变化,梁山泊的面积也变化无常,黄河泥沙也时断时续地堆积在湖泊内。到了元末,梁山泊就已经不存在了,只残留下几个小湖泊,其中位于现在东平湖区位置的是安山湖。安山湖在今天的新湖区安民山下,明中叶后,安山湖变小了,湖区大部分开垦为农田,安山湖只剩下形状。清咸丰五年(1855年)黄河决口改道后,河道不断淤高,致使大汶河、宋金河及大运河等河的河水不能顺利向下游输运,河水停蓄在洼地之中,形成了新的积水区,也就形成了现在常年蓄水的东平湖老湖区。由于大部分属东平县所辖,所以便有东平湖之称,但当地居民一般称大运河以南的老安山湖为南湖,以北新形成的湖区为北湖。新中国成立前,黄河洪水经常漫过河滩进入湖区,因此常年不干涸。1938年,国民党在郑州花园口扒开黄河南堤,河水向南注入淮河,东平湖因此失去黄河水源而干涸。直至1947年花园口复堵,黄河回归故道入海,东平湖才重新恢复蓄水。"

爸爸手指黄河河道,继续说:"作为黄河下游唯一的天然湖泊,东平湖发挥着巨大的作用,在京杭大运河北段还可通航时,东平湖的前身安山湖就是运河的主要水源,运河淤积停运之后,东平湖成了山东省的大型水库,发挥着灌溉、养殖、供水的作用,经过多年的治理改造,东平湖多了几处大型水闸,提升了东平湖的蓄水能力,使它成了黄河下游最大规模的蓄洪水库。当黄河下游出现强洪水时,各湖闸打开,强大的洪峰进入东平湖后,也只能乖乖冷静下来,东平湖的实际蓄洪能力可达20亿立方米,可以抵御郑州花园口出现洪峰流量22000立方米/秒的特大洪水。如果说其他的蓄洪河道只能控制住较小洪水,那东平湖就能控制住较大洪水,当其他河道难以阻止强洪水的冲击时,东平湖就会全力出击,擒住洪水这条恶龙,控制黄河安澜入海。"

"哇哦,东平湖继承了梁山泊好汉们的意志,太酷了!爸爸,事不宜迟,这周末我们就去东平湖见识一番吧!"

爸爸笑呵呵地捋了捋胡子:"好!我们也去当一回'好汉',哈哈哈……"

自然地理画卷（下游）

60

▼东平湖风景区

第二章 河流水系

自然地理画卷（下游） 62

▲ 黄河两岸壮美如画

第二章 河流水系

黄河奔流入渤海，完成了一段旅程，却也是新循环的开始

渤海新陆水循环

"百川东到海，何时复西归？"吟诵着《长歌行》中的名句，感悟着古人蕴藏在诗句里的智慧，琪琪对于时光的感悟油然而生。

"珍惜青春年华，不要让时光白白流逝掉啊。"坐在书桌的另一旁，正在作画的爸爸感慨地说道。

"爸爸，河水一路东流入海，真的不会再回来了吗？"

"嗯，你问得好。"爸爸沉思道，"我先考考你，长江、黄河、珠江、海河分别都流入哪里？"

"长江入东海，黄河和海河入渤海。珠江入南海。这当然难不倒我了。"

"嗯，不错，还有一个问题，就拿黄河来说吧，河水和河沙一同注入渤海，河水我们暂且不提，河沙去哪里了呢？"

看着琪琪困惑的表情，爸爸饶有深意地说道："我先来给你讲讲渤海吧。渤海是我国四片邻近海域中最北的近海，是我国的内海，被辽宁省、河北省、天津市、山东省环抱其中，由辽东湾、渤海湾、莱州湾和中央海盆组成。渤海相对于大洋来说较浅，平均水深约18米，最深处也只有86米，与大洋动辄成百上千米的水深相比确实很浅。从地质学角度上来说，渤海的海盆属于华北平原的一部分，在渤海的海面下仍有古海岸线和古河道的残迹，证明渤海其实是相对较年轻的一片海域，由于地处北方，在1月0℃等温线以北，所以渤海会在每年11月底至12月初开始进入时长3个月的冰期。辽河、滦河、海河、黄河为首的四大水系注入渤海，前三条含沙量较小，这黄河对于渤海来说，却有着别样的意义。"

爸爸弯腰拿起暖瓶，向茶杯里加了些热水，茶叶顿时随着水流开始飞舞，随后又渐渐沉淀下来，覆盖住整个茶杯底。爸爸接着说："黄河河水裹挟着泥沙，到达东营黄河口，在这里与宁静的渤海海水汇合，由于它们两者密度、运动状态、温度均有所不同，海水与河水在这里发生了混合与交换，互相倾轧之下，较重的河沙停下了旅程，在黄河口沉淀下来，形成新的土地，因此，每年渤海的面积都会因为黄河的填海而减少一点，含沙量增多一点。"

"这样下去，会不会有一天，渤海也会变成另一个黄海呢？"琪琪插话道。

"目前来看，确实有可能。不过有一点我需要纠正，黄海变黄的一部分原因，确实是因为黄河曾经向黄海输送了非常多的河沙，但是黄海之所以变黄的背后还有许多复杂的原因，是黄河、长江、洋流共同作用的结果，那就是另一个故事了。"

"总之，黄河进入渤海，完成了东流的使命，用泥沙筑成新的土地，证明河水在这里流过，但是进入海洋的河水加入海水的队伍，等待下一个使命。"

"下一个使命？"

"是的，当太阳照耀在海面上，海水受热蒸发，升入高空，摇身一变，变成自在的云；在气流的作用下，积雨云加入复杂的全球大气环流体系，再次来到大陆上空，变成降水；总有河水在经过变成海水，又变成雨水这样一个漫长的转变后，又回到它旅程开始的那条河流，完成这个星球上令人啧啧称奇的水循环体系，也许渤海之滨的一滴海水原本来自黄河，又在机缘巧合下回到了卡日曲，回到了龙羊峡，回到了壶口瀑布，回到了东平湖，又重新变成黄河的一部分。所以说'百川东到海'，终有一时会'复西归'，不过，这有可能是一个非常漫长的过程。"

"原来如此，黄河入海并不是结束，而是黄河新的开始吗？"

"是这个道理，我们的生活也是这个道理，百川东到海，我们的人生时光不能重来，但是，我们要学会从某一段时光里跳出来，无论这段时光是好是坏，收拾心情，准备好开始下一段旅程，回到最开始的起点，再次出发。"爸爸说完，低头继续作画，而琪琪则细细品味着爸爸话中的道理，继续品味诗词中的哲理。

▼ 山东黄河三角洲位于黄河入海口处的15.3万公顷的国家级自然保护区,对环渤海和黄河下游生态环境起到了积极的保护作用

第三章 地形地貌

自然地理画卷（下游）

在华北平原这片肥沃的土地上，不仅有金黄的麦田，还有丰富的矿产资源……

华北平原上的金色画卷

"琪琪，你还记得爸爸之前给你讲的东北平原吗？"

"当然记得，东北平原是中国三大平原之一，还是面积最大的平原。"

爸爸特别满意琪琪的回答，笑着点了点头，说道："今天，爸爸给你讲讲我国的第二大平原华北平原。"琪琪两眼发光，说道："爸爸，我洗耳恭听。"

"华北平原也叫黄淮海平原，北边是燕山，南边是淮河，西边是太行山，东边是渤海和黄海，跨越7个省市，地势低平，海拔大都在50米以下。"爸爸话音刚落，琪琪就开始提问了："爸爸，华北平原是怎样形成的？"

"华北平原的形成和地质运动密不可分。很久以前，北方地区由于地壳运动，形成了高耸的太行山，太行山持续抬升，导致东部地区持续下沉。慢慢地，东部地区形成了一大片扇形冲积平原，由于平原地势低，黄河等水系携带的大量泥沙每年都沉积在东部低洼地区，冲积扇面积不断扩大，最终形成了如今的华北平原，目前华北平原的面积还在扩大。"

▶ 华北平原秋季田园风光

"爸爸，那华北平原的土壤怎么样？适合种植什么农作物？"琪琪最关心粮食了。

"华北平原是我国重要的粮食生产基地之一，土壤肥沃，土层深厚，主要粮食作物有小麦、水稻、高粱和玉米等，还种植花生、棉花等经济作物，华北平原还盛产各类水果，比如苹果、梨、枣、柿子等。"

"那这些农作物一年可以收获几次呢？"

"农作物丰收和气候联系紧密，华北平原属于暖温带季风气候，这种气候的特点就是四季分明，夏季高温多雨，常有洪涝，冬季严寒干旱，在

第三章 地形地貌

▼ 河北坝上草原

▲ 胜利油田

这种气候下，农作物大多为一年两熟，有些地区是两年三熟。"

"那除了农作物，华北平原还盛产什么呢？"

"还盛产矿产，诸如煤、铁矿、石油等，可以说是十分丰富。中国著名的大港油田和胜利油田都在华北平原。"琪琪之前听说过这两个油田，心里想：原来它们都在华北平原。爸爸没有停顿，继续说道："华北平原东部沿岸地区有我国重要的盐碱工业基地，东部沿海地区的地面最为平坦，非常适合晒海盐，有长芦盐区和苏北盐区。"

"爸爸，如果我想去华北平原看看，可以去哪座城市呢？"

"琪琪，你可以去邯郸市，它位于河北省，在华北平原的中南部，邯郸盛产瓜果，是华北平原的典型代表。每年五月份，这里的麦田一片金黄，用无人机航拍，或从高空俯拍，那景色绝对是赏心悦目！"

第三级阶梯上的平原与丘陵，就像是大自然精心布置的舞台，上演了着精彩的故事

百川东流汇阶梯

周末清晨，琪琪抱着平板电脑走出房间，看见爸爸正在打太极，便坐在沙发上，搜索起自己感兴趣的地理知识。

> **知识点**
>
> 三大丘陵是辽东丘陵、山东丘陵、东南丘陵。

爸爸晨练完毕后，琪琪开口说道："爸爸，我刚刚搜了一下三大平原，发现一个有趣的现象，它们都在我国东部，三大丘陵也是在东部，为什么它们都集中在东部地区呢？"

"这和我国的地势密切相关。"琪琪"咻"地举起小手问道："什么是地势？"爸爸答道："你可以将地势理解为地面的高低起伏状况。中国的总体地势特征是西高东低，所以地理学家形象地把我国地势特征描述成是呈三级阶梯状分布。你刚才提到的三大平原、三大丘陵是我国第三级阶梯的主要地形。"

"爸爸，那您今天给我讲讲第三级阶梯吧，这次我要把中国东部的地形都装进我的'知识库'里。"

爸爸走过来，坐在琪琪旁边，问道："琪琪的'知识库'在哪里？"

"脑袋里！"

爸爸满意地摸了摸琪琪的小脑袋："爸爸今天就给你讲讲构成我国第三级阶梯的三大平原和三大丘陵。首先是东北平原，地处中国的东北部，是我国面积最大的平原。东北平原由松嫩平原、三江平原、辽河平原组成，都是属于冲积平原。华北平原前面讲过，琪琪还记得不？"

"嗯嗯，华北平原是我国第二大平原，是由黄河、淮河、海河等水系的大量泥沙冲积而成，是典型的冲积平原。"爸爸竖起了大拇指，琪琪一脸得意。

"长江中下游平原位于长江三峡以东的中下游地区，西边是巫山，东

▲ 京杭大运河

边是黄海，北边也是一些山脉，南边是江南丘陵、钱塘江。长江中下游平原地势低，河渠、湖泊众多，主要由江汉平原、洞庭湖平原、长江三角洲平原等六大平原组成。"

"辽东丘陵在辽宁省的东南部，东边与西边分别临近黄海和渤海，呈东北—西南走向，北部宽，南部窄。辽东丘陵的土壤条件、气候环境等非常适合种植苹果，其苹果的风味和质量都很棒，有'苹果之乡'的称号。琪琪如果去辽宁，可以尝尝好吃的苹果。"琪琪开心地点头，因为他最喜欢吃苹果了。

"山东丘陵位于黄河以南、京杭运河以东，是广义上的山东半岛，是由古老的结晶岩组成的断块低山丘陵。山东丘陵的一些山峰，虽然海拔高度不大，但是气势磅礴，主峰是泰山玉皇顶，气势巍峨挺拔，所以自古就有'登泰山而小天下'之称。

▼山东丘陵的麦田

▲ 泰山玉皇顶

"东南丘陵,位于我国东南部,北至长江,南至两广,东至东海,西至云贵高原。东南丘陵是中国三大丘陵之首,因为它的面积最大,丘陵地形分布最广且最密集。

"第三级阶梯的面积约占中国总面积的四分之一,大部分海拔不超过500米。从第三级阶梯继续往东,自然延伸到海洋中,所以有百川东流这一说法。"

"今天真是太赞了,见识了祖国第三级阶梯的地形。明天上学的时候,我要讲给我的同桌听。谢谢爸爸!""哈哈哈,不客气,琪琪喜欢听就好。"琪琪向爸爸道谢后,回到房间,心里想着上午把作业写完,下午就可以和小伙伴出去玩了。

豫东平原不仅历史悠久，还是个金色的粮仓……

豫东平原金麦浪

"爸爸，这个字怎么读？"爸爸听到后，凑过来看了一眼，"读yù，是四声。"

"这平原为啥叫豫东呀？"琪琪挠了挠脑袋，向爸爸提问道。

> **知识点**
>
> 盐碱地，是指土壤里的盐分远超正常土壤的土地。

"因为'豫'是河南省的简称，豫东指河南省东部地区，豫东平原是河南省最大的平原。前面给你讲过华北平原，这豫东平原还是华北平原的重要组成部分呢。"

"原来如此！那这豫东平原有什么特别厉害之处吗？"

"肯定是有的。豫东平原历史文化厚重，最早有文明记载的夏和商均发源于此，并且都城就在现在的河南省。你在语文和历史等课本上了解的老子、庄子、墨子等古代圣贤名人都诞生在豫东地区。"琪琪脑海中立刻浮现出"人杰地灵"四个大字。

"豫东平原地势平坦，除西部山麓地带较高以外，其他地区平均海拔都不超过100米。豫东平原在远古时期就是沉降地区，西部和南部地区相对较高，很早之前就已形成了基本轮廓。"

琪琪快速眨了眨眼，轻轻推了推爸爸的胳膊，说道："爸爸，您继续讲。"

"豫东平原分为两部分，一部分是黄河冲积平原，另一部分是淮河冲积湖积平原。"琪琪边听爸爸讲，边起身给爸爸倒了一杯茶。

"黄河冲积平原的形成与发育，与黄河历史上的多次变迁及决堤等有密切关系。黄河两岸多为盐碱地，不适宜种植水稻，新中国成立后，经过引流灌溉，改善土壤，大部分地区的水稻种植情况得到极大的改善。"爸爸放下茶杯，琪琪也给自己倒了杯白开水，"咕噜咕噜"一饮而尽。

"淮河冲积湖积平原属于低缓平原，是由水流泛滥冲积和淤泥沉积共

第三章 地形地貌

▼ 豫东大地麦穗飘香、机器轰鸣，一派丰收在望的喜人景象

同作用而形成的。平原地势低平，一般海拔不超过50米，走向为向东南倾斜。在平原上广泛分布着大小不一的洼地，有浅平洼地和湖洼地。别小看这些洼地，它们的土层深厚，土质肥沃，使得淮河冲积湖积平原成为河南省重要的粮棉油产区之一。"

爸爸拍了拍琪琪的手背，说道："琪琪，你可以在手机上搜豫东平原的航拍图，特别是小麦丰收的场景，金色的田野上，黄灿灿的麦子被农民们一车车地拉回家，像一列列满载'黄金'的车队，从高空中望去，那景象着实喜人！"

小小地理家的话

　　豫东平原地处华北平原南部，资源丰富。粮食产量占河南省的30%左右，煤炭资源储量居河南第一位，森林覆盖率居全省前列。豫东地区亦是河南的能源原材料基地和新兴工业基地，汽车制造、生物医药、能源加工、制冷装备、体育器材、新型材料、金刚石、现代物流、纺织服装等产业集群逐步形成并做大做强，已成为区域发展的重要支柱产业。

▼农民借助黄河水资源，开垦盐碱地，种植农作物

黄河冲积扇就像一把巨大的自然扇子，铺展在华北平原上……

黄河冲积扇

窗外的雨淅淅沥沥地下着，琪琪来到窗边，盯着对面的银杏树，雨点打在银杏叶上，迅速滑落。原本和小伙伴约好去游乐园的琪琪，此时只能在窗边黯然神伤。

不知何时，爸爸悄悄来到琪琪旁边，顺着琪琪的视线，看到了窗外的银杏叶，开口说道："这扇形的银杏叶，让我想到了黄河冲积扇。"琪琪的思绪被爸爸瞬间拉了回来，心想："既然去不成游乐园，那我就听爸爸讲科普知识。"

琪琪转过头来，问道："爸爸，什么是黄河冲积扇？"

爸爸不急不忙地说道："在讲黄河冲积扇之前，我先给你讲讲冲积扇是怎么形成的，你就会明白黄河冲积扇的形成原理了。""好的，爸爸。"琪琪一扫无法去游乐园的遗憾，做好了认真听讲的准备。

"山区地势险峻，水流湍急，当水流流出山口时，由于地势趋于平缓，河道变得开阔，水流被分散，流速降低，搬运能力减弱，河流搬运的物质逐渐在山麓地带沉积下来，形成锥状扇形堆积体，也就是所谓的冲积扇。"

"它长得真的像扇子一样吗？"

"是的,从空中看,如果没有其他挤压或干扰,冲积扇一般呈现完美的扇形,就和窗外银杏叶的样子差不多,如同一把打开的扇子。"

"爸爸,我想起来了,之前您和我讲过华北平原是典型的冲积平原。"

爸爸点点头:"没错,黄河冲积扇的发育过程,也是华北平原的形成过程。黄河携带大量泥沙冲出太行山口,进入平原,河道平展宽阔,流速变慢,泥沙淤积,形成冲积扇。"

"黄河冲积扇的发育经历了三个地质历史时期,分别是中更新世后期、晚更新世时期和全新世时期。这些时期都是后人取的名字,为了方便人们理解,我把它们用第一、第二、第三时期来替代。"琪琪很开心,终于不再被这些历史时期的名字所困扰了,"第一时期,黄河逾越三门湖进入华北湖,开始了黄河冲积扇的发育进程,这个时期由于地壳抬升,冲积扇在郑州以西形成了阶梯状地貌。第二时期是黄河冲积扇形成的巅峰时期,这时候进入了地质作用的加积阶段,扇区上部广泛沉积了厚度较大的砂层,郑州以东的地区就是被这个时期的地层所覆盖。"

"为什么扇区上部会沉积厚度较大的砂层呢?"琪琪歪着脑袋好奇地问道。"因为黄河冲出山口后,流速逐渐降低,首先带不动的肯定是颗粒大的、厚的砂石,所以这些砂石先沉积且沉积较多,颗粒小的后沉积且沉积较少。"

爸爸继续讲道:"第三时期,黄河冲积扇继续发育,此时受到自然因素与人为因素的双重影响,黄河历经多次大规模迁徙改道,淤积了大量泥沙,扇面逐步抬高,形成'地上悬河'等奇特的地貌景观。"琪琪之前在爸爸的点拨下,已经对"地上悬河"有所了解,他一边回想,一边点了点头。

▼冲积扇地貌

岱崮地貌，像戴着平顶帽子的山头，藏着大自然的秘密…

岱崮地貌

晚饭后，琪琪和爸爸来到小区旁边的公园爬山，沿着一级级台阶往上走，半小时后，他们来到一个亭子前，绕过亭子，可以隐隐约约看到远处的山脉。

看着一座座顶部尖尖的山脉，琪琪突发奇想："爸爸，您说有没有山的顶部，从远处看上去是平的呢？""有啊。"爸爸回答道。

"还真有呀！"没等爸爸继续往下说，琪琪就为自己的不寻常想法竟然能成真感到不可思议。

"你说的这种山，在地理上叫作岱崮地貌。""什么地貌？待固？"琪琪有些迟疑，爸爸掏出手机，打出了"岱崮地貌"四个字给琪琪看，"喔喔，岱崮地貌，原来是这样写的。爸爸，您继续说。"

"岱崮地貌是山东省沂蒙地区独有的一种奇异的地貌景观，'崮'在字典里的解释是'四周陡峭、顶端较平坦的山'。从远处望，就像是戴着平顶帽子的山头。"听到这，琪琪心里想着，同桌肯定不知道这个地貌，明天去考考他，让他也大吃一惊。

"山东省约有180多座崮，而且大部分集中在沂蒙山区，山东省其他地区诸如济南、泰安等地也分布着少量崮。沂蒙山区的崮又以蒙阴县居多，蒙阴县的岱崮镇最为典型，约占蒙阴县所有崮的七分之三，这些崮的形态多样，分布较为集中。"琪琪问道："爸爸，岱崮地貌的名字是因为岱崮镇吗？"

"是的，琪琪真聪明。岱崮地貌原本叫方山地貌，由于岱崮镇拥有全中国最多也最为集中的崮形地貌景观，所以被更名为岱崮地貌。这些山峰顶部平坦，宛如平原，峰巅四周都是峭壁，峭壁下面是慢慢变得平缓的山坡地貌景观，这种地貌形态被叫作方形山或桌形山。"

"沂蒙山区的崮形方山群具有鲜明的地域性和不可替代性，如果把这些崮形山比作人的话,那么它们正处于地貌发育的中年期。"

"中年期是指它们以后会消失吗?"

"是的,岱崮是不可再生资源,经长年累月的地质演化使得它们形成了一种尤为特殊的地质构造。在沂蒙山现有的自然条件下,岱崮演化的趋势是逐渐衰退,直至最终消失。目前,一些崮顶已进入老年状态,有些甚至已被侵蚀殆尽。因此,岱崮地貌景观的保护已十分迫切。"琪琪拼命点头,这些被精雕细琢的奇特地貌景观,是大自然最美丽的馈赠。

"春天是岱崮最美丽的时候,每年四月,漫山遍野的桃花与层层叠叠的梯田完美交融,形成了非常壮丽的景色。"

"太有画面感了!来年春天,我一定要去看看!"听完爸爸的描绘,琪琪心驰神往。"亿万年来,'崮'恍若世外桃源,不被世人所知。拨开云雾,当'崮'这种奇崛的形态一个个如花朵般映入人们的眼帘时,除了赞叹和惊奇,可能带给我们更多的还有激动……"感叹之际,爸爸与琪琪已经来到了公园的最高处,瞭望远方,连绵不绝的山峰安静地展现着它们巍峨挺拔的姿态。

▼抱犊崮国家森林公园

▼ 孟良崮旅游区

第三章 地形地貌

第四章 植被、气候

温带季风气候下的黄河下游,夏天雨多冬天干

温带季风气候

放暑假了,琪琪怡然自得地躺在沙发上,用手机刷着新闻资讯。

琪琪手指上下滑动着,突然停留在一条资讯上:黄河奔流入海的壮观景象。其内容大致是:连日来,黄河下游迎来24年来最大流量洪水过境……琪琪边想边说了出来:"黄河下游泥沙堆积,河床抬高,堤坝相对变低,到了夏季,黄河地区经常下雨,黄河水漫过堤坝,极容易导致洪水泛滥。"爸爸听见了,接话道:"不仅是黄河,季风气候区,夏季的共同特征就是高温多雨。""爸爸,我记得您说过黄河下游是温带季风气候,特点是夏季高温多雨,冬季寒冷干燥。"

"是的,琪琪记得真牢固,这是温带季风气候的概括性总结。爸爸今天帮你捋一捋黄河下游的气候成因。"琪琪乖巧地点点头。爸爸接着说道:"气候成因的影响因素一般有纬度位置、海陆位置、气压带、风带、气团、洋流、地形等。

"洋流是指海水沿着一定方向有规律的、有相对稳定速度的水平流动,是从一个海区水平或垂直地向另一个海区大规模的非周期性的运动,是海水的主要运动形式。

"纬度决定热量带,黄河下游所处的纬度是温带。至于海陆位置,琪琪,你还记得黄河下游注入了什么海洋吗?"爸爸问得突然,不过琪琪还是很快回答出来了:"渤海。"爸爸竖了个大拇指:"对,黄河下游临近渤海,吹海风则多雨,吹陆风则干燥。"琪琪接过话茬:"所以下游多雨。"

"黄河下游地区冬季盛行偏北风,风从陆地吹向海洋,降水少；夏季盛行偏南风，风从海洋吹向陆地，降水多。现在该说地形了。琪琪，黄河下游的地形特点是什么？"琪琪略微思索了一番，回答道："平原为主。"爸爸夸奖道："正确，平原多的话，有利于从海洋吹来的海风长驱而入，使得降雨地带变得更广。"

"黄河中下游地区属于温带季风气候，夏季高温多雨，雨热同期，有利于植被生长。琪琪，明天给你讲讲黄河下游的典型植被——落叶阔叶林，当作你今天答对所有问题的奖励。"爸爸满意地眨了眨眼睛。琪琪高兴地直拍手："好的，爸爸！"

▼黄河入海口

知识点

气团指气象要素（主要指温度和湿度）水平分布比较均匀并具有一定垂直稳定度的较大空气团。

第四章 植被、气候

落叶阔叶林里的树木，春夏绿意盎然，秋冬换上金装

落叶阔叶林

虽然是暑假，但琪琪一大早就从床上爬起来，洗漱，吃早饭。琪琪刚把桌上的碗筷放到水池里，晨练回来的爸爸就开门进来了。

琪琪抓紧洗完碗筷，欢快地跑到客厅："爸爸！欢迎回来，您的儿子已经迫不及待要听落叶阔叶林啦。"爸爸被琪琪摆出的"超人保卫地球"的姿势逗笑了，便乐呵呵地和琪琪并排坐在客厅的大沙发上。

"温带落叶阔叶林以落叶乔木为主，一般分布在北纬30°至北纬50°的温带地区。落叶阔叶林所在地区的气候特点是：四季分明，夏季高温雨水多，冬季严寒降雨较少。"琪琪听着觉得很熟悉："这个气候特点不就是温带季风气候？"爸爸点点头："没错，落叶阔叶林就是温带季风气候区的典型植被。"

"落叶阔叶林是温带地区最常见的森林类型，它还有个名字叫夏绿林，原因是落叶阔叶林在夏天的时候郁郁葱葱，到了冬天叶子几乎都掉光了。落叶阔叶林在温带地区分布广泛，其生长条件要求有至少4个月雨量丰沛的暖湿生长季和持续3个月左右的非严寒冬季。"因为答应了琪琪今天要讲落叶阔叶林，爸爸特地查了相关的数据。

"中国落叶阔叶林的分布区，地处中纬度和东亚海洋季风边缘地区，所以主要分布在东北地区和华北各省，包括辽宁南部、山东、陕西的黄土高原南部等。黄河下游沿海地区的落叶阔叶林由于靠近海洋，与相同纬度内陆地区的落叶阔叶林比较，温差较小，夏季较为凉爽，冬季较为温暖。"

"那哪个季节降雨比较多呢？"琪琪问道。

"落叶阔叶林所处地区，夏季降雨极多，冬季一般不下雨，仅为年降雨量的5%左右，华北平原在夏季降雨量甚至可以达到全年的3/4左右。"

"这样的降雨分配好不均匀。"琪琪心想。

"构成温带落叶阔叶林的主要树种是栎（lì）、山毛榉（jǔ）、桦等。这

些树种的叶子都比较宽大,叶子上有少量茸毛,厚薄适中,树干和树枝包有厚厚的树皮。"

"感觉这些树很怕冷。"琪琪做出一副在冷风中瑟瑟发抖的样子。

爸爸被琪琪的动作逗笑了:"哈哈哈,这些结构能让落叶阔叶树度过寒冷的冬季。"琪琪发出长长的一声"喔"后说道:"原来如此,适应环境。"

"因为冬季严寒,整个落叶阔叶林群落的植物都处于休眠状态,入冬之前,这些树木的叶片开始枯萎,然后脱落,这就是我们经常看到的落叶现象。到了来年春天,天气回暖,新的叶子再慢慢长出来。这种类型的生态系统有着简单清晰的结构层次,分别是乔木层、灌木层、草本层和地被层。乔木大部分是冬季会落叶的阳性阔叶树种,灌木在冬季也会落叶,季节变化非常明显。"

"爸爸,我想问个问题,什么是阳性树?"

"问得好。阳性树,顾名思义,就是喜好阳光的树。阔叶树就是典型的阳性树。科学研究表明,若阳性树幼时缺乏阳光,会生长不良或枯死。而与之相对的阴性树,就是喜好较为阴暗环境的树,在阴处发芽,在阴处生长,若遇到强烈的阳光就会枯萎,大多数的针叶树是阴性树。"

"懂了,谢谢爸爸!"琪琪比了个"OK"的手势。

▼ 河南鹤壁淇河国家湿地公园

自然地理画卷（下游）

96

▲ 河南鹤壁淇河国家湿地公园（航拍）

第四章 植被、气候

两年三熟制让华北平原变成了多彩的农田画卷

田野里的轮作乐章

今天,琪琪一家大清早就自驾回到爸爸在山东的老家。近些年,老家建设得越来越好。

汽车驶过沿途的田野,琪琪看到农民们正在播种,问道:"爸爸,他们在种什么呀?"爸爸望向窗外,答道:"种玉米。""咦,是夏天开始播种吗?""是的,华北平原的农作物一般是两年三熟或者一年两熟。"

"什么是两年三熟?"琪琪收回视线,看向爸爸。

"两年三熟,是指在同一块地上种植不同种类的农作物,在两年的时间里种植了三次,也收获了三次。比如,在一块地里依次种植玉米、小麦及蔬菜等,两年收获了三种作物,而不是两年收获三次玉米。"

"为什么不是两年收获三次玉米呢?"琪琪挠了挠脑袋。

"因为每种农作物适宜生长的气温不同,而一年四季的气温不相同,所以在同一块地无法实现两年收获三次相同品种的农作物。"

"懂了,爸爸。"琪琪恍然大悟。

爸爸继续说道:"华北平原属于暖温带,作物一般是一年成熟两次,或者两年成熟三次。一般在10月初就开始种植冬小麦,其他作物在冬季都比较难存活,所以可将冬小麦与其他作物错开节气搭配进行轮作种植。第二年大约在6月份的时候收割冬小麦,然后种植玉米,在10月下旬左右就可以收割玉

米了,待来年春季再种植棉花。在两年三熟的制度下,需要合理搭配轮作的农作物,如果组合不好,就可能使轮作的作物间产生矛盾,不仅无法做到增产,甚至可能会减产。"琪琪点点头。

"那华北平原是不是盛产很多种农作物呀?"琪琪问完爸爸,又转头望向窗外大片的田野。

"是的,华北平原是我国重要的粮棉油生产基地,而且在不同地区会种植不一样的农作物。

"我再给你大致讲讲不同的区域都主要种植些什么吧。首先,辽河下游平原,是由辽河冲积形成的,有很多沼泽地,温度比较低,适合种玉米、高粱等,夏天的时候也能种水稻。

"黄泛平原是由黄河冲积而成的,大部分土地有盐碱化或沙化的情况,

▼ 农民在收获小麦后的田里播种玉米

第四章 植被、气候

▼收割成熟的小麦

温度比较高，适合种植喜爱高温而且抗沙的农作物，主要种植诸如水稻、棉花、花生等作物。

"海河平原由黄河与海河冲积形成，故也被称作黄海平原，南北横跨500多千米，北边是燕山，南边是黄河，西边是太行山，是我国重要的粮棉产地之一，主要种植小麦、玉米和棉花等农作物，小麦和玉米能够实现一年两熟。

"淮北平原，位于淮河以北，黄泛区以南，是由淮河冲积和黄河泛滥共同形成的，最开始的时候这里淤积了大量泥沙，经过治理之后，如今的淮北平原水源充足，再加上温度比较高，所以这里成了我国小麦的主要生产地之一。"

爸爸不停歇地介绍完四个平原，不免有些口干舌燥，便端起水壶喝起来。拧好水壶盖子后，爸爸发现琪琪歪着脑袋，一副熟睡的样子。

▼ 棉花

沙尘暴是大自然的"大厨",用风和沙"烹饪"出了黄土高原

黄土高原风沙舞

回到老家的这两天,琪琪逛遍了村头巷尾,第二天傍晚,好不容易闲下来,又开始翻看柜子里的旧书和旧报纸。

琪琪拿起一张报纸,上面有一则关于沙尘暴的报道:4月4日,沙尘暴侵袭甘肃省会兰州,整个城区瞬时笼罩在漫天黄沙中……

这时,爸爸走进来,看见铺满了整个桌子的报纸,说道:"琪琪,看完了要记得收拾。"琪琪"嘿嘿"笑了一下,说道:"会的,爸爸。"琪琪举起了手中的报纸,问道:"爸爸,这张报纸上提到了沙尘暴,什么是沙尘暴呢?"

"沙尘暴是一种自然灾害,是由自然界两种常见的物质——风与沙相互作用形成的。"

"那风与沙是如何作用形成沙尘暴的呢?"琪琪调皮地眨着眼睛。

"给你打个比喻吧,如果把沙尘天气的形成比喻成炒菜,那么形成沙尘天气需要三个条件:首先需要地面上的沙尘物质,相当于'菜',这是形成沙尘天气的物质基础;然后还需要自然界的大风,这就如同把'菜'放入锅中,大风把沙尘物质卷起,是沙尘形成的动力基础,同时保证沙尘能够长距离输送;还需要不均匀的局地热力环境,形成热对流,对流运动相当于将锅中的菜进行翻炒,这是重要的热力条件,沙尘由此被混在空气中,造成一片混沌。"

"明白了,爸爸。"琪琪拍了拍手,爸爸总是能把深奥的原理用通俗易懂的话讲出来。

"起源于黄河流域的中华文明和沙尘暴的作用密不可分,沙尘暴不断地将西北沙漠、戈壁地区的沙尘长途运输到黄土高原地区,经过百万年的沙尘沉积,形成了黄土高原。黄河不断冲刷黄土高原,带走土壤,不断在下游积淀,最终形成了华北平原。"

"沙尘暴的多发季节是春季,严重时,仅隔几米就完全看不见了。中

自然地理画卷（下游）
104

▼ 沙尘暴

第四章 植被、气候

等沙尘暴还能将肉眼不可见的浮尘搬运到几千米以外的地区。正是这样年复一年的沙尘暴作用，历经几百万年的堆积，在中国的中西部形成了一个'大土包'，这就是黄土高原。"

"爸爸，黄土高原从哪儿来那么多黄土呀？"

爸爸思索了一会，说道："科学界有好多种说法，现代的科学家们大都赞同黄土的风成学说。风成学说认为黄土高原是大风吹送的沙尘堆积而成的，在漫长的地质岁月里，风把沙漠的细土带到中国中西部，堆积形成黄土高原。"

"科学家们研究认为，在距今大约6500多万年前，中国大陆的东边是太平洋，北边是浅海，南边与地中海相连，温暖潮湿的海洋气流滋润着平坦的中国大陆。"爸爸拿起了旁边的纸和笔，用线条、方块和箭头给琪琪边画边讲解。

"后来，印度洋板块向北移动，与欧亚板块相撞，青藏高原被挤压抬升起来，喜马拉雅山开始长高，两大板块继续碰撞挤压，喜马拉雅山越来越高，挡住了向北移动的印度洋暖湿气流，中国西北部地区由于缺少暖湿气流带来的降雨，逐渐变得干旱，慢慢形成了大面积的沙漠和戈壁。

"同时，青藏高原的隆起也改变了亚洲上空的大气运动，促使地球上最强大的亚洲季风系统形成，从西北吹向东南的冬季风与西风急流一起，将大量的沙尘物质从戈壁滩旋入空中形成沙尘暴，较粗的沙尘先沉降下来聚成大面积的沙漠，较细的沙尘则被继续吹送至黄河中下游一带沉积。200多万年以来，这种过程从来没有停止过。"

琪琪听到这里，总结说道："所以，风成说认为黄土高原是由无数次沙尘暴形成的。"

"没错，只是河南邙山一带的黄土除了来自大西北的戈壁、沙漠外，还有一部分是黄河携带的泥沙在邙山北部的华北平原上沉积后，又被强大的西北风二次吹扬再沉积后的结果。总之，是浩荡的西北风把西北地区沙漠中的黄土卷上高空向东南运移，降落堆积于此形成黄土，再经水蚀、切割才形成今天的黄土地貌。"

▼ 白塔山

第四章 植被、气候

第五章 自然景观

云台山藏着红色的峡谷和壮观的瀑布，就像大自然的调色盘

云台山

琪琪回到家，从书包里拿出同学们送给他的礼物，一脸羡慕地看着他们在九寨沟拍的照片，对爸爸说道："爸爸，我也想去九寨沟！"

爸爸听了，思考了一会儿，又眨了眨眼睛，故作神秘地说："琪琪想去的是哪个九寨沟呢？"

琪琪疑惑地睁大眼睛，声音情不自禁地提高了一些："九寨沟难道还不止一个？"

爸爸慢悠悠地指着墙壁上挂着的地图："看，这是四川的九寨沟。"然后他的手指慢慢往上移动："但还有一个地方，可是有着'北方的九寨沟'之称的。"

琪琪顺着爸爸的手指喃喃道："云台山。"琪琪摇头晃脑地想了很久，最后还是认输一般地问道："爸爸，这是哪里呢？"

爸爸顺着山脉的走向指给琪琪看："云台山在河南省焦作市，你看，它就是太行山上很美丽的一段。"

"琪琪，你听过唐代诗人王维那句流传很广的'遥知兄弟登高处，遍插茱萸少一人'吧？这句诗就是王维在登上云台山的茱萸峰时写的。"

琪琪瞪大了双眼："真的吗？"他眼珠子一转，又兴致勃勃地说："那我要是爬上茱萸峰，会不会成为像王维那样的诗人？"

> **知识点**
>
> 丹霞地貌：指厚层、产状平缓、节理发育、铁钙质混合胶结不匀的红色沙砾岩，在差异风化、重力崩塌、侵蚀、溶蚀等综合作用下，形成的城堡状、宝塔状、针状、柱状、棒状、方山状或峰林状的地形。云台山的红石峡就是典型的丹霞地貌峡谷。

云台山老潭沟

▼河南省修武县云台山云海

云台山风景区

小小地理家的话

褶皱构造：组成地壳的岩层，受构造应力的强烈作用，使岩层发生波状弯曲而未使其发生断裂，依然保持连续性的构造。褶皱构造是岩层产生塑性变形的表现，是地壳中广泛发育的基本构造。

爸爸低头摸着琪琪的脸颊，哈哈大笑，说："茱萸峰海拔1000多米呢，你爬上去还不得气喘吁吁了。况且这里可是真正的'山路十八弯'呢，你要走完上千个阶梯，在云梯栈道的尽头才是海拔1308米的茱萸峰顶。爬完山把气喘匀了，能说出话才有机会吟诗哦。

"云台山上还不止这些呢。琪琪有没有见过红色的峡谷？在云台山中有一处地方，那里的岩壁都是赤红色的，所以叫作红石峡。在红石峡中，无论是4亿年前的石灰岩，还是10亿年前的石英岩，你不仅能够将罕见的景色纳入眼中，还能够近距离观察各个地质年代的岩石。这些记录着地球生长阶段的岩石，对研究人类的起源也是非常有意义的。

"云台山有山也有水，在山水相逢中衍生出了许多独一无二的景观。置身云台山中，不仅能看到19个隧道山洞连成的叠彩洞，还有'三步一泉、五步一瀑、十步一潭'的潭瀑峡……"爸爸说着轻轻一弹琪琪的额头，"还有很多美景等着琪琪看呢。"

琪琪惊讶地张大了嘴巴，一副十分向往的表情。爸爸又接着说："云台山同时有着山峰和峡谷，你猜猜，这种情况下容易出现什么呢？"

琪琪低下头认真地想了想，说："悬崖，还是湖泊？"

爸爸用手上下比画了一下："这种地形条件下，很容易出现瀑布哟。"

琪琪想了想，拍手道："对哦，瀑布是水从很高的地方向下冲才形成的。在云台山中，有茱萸峰的高，也有红石峡的低，瀑布才有机会在这里形成。"

"对了，云台山的云台天瀑，落差约314米，如果有机会看一眼，那真是能够大饱眼福了！"爸爸回应道。

第五章　自然景观

峰林峡里山清水秀，瀑布如练

峰林峡里的山水奇遇

琪琪扳着自己的手指算日子，马上就要放假了，连忙跑出房间找到爸爸，问道："爸爸，我们假期能去哪里玩呢？"

爸爸低头看着琪琪，摸了摸他的小脸蛋："琪琪，你想去哪里玩呢？"

琪琪听到自己还可以提要求，明显更高兴了，他捏着手指一个一个地数着："有没有一个地方可以看到很多奇特的景色呢？如果我们专门去一个地方，只能看到某一种景色的话，感觉有点不太划算啊。我想去一个既有山有水，又有俊秀山峰和陡峭岩壁的地方！"

爸爸呵呵地笑了两声，拍了拍琪琪的头："不能这么说呀！走出去看看外面的世界，没有什么划算不划算的，走一步有一步的收获，可不能太贪心哦。"

之后爸爸挠了挠头，安静地思考了一下，缓缓说道："好像真的有一处地方能够满足你的要求。"

琪琪的眼睛此时"唰"的一下亮了："真的吗，爸爸快告诉我在哪里。"

"就在峰林峡。"爸爸说着眼睛看向远方，好像在回忆着什么，"我以前去过一次峰林峡，那里真的很美。翡翠湖中清澈的水波仿佛天然无瑕的珍稀玉石，两侧的山峰气势磅礴，峥嵘峭壁真可谓鬼斧神工。瀑布落在湖里，把奇峰悬崖在水中的倒影一圈一圈地打碎，幽静的峡谷中山水交融，说是'人间天上一湖水，万千景象在其中'，真是一点都不为过。"

琪琪托着下巴，昂着头想象

> **知识点**
>
> **大坝**：主要是指具有截河拦水作用的堤堰，也包括水库、江河等拦水大堤。一般具有调节径流的作用，多用于防洪、供水、灌溉、水力发电等。

▲ 河南焦作峰林峡风光

了一下爸爸描述的画面，喃喃地说："听起来真的好漂亮呀。"

爸爸喝了口茶，指了指自己的太阳穴："琪琪想象一下，当你乘着一艘小船在湖中随着碧波漂游，耳边是瀑布的水流激荡声、两岸的鸟语猴鸣，自己在水中的倒影与群山的倒影相互呼应。在这里，你眼前能看到的是群山的雄浑、山峰的奇伟、悬崖的险峻、碧波的柔美、峡谷的幽静。当你乘船行到瀑布下时，冰凉的水花像一颗颗圆润小巧的珍珠溅到脸上，水雾蒸腾，阳光照耀着水珠，甚至还有可能折射形成绚丽的彩虹，可不就是人间仙境吗？

"小船漂啊漂，你抬头一看，就能看到峡谷中高耸着的峰林峡大坝。它好像一条纯白的巨龙侧卧着连接了两侧的山峰，又好像是漂浮在湖面上的浅色玉带。"

第五章 自然景观

琪琪坐在板凳上,入迷地听着爸爸的回忆,两只小脚丫随着爸爸的叙述晃来晃去。他好奇地问道:"爸爸,那瀑布溅下来的水落在人的脸上,人不会被拍痛吗?"

爸爸一时有些哭笑不得:"哪能让你距离那么近地看瀑布啊,那样会连船带人一起被水流卷走的。正像诗里说的'殷雷鸣空谷,天河落九霄',飞瀑如同银蛇一样从上向下急速俯冲下来的时候,威力可是不容小觑的,欣赏瀑布的时候可不得距离远一点嘛。峰林峡水库上游不仅有我们常见的线瀑,还有像《西游记》中水帘洞那样的帘瀑,瀑布如同阶梯一样连接了上面和下面清碧的潭水,潺潺溪流之间步步相连。"

琪琪听到这里,顿时兴趣倍增,津津有味地问道:"那我可以钻进瀑布里,看里面有没有小猴子吗?"

▼ 河南焦作峰林峡风光

> **小小地理家的话**
>
> 峰林峡大坝是目前世界上最高的浆砌石重力拱坝，呈圆弧形。圆弧形的构造不仅能够让大坝在形体外观上显得流畅顺滑，还能在功能上增强大坝的抗冲击力，使大坝整体显得气势非凡。

"当然不行！"爸爸敲了敲琪琪的头警告道。

"不过，这峰林峡里还真的有很多小猴子。"说到这，爸爸打趣地看着琪琪，"那里的小猴子闹腾起来可一点不输你哦。"

琪琪有些不满地鼓起腮帮子："我说不定能够制住它们，做一个美猴王！"

爸爸被逗得哈哈大笑，抚着手掌说："太行猕猴园里有近千只猕猴，光在景区经常嬉戏的就有三四百只。"爸爸说到这里调皮地眨了眨眼睛，"如果琪琪每天向一只猕猴发起称王的挑战的话，估计也是长路漫漫啊！"

琪琪此时则被数量庞大的猕猴惊到了："太行猕猴园怎么会有这么多猕猴呢？"

爸爸仰起头想了一下，说："太行猕猴园自然是在太行山上，太行山有着国家级猕猴自然保护区，自然环境优美，再加上专家学者的专业护理，这里的猕猴们都被保护照顾得很好，自然就越来越多啦。"

自然地理画卷（下游）

登上泰山顶，仿佛能触摸天空，俯瞰大地

登泰山而小天下

今天是周末，琪琪本想趁着休息日畅快地睡上一次懒觉，谁知天刚蒙蒙亮，就被神采奕奕的爸爸从床上揪起来去晨跑。

琪琪小声问道："爸爸，在山顶看日出，真的有那么美吗？"

爸爸拍着自己的胸脯向琪琪打包票道："保证看一次就忘不了。"然后若有所思地笑着说："说不定你要是喜欢上了，以后都不会再睡懒觉了。"

于是，琪琪将信将疑地跟随着爸爸的步伐，一步一步地来到了城市边缘的一个小山包。

琪琪用挂在脖子上的毛巾擦了擦额角的汗水，气喘吁吁地喊着爸爸走慢些，等等他。

爸爸把双手举在嘴边，做成喇叭状，对琪琪喊道："再慢一点就赶不上看日出了，那你明天还要再早起一天哦。"

最终登上山顶后，琪琪看到的是从高楼大厦里露出几缕光芒的日出，在城市的钢铁森林里，就连日出也没办法完整地呈现，这让大清早就起床的琪琪不免有些失望："爸爸，是不是山再高一点，日出会更美？"

爸爸点了点头："我记忆中最美的日出还是当初在泰山看到的。"

琪琪撑着下巴想了想："是杜甫诗里'会当凌绝顶，一览众山小'的那座泰山吗？"

"哟嗬，琪琪会的诗还不少呢！"

琪琪得意地挑了挑眉："可不是嘛，

> **知识点**
>
> 封禅：封禅指的是中国古代帝王在太平盛世或天降祥瑞之时祭祀天地的大型典礼。在古人的认知中，泰山是所有山峰中最高的一座，也被看作"天下第一山"。因此当时在任的君主应该到最高的泰山进行祭拜，这样皇权被视作来自上天的授予才顺理成章。

▼泰山岱庙

千万不要小看我！"

"泰山被誉为'天下第一山'，也是我国的五岳之首。泰山确实美丽，因而获得了很多美誉。游人登上泰山主峰玉皇顶看日出，没有任何建筑物可以阻挡视线，美景一览无余。夏季的清晨或者傍晚，阳光洒在泰山山头，还有可能出现彩色的光环，这也是泰山的奇观之一。"

说着，爸爸拍了拍琪琪的头："泰山本身其实也有着特殊的含义。在中国历史上，先后曾有十二位皇帝来泰山封禅，相信泰山与国运兴衰、民生社稷紧密相连，泰山被历代帝王奉为'神山'，孔子也称赞'登泰山而小天下'。

"琪琪长大后可以去泰山参加成人礼，之后再参加一次东岳庙会，也算是人生中独特的体验了。"

琪琪捧着脸，疑惑道："庙会有什么特别的吗？"

爸爸认真地回答道："东岳庙也叫作岱庙。"

还没等爸爸说完，琪琪就举着手抢答："这个'岱'是不是杜甫的诗里'岱宗夫如何？齐鲁青未了'的那个'岱'呢？"

爸爸笑着说："对了，岱是泰山的别名，泰山的岱庙也是非常有名的。它是泰山保存最大、最完整的道教庙宇，庙宇的顶部覆盖着黄色的琉璃瓦，精致华丽，也露出几分稳重的气质，很符合泰山的性格。"

▼ 山东泰山探海石观日出

第五章 自然景观

自然地理画卷（下游）

124

▼ 泰山雪景

第五章 自然景观

▲ 泰山上的"天下第一山"摩崖石刻

琪琪低头思考了一下，问道："爸爸的意思是说，泰山上还有其他寺庙吗？"

"没错。"爸爸边说边扳着手指回答，"不止岱庙，泰山还有灵岩寺、普照寺、竹林寺、玉泉寺等等，都是非常值得一看的古迹名寺。"

琪琪看了一眼爸爸，说："感觉泰山如果是一个人的话，应该和爸爸很相像吧。"然后他又摇了摇头："不对，应该比爸爸庄严很多，就像电视剧里白色长胡子的老神仙一样。"

琪琪这一番话把爸爸逗得哈哈大笑："那泰山应该是一位不怕冷的老爸爸吧。"

琪琪不解地眨了眨眼睛。

爸爸解释道："到了冬天，下雪后，巍峨的泰山就像穿上了白色的棉袄，同样它也很照顾满山的松柏，送了它们银白的外套，也就有了我们说的雾凇。"

"下雪就会有雾凇吗？为什么我没在家门口见过雾凇呢？"

"雾凇哪能那么容易现身！你想一下，形成松树树枝上的冰晶需要什么呢？"

琪琪想了一下："水，还有低温。"然后摇了摇头："剩下的就想不到了。"

"不仅仅是一点点水就够了，要有充足的水汽才能在松树繁密的树枝上都挂上冰晶，而且，那里的冬天要足够寒冷、足够漫长，以及多晴天少云，风速不能太快。不然的话，不仅没办法形成雾凇，还有可能冰雪都无法附着在枝丫上，风一吹就跑走了，就没有那么壮观的景象了。"

琪琪一拍手："原来雾凇还有这么多学问啊！"

泉水叮咚，垂柳依依，每家每户都仿佛拥有一份自然的礼物……

泉城济南水悠悠

今天爸爸带着琪琪去了公园，本来琪琪还有些提不起兴趣，嘟囔着："公园我都去腻了，不就是花花草草嘛，没什么新鲜的东西。"

爸爸被琪琪皱巴巴的脸逗得哈哈大笑，这时正好看到路边的宣传牌，有一个新建的喷泉公园正好距离他们所在位置不远。

于是琪琪指着新公园的广告牌，兴冲冲地拽着爸爸叫喊着："爸爸，我想去这个新公园看喷泉，我还没见过喷泉呢！"

父子俩慢慢悠悠地走进了公园，公园正中央是一座巨大的喷泉。周围细小的水柱包围着中心的巨大喷泉，水柱落下时，细细碎碎的小水珠不时落在琪琪的脸上，激起一片清凉。

琪琪好奇地问道："爸爸，喷泉里的泉水是从哪来的呢？"

爸爸听完琪琪的提问，说道："这哪里是泉水，都是处理过的水源输送过来的，就像我们家里可以流出自来水的水管一样。"

"那哪里才有真正的泉水呢？"琪琪仰着脸好奇地问道。

爸爸摇了摇手指，说道："最有名的自然是泉城济南啦！济南啊，有着众多的泉群，而且水量丰沛，被称为'天然岩溶泉水博物馆'。很早就有'家家泉水，户户垂柳'的说法。"

听着听着，琪琪好像想起了什么："我记得老舍先生就写过《济南的冬天》，真的是好美啊。老城里有山有水，有暖融融的阳光。"

说着他和爸爸对视了一下，笑着说："没错，还有济南的泉水。"

爸爸接着说道："说到济南的泉水呢，就不得不提被清乾隆皇帝封为'天下第一泉'的趵突泉。济南城区内现有四大泉域，十大泉群，733个天然泉，其中就有72个名泉。北魏郦道元的《水经注》里记载：'水出历城县故城西南，泉源上奋，水涌若轮。'趵突泉日夜奔涌，颇为壮观，与珍珠泉、黑虎泉和五龙潭一起组成济南四大泉群。趵突泉是济南最大涌泉，为济南

第五章 自然景观

127

泉群之冠,也被盛赞为'七十二名泉之首',这更使得趵突泉成了泉城济南的象征与标志。"

"趵突泉的'趵突'是什么意思呢?"

"趵突就是奔跑、跳跃的意思。"

"哇,济南怎么会有那么多的泉水呢?"

爸爸摸了摸下巴:"这就说来话长了。"

"古时很多人都提出了自己的猜想,沈括在《梦溪笔谈》中曾说:'济水自王屋山东流,有时隐伏地下,至济南冒出地面而成诸泉。'在他看来,济南的泉水来源于王屋山。但后来经过现代地质工作者调研认为,济南泉水的形成是多方面的。

"首先是济南自身良好的岩溶含水层。济南的地下经过漫长的地质年代后,岩溶地貌发育,形成大量溶沟、溶孔、溶洞和地下暗河等,给济南泉水的形成与储存提供了条件。其次是济南位于鲁中山地与鲁北平原的交接地带,济南黄河以南的地区大致自南向北由海拔近千米降到近百米。同时济南在黄河和小清河的流域范围内,加上一些大气降水,水往低处流,于是在济南形成了较为完整的地下水汇流系统。再次是济南地上储蓄的水流在城区遇到了侵入岩岩体的阻挡和断层堵截,水流阻塞汇集,慢慢将水位抬高,在强大的静水压力

下，地下水突破了岩层，涌出了地表，形成了济南的天然涌泉。"

琪琪听完后托着下巴感叹："原来济南泉水的形成有那么多条件啊。"

"没错，很多天然形成的美景，都是经过了成百甚至上千年才被大自然慢慢塑造而成的，所以可不要觉得景物的美只在表面哦。"

"济南不仅享受着天然泉水的馈赠，也很努力地保护大自然，让这样的天然美景能被更多的人看到。济南本地的电视台，在每日新闻节目的最后，

▼趵突泉公园

第五章 自然景观

129

▼王屋山

都会伴随着'节水保泉,爱护家园'的口号,播报当天趵突泉泉群和黑虎泉泉群的地下水位,提醒市民要保护地下水。济南在1956年建成了趵突泉公园,这是一座以泉水为主的自然山水公园。石碑上写着'趵突泉'三个大字,这是郭沫若先生在1959年题写的。在趵突泉公园里面游玩的话,可以观泉、赏鱼、品茶,体会山石之趣;公园里还有特色文化节,举办书画、盆景展览、戏曲演唱、金秋菊展、迎春灯会等文化活动。在当地甚至还有'不到趵突泉观灯不算过年'的说法呢!"

"爸爸,那我们今年春节就去这个公园吧!"

"好啊,一言为定。"爸爸与琪琪击掌相约。

> **小小地理家的话**
>
> 济南的四大泉群分别是:趵突泉泉群、五龙潭泉群、珍珠泉泉群、黑虎泉泉群。还有六大泉群,分别是济南东郊白泉泉群、章丘明水的百脉泉泉群、历城彩石的玉河泉泉群、历城柳埠的涌泉泉群、长清万德的袈裟泉泉群和平阴洪范池泉群。以上十大泉群均属广义的"济南泉群"。

▲ 济南市黑虎泉

沂蒙山藏着美丽的风景和悠久的文化

沂蒙山

沂蒙山韵美如画

今天一放学，爸爸就神神秘秘地牵着琪琪的手走到河道旁的小路上，琪琪问了爸爸很多遍要带自己去哪里，但爸爸总是笑着摇摇头。

"嘘，琪琪你听。"琪琪顺着爸爸手指的方向看过去，原来是社区歌舞团的爸爸奶奶们正在为社区晚会的演出排练呢。

一位个头高挑的奶奶站在河边，拿着话筒放声歌唱，歌声飘进了琪琪的耳中。琪琪走近了几步，盯着唱歌的奶奶听了许久，最后泄气地扭头问爸爸："爸爸，这首歌的歌名是什么？我听了好久都没听出来。"

爸爸把食指竖在嘴唇上方，让琪琪听完整首歌后再说话。

当结束了最后一个音符，爸爸牵着琪琪的手继续往前走，边走边说道："这首歌是《沂蒙山小调》，琪琪听过吗？"

"好像在收音机里听过，但是一直不知道这首歌的名字。"琪琪摇头晃脑地回想着，"沂蒙山，爸爸，沂蒙山在哪里呢？"

"沂蒙山可不是单单指哪一座山，而是指一整片山系。就像水果不是具体指哪一种水果，而是包括苹果、桃子等很多东西在内的一个概念。沂蒙山指的是以蒙山山系和沂水流域为地质坐标的地理区域。虽然沂蒙山主要位于临沂地区，但实际上沂蒙山包含的区域跨过了山东临沂、淄博、潍坊等多个地方。"

琪琪由衷地"哇"了一声，惊叹道："我还以为沂蒙山就像泰山那样是一座山呢。"

爸爸总结了一下说："其实叫作沂蒙山区更合适一点，但是大家都习惯称这片区域为沂蒙山了，叫'沂蒙山'就容易让人产生这样的误解。"

第五章 自然景观

▼山东省沂蒙山龟蒙景区

自然地理画卷（下游）

"刚刚听奶奶唱歌的调子，感觉沂蒙山区的风景应该是很亲近人们，有种用小米粥抚育当地人们的亲切和温馨。"琪琪边回忆着耳朵里尚存的余韵，小声地说。

"对啊，这就是'一方水土养一方人'。其中的龟蒙景区，它的主峰叫作龟蒙顶，因为主峰的形状很像在云端里伏卧的神龟所以得名。龟蒙顶也是山东省第二高峰，海拔1156米，与泰山遥遥相望，被誉为'岱宗之亚'。对了，琪琪，你知道龟这种动物在中国传统文化中有什么寓意吗？"

"这个我知道，我们上课刚学过！"琪琪举着手自信地说道，"因为龟的寿命很长，所以被看作是长寿的象征。一些地方，如果有人60岁了，

▲ 雨润沂蒙

过生日要做一次龟寿，祝贺送的礼品也是龟形状的食品，有与龟同寿的寓意。"

爸爸听得津津有味，赞扬道："琪琪知道的还不少呢。"

"当然啦。"琪琪有些得意地说。

"蒙山也是一座长寿山，有'东方养生长寿圣地'的美称。当地还举办长寿文化节，弘扬养生文化，还举办养生长寿食品博览会。人们不仅可以一饱口福，还能学习到很多关于健康方面的知识。在蒙山的拜寿台上还有寿星巨雕，寿星手托蟠桃，衣袂飘飞。蒙山空气清新，负氧离子含量很高，犹如一座天然氧吧。在这片土地上生活，一定令人十分舒适。

"沂蒙山旅游区蒙山国家森林公园的森林植被覆盖率达95%以上，有'百里林海，天然课堂'之称，脚下是有吉尼斯世界纪录的'天下第一步道'。游人走在这32000多级的石质台阶路和3990米的木质步游道上，可以尽情地呼吸充满氧气的新鲜空气。

"除了龟蒙景区，沂蒙山区还有云蒙景区，这两个是沂蒙山区主要的两个景区。在云蒙景区，还有长江以北地区很少见的三叠式瀑布。"

琪琪扭头，问道："爸爸，什么是三叠式瀑布？"

"三叠式瀑布啊，就像它的名字一样。瀑布沿着悬崖的边缘擦石而出，跌落后又遇到一个山崖，流淌后再次从山崖喷泻而出，因此形成了像三级阶梯一样的形态，就叫作三叠式瀑布。"

琪琪禁不住拍起手来："听起来好有趣。"

此时，爸爸指了指前面的建筑，笑着对琪琪说："我们今天的目的地，到啦！"

琪琪抬头看着眼前高大的建筑："爸爸，我们今天是要到剧院吗？"

"今天正好是民族歌剧《沂蒙山》开演，带你来一起欣赏一下。"

▼ 云蒙景区

黄河三角洲是大自然的画布上最壮丽的一笔

奔流到海不复回

今天在课堂上，老师给同学们播放了纪录片《湿润的文明》，时间有限，只播放了一部分就放学了，琪琪刚刚被勾起了兴趣，没办法，只好恋恋不舍地回了家。

爸爸正啃着一个红苹果从厨房里走出来，看到独自坐在客厅沙发上闷闷不乐的琪琪，好奇地问："谁惹我的宝贝儿子生气啦？怎么今天整个人看上去都蔫蔫的。"

琪琪鼓着腮帮子，气呼呼地说："今天老师播放纪录片，放到一半就放学了，我都没看到精彩的地方。"

"这有什么值得生气的。"爸爸笑着摸了摸琪琪的头发，"你如果记得纪录片的名字，我们在家里继续看完，不就可以了吗？"

琪琪扭头看着爸爸，表情有点复杂，欲言又止，终于说道："爸爸，我不记得那部纪录片的名字了。"

爸爸听到琪琪的回答，并不惊讶，而是继续问道："那纪录片都讲了什么，你还记得吗？"

"好像是关于三角洲的。"琪琪挠头想了一下，说道。

"对了，爸爸，什么是三角洲呢？"

"三角洲是指河流在河口的区域，因为水流流速减缓，河水中携带的泥沙沉淀堆积后形成的冲积平原，因为外形像一个三角形，于是得名三角洲。黄河三角洲、长江三角洲和珠江三角洲，并称为我国三大河口三角洲。"

"琪琪，你今天看的是哪个三角洲呢？"

琪琪回想了一下，嘴里念叨着三角洲的名字，最后犹豫地说："可能是黄河三角洲。爸爸，能再给我说说三角洲还有什么其他特别的吗？"

"我给你讲讲这个。"爸爸思考了一下，继续说道，"从世界历史的发展来看，大江大河入海口三角洲是孕育人类文明的摇篮。在古代，河流携

第五章 自然景观

带泥沙也携带着养分在三角洲处沉积，所以这里的土壤肥沃，种植业能够发展。在现代，入海口的三角洲位于沿海地区，有利于对外贸易。"

琪琪听到这儿，激动地一拍手："爸爸，我想起来了，就是黄河三角洲。"

爸爸摸了摸下巴，悠悠地说道："1992年，在黄河三角洲成立了黄河三角洲国家级自然保护区，黄河三角洲湿地是我国温带地区最广阔的湿地，也是中国最年轻的湿地。"

"如果琪琪长大了，有机会去黄河三角洲的话，一定要去那儿看看日落。夏季时，黄河迎来了丰水期，植物茂盛，鸟类也多了起来。这时候乘坐渡轮，观看橙色的太阳慢慢从水平面落下，所剩不多的阳光毫不吝啬地洒向水面，河水也波光粼粼，一圈一圈射出金黄的光芒，并不耀眼。这时候，躲在苇草中的小鸟们好像要去追逐太阳一般，纷纷振翅飞起，真是一幅壮美的景色。古诗里说的'黄河之水天上来，奔流到海不复回'描写的就是这个地方，人如果能够身临其境，亲眼看见美景，就能完全体会到诗人当时的心境了。

"不要以为黄河三角洲湿地只有美景，湿地的作用可大着呢！黄河三角洲湿地属于温带季风气候，天然湿地面积占湿地总面积的68%左右，包括河流、湖泊、湿草甸、灌丛、疏林、芦苇、盐碱化湿地等。人工湿地以坑塘、水库为主。在这样的自然条件下，黄河三角洲湿地孕育出丰富的生物，是鸟类迁徙的重要停歇地和越冬地。这也使黄河三角洲湿地在环渤海地区发挥着它不可替代的生态作用。"

琪琪在心里牢牢地记下了这些知识，他的脑海中浮现出之前纪录片中丹顶鹤在芦苇荡里悠闲地梳理着羽毛的情景，其他一些不认识的小鸟也在周围叽叽喳喳地歌唱着，好像在告诉人们，黄河三角洲湿地里的生活是多么快乐。

▼黄河三角洲国家级自然保护区科研人员首次发现沙丘鹤

> 黄渤海分界线，就像大自然的调色盘，两种颜色的海水相遇却不相融。你想知道这是为什么吗

黄渤海分界线

今天在学校里，老师带着同学们一起做实验，首先在装满水的杯子里加入盐，不停地搅拌使盐融化，然后再放进一个生鸡蛋，鸡蛋就浮了起来。

这个实验让琪琪感觉很新奇，他想，如果是别的两样东西会怎么样呢？于是回到家后，琪琪就一头钻进厨房捣鼓起来。

爸爸看到琪琪在厨房里一直忙活，也想来帮帮忙，就问琪琪："你在做什么呢？"

琪琪看着打碎的苹果泥只沉在杯底，并没有和上层的牛奶融为一体，中间出现了一条将白色和黄色区分开的分界线，他有些疑惑。接着，琪琪就像在学校做实验那样不停地搅拌杯子中的苹果泥和牛奶，结果这苹果泥和牛奶还是没办法如同盐和水一样完美地变成盐水，杯子里始终还有苹果渣。琪琪百思不得其解，快要放弃了，于是就和爸爸说了自己的困惑。

爸爸这时卖了个关子，问琪琪道："琪琪，你见过海洋与海洋之间的分界线吗？"

琪琪揪着自己的头发想了许久，说出了自己的想法："不同的海里，不都是同样的海水吗？那它们应该能够相互融合，哪里会有什么明显的分界线呢？"

爸爸摇了摇头，说道："我先举个例子吧。"

"就像我国黄海和渤海之间，就有一条明显的分界线，黄色的渤海水与蓝色的黄海水在长尾岛交汇，特别是在秋季风平浪静之时，海平面上会明显地呈现出两侧色彩分明的景象。辽宁旅顺老铁山与山东蓬莱田横山之间的连线上，长山岛的'尾巴'——长山尾将一碧海水分为两个世界，一边是渤海，一边是黄海，这就构成了渤海与黄海的天然分界线。'老铁山头入海深，黄海渤海自此分。西去急流如云涌，南来薄雾应风生。'说的正是这幅景象。"

琪琪托着下巴,接着问道:"那渤海和黄海的分界线是怎样形成呢?"

"关于这还有一个传说呢。当年玉皇大帝分封渤海、黄海、东海、南海四龙王海疆领域时,渤海龙王和黄海龙王两位都是斤斤计较的性子,于是经常因为海域的边界划分而大打出手,又苦于没办法分出胜负,最后只好闹到天庭让玉皇大帝定夺。玉皇大帝也很伤脑筋啊,于是让太白金星到黄海和渤海的上空找找,看有没有天然的分界线可以将黄海和渤海的界限划分清楚。太白金星到了黄海和渤海的上空后,看到老铁山地势险峻,两侧海水颜色也略有不同,于是太白金星便将一只令箭投入了老铁山前,只听到一声巨响,海底顿时被劈出一道深深的沟壑,渤海的海水逐渐变黄,黄海的海水慢慢变成蓝色,这就形成了黄海和渤海自然分界线的景观。

"但传说不可考证,在现代技术研究下,黄海和渤海自然分界线的形成是由于渤海和黄海所在的海底深处海沟深度不同而造成的,渤海因为黄河注入含沙量较多而且海水较浅,所以海水颜色偏黄,黄海海水更深,所以偏蓝。"

此时,琪琪又想起了在学校做盐水浮鸡蛋的实验,觉得盐在水里融化变为盐水,与牛奶和苹果泥无法完全融合形成溶液相比,这两个小实验之

▼辽宁大连滨海国家地质公园金石滩园区东部景区(航拍)

间有相同的地方,也有着很多没有被发现的不同的地方,就好像黄海的海水和渤海的海水,也是有些不同的地方。

　　琪琪迫不及待想要得到一个答案,所以追问爸爸道:"如果我换一个不同的杯子,会不会得到和学校实验室里一样的结果呢?"

　　爸爸看着自己的小儿子,对琪琪的想法既没有肯定也没有否定,只是鼓励地对他说:"很多答案都需要自己去寻找,不是所有问题的答案都是轻而

易举就能够得到的。但可以尝试着去解决,就像琪琪现在面对的这个问题,现在我们已经有了其他实验和事件作为参考,不是吗?有很多相似的问题,知道了一个问题的答案,那另一个和此相类似的问题,是不是也可以推理。

"琪琪,你可以再换几种东西放进杯子里搅拌一下,咱们来一起找出这个问题的答案。"

琪琪听到这心里突然有了底气,于是兴奋地应了一声:"好!"

▼ 大连城山头海滨地貌国家级自然保护区

第六章　自然资源

胜利油田,这片埋藏在大地之下的"黑色黄金",书写着一段段发现与辉煌的故事

金色油田探宝记

琪琪踮着脚在校门口张望,脸上满是期待。今天正好哥哥出差回来,答应来接琪琪放学。琪琪已经快一个星期没有看到哥哥了,知道哥哥晚上接他回家,琪琪一整天都很开心,课间的时候甚至还会朝窗口望,总觉得下一秒哥哥就会出现在校门口。

坐上哥哥的车后,琪琪就开始给哥哥说他出差这几天发生在自己身上的趣事,说到一半就听到车里发出滴滴声,于是琪琪好奇地问:"哥哥,这是什么声音?"

哥哥看了一眼仪表盘,对琪琪说:"今天我们可能要晚点回家了,我们得先去一趟加油站。"

到了加油站,琪琪兴致勃勃地东张西望,感觉很新鲜。在学校里上课的时候,老师就讲过石油,但是讲得不是很多,这就激起了琪琪的探究欲。

"哥哥,石油是从哪里来的呀?"

"很多都是从西部的油田里开采原油后再加工,就可以在加油站卖了。"

"西部的油田?"琪琪捏了捏手指,继续问道,"那东部有油田吗?"

哥哥一时语塞,真拿这个好奇心过于旺盛的小家伙没辙,于是眨了眨眼睛说:"这些我还

不太懂，你可以回家问问爸爸，爸爸对这些知道得可清楚了。"

琪琪这才安静下来，开始琢磨着到家后要问爸爸些什么问题。

到家了，车刚刚停稳，琪琪就急匆匆地打开车门，冲到爸爸面前。

"怎么了琪琪，遇到什么事了？"爸爸看着自己跟前的小儿子问道。

琪琪连忙问爸爸："爸爸，除了西部有油田外，东部有没有油田呢？"

爸爸想了一下，说道："别说，我还真的想起来一个。"

"山东的东营市有中国第二大石油生产基地——胜利油田，垦利县是胜利油田的发现地和主探区，胜利油田的第一口高产油井就是在垦利县胜

▲ 胜利油田的抽油机

第六章 自然资源

自然地理画卷（下游）

150

▼ 胜利油田的钻机

第六章 自然资源

> **小小地理家的话**
>
> 按控制产油气面积内的地质因素，将油气田分为三类：一是构造型油气田；二是地层型油气田；三是复合型油气田。

利村开采成功的，所以就叫作胜利油田。"

琪琪歪了歪头，说："我听到胜利油田，还以为是为了表示必胜的决心，没想到是因为在胜利村开采成功才叫胜利油田的。"

爸爸接着说："胜利油田的发现本身就是一种成功。从发现胜利油田到2010年底，这里共发现77个油气田。你可以想一想，胜利油田的发现为国家做出多少贡献。

"说起胜利油田的发现，真的不是一件容易的事。1961年，第一口工业油井就是在山东省东营市东营村附近打出的华八井。当时华八井油流井日产油8.1吨，标志着胜利油田被发现。1962年，东营地区有了日产555吨的高产油井，这是当时全国日产量最高的一口油井。1964年，经过国家批准后开始了大规模的华北石油勘探，这也标志着胜利油田大规模勘探开发建设的开始，我国的第一口千吨油井也是在这个时期诞生的。之后胜利油田在不断发展，1991年原油产量达到3355万吨，创历史最高水平。1993年建成了中国第一个百万吨级浅海油田，胜利油田取得了非常不错的成绩，至今仍保持着中国第二大油田的地位。"

这时爸爸又继续补充道："按照胜利油田的储量，能贡献的可不是一个小数目。我们的生活方方面面都离不开石油，从近一点来说，汽车需要石油，甚至我们的衣服中的一些纤维也要从石油中提取；远一点的话，工业生产、化工生物、医学制药等等都对石油有一定的需求，可以说现代社会的发展，没有完全可以和石油脱离关系的行业，这也是石油被称为工业'血液'的一个原因吧。"

听完爸爸的话，琪琪连连点头："我从来不知道石油居然用处那么多，我以为石油就是用来给汽车加油的。看来还有很多东西是我完全不知道的，还有好多知识我都没有听过，我学习的路还很长呢。"

父子俩对视了一下，琪琪笑着说："我要向爸爸学习！"

爸爸欣慰地笑了，说："没错，学无止境，知识是需要坚持不懈地学习的。"

黄河三角洲湿地，是大自然的乐园，也是无数生灵的家园……

黄河湿地生态乐园

琪琪刚放下书包，就被一阵香味吸引到了饭桌前。妈妈看着琪琪盯着盘子的模样，轻轻地笑了一声，推了一下琪琪，说道："小馋猫，快去洗手吃饭啦！"

琪琪摸了摸自己饿得瘪下去的肚子，乖巧地听妈妈的话去洗手吃饭。

当琪琪把鲜嫩肥美的虾放进自己口中的时候，鲜美的滋味包裹了整个口腔，琪琪情不自禁地赞叹了一句："这虾的味道好棒啊！"说着琪琪又夹了两只虾到自己的碗里，一边吃一边还不忘记提问："这个虾为什么这么好吃呢？"

> **知识点**
>
> 生态链的概念是由英国动物生态学家埃尔顿提出的。通俗地讲，是各种生物一系列吃与被吃的关系，这种生物之间以食物营养关系彼此联系起来的序列，在生态学上被称为食物链，又称生物链。

妈妈看着琪琪乐得眼睛都眯缝了，捂着嘴笑着回答道："这个叫作'东方对虾'，是比其他的虾好吃一些。"

"'东方对虾'是什么？"

话音刚落，爸爸就举手说道："东方对虾也叫作中国对虾，主要分布在黄河入海口的水域附近。怎么样，味道不错吧？"

琪琪重重地点了点头，并"嗯"了一声后感叹道："住在黄河入海口的人们真的好幸福，每天都能吃到这样的美味。"

爸爸认同地点了点头，补充道："不止吃得好，那里的景色也是美不胜收，真是一幅人与自然和谐相处的观景图啊。"

琪琪认真地听着，爸爸见状后就接着说："有位作家曾经形容那里是'庚子初秋，天清气朗。乘机直上，鸟瞰鹰扬。渤海荡荡，黄河汤汤。蓝黄交汇，和谐阴阳……'听着是不是就有一种不一样的感觉？黄河入海口

▼ 在湿地水面休憩的大天鹅

小小地理家的话

生态系统：是指在自然界的一定空间内，生物与环境构成的统一整体，在这个统一整体中，生物与环境之间相互影响、相互制约，并在一定时期内处于相对稳定的动态平衡状态。

第六章 自然资源

是中国暖温带最完整、最广阔、最年轻的湿地生态系统，也是世界范围内极具代表性的河口湿地生态系统。它地处温带，有着温暖的气候，也为动物们提供了广阔的生存环境。"

这时爸爸摸了摸琪琪的脑袋，继续说道："琪琪，你想一想，很多生物都生长在特定的环境里。比如松树一般长在山地中，而在沙漠中就无法存活；鲨鱼要生活在海洋里，没办法适应湖泊淡水；鸟类如果在环境污染严重的地区繁殖，不仅幼崽可能因为食用被严重污染的食物而降低成活率，在这个地方长期生存的鸟类也可能会生病甚至死亡。

"因此，湿地在生物界一直有'植物资源库''鸟的乐园''动物的天堂''物种基因库''生物超市'等美誉。我们可以看看黄河湿地，黄河三角洲湿地包括浅海湿地、滩涂湿地、河流水面、水库水面、坑塘苇地等湿地类型，为更多的生物提供赖以生存的基础。"

琪琪点了点头："真的是长知识了，我之前还以为湿地只是一个漂亮的公园，没想到湿地还有那么大的作用。"

"仔细思考的话，其实还是能从蛛丝马迹中看出来。琪琪想想看，你去湿地公园的时候，是不是那里的动物都比其他公园多呢？动物是会自己选择更加适合生存生活的地方的。黄河河口湿地聚集着很多珍稀动植物，比如属于国家一级保护动物的丹顶鹤，属于国家二级保护动物的大天鹅，等等。

"在这里看到的动物可是和在动物园里看到的不同呢。这里没有笼子，鸟儿们只要想飞翔，没有任何东西可以阻挡它们在天空翱翔。这里也没有人工喂食，鱼儿们依靠自己的捕食技巧，与大自然竞争，选择自己喜欢的食物。琪琪在黄河湿地可以看到在自然条件下，动物们是怎么生活的。比如斑海豹是怎么捕食的，又是在什么时候睡觉，斑海豹妈妈会教小斑海豹些什么……万物皆有灵，书本上有时候并不能得到一切答案，琪琪要学会自己去看、去感受。"

琪琪似懂非懂地点了点头，然后看到盘子里还有剩下的几只虾没有吃完，便美滋滋地把才学到的新知识和美味的虾一起消化了。

这时候琪琪好像有些明白了，湿地的生态系统是一个美好的循环，因为黄河湿地环境优美，所以能有这样鲜美的鱼虾，而鸟类也有了充足的食物可以吃饱，不仅自己能吃饱，自己的小宝宝也能吃饱。随着时间的推移，死去的鸟儿是鱼虾们的养料，这样一环扣一环，就形成了动植物和谐共存的环境。

黄河三角洲湿地，鸟儿们的天堂，无数珍稀鸟类在这里展翅飞翔

黄河湿地百鸟鸣

周末，学校组织同学们去博物馆看展览，琪琪拉着小伙伴的手一起站在恐龙化石前阅读着展馆的说明。博物馆里不止陈列着挖掘出来的恐龙化石，还有很多根据资料制作出来的一些模型，比如恐龙蛋和小恐龙。

琪琪在场馆里待了一下午，看着满屋子和恐龙相关的摆设，渐渐地产生了一个想法。既然恐龙有自己的恐龙博物馆，那其他动物会不会也有自己的博物馆呢？

既然有了问题，就要积极地去解决。于是琪琪回到家，就连忙走到阳台找到了爸爸："爸爸，您知不知道除了恐龙博物馆以外，还有没有其他动物有自己的博物馆呢？"

"当然有啦，琪琪想知道哪个动物的博物馆呢？"

这时候阳台上突然有一只小麻雀拍打着翅膀，停在窗子的护栏上，小声地叫着。

于是琪琪灵机一动，对爸爸说："有没有关于小鸟的博物馆呢？"

爸爸看了一下窗外圆鼓鼓的小麻雀，说："当然有啦。比如黄河三角洲鸟类博物馆。"

琪琪想了一下，觉得鸟类博物馆好像还挺有意思的。

爸爸看琪琪亮晶晶的眼睛里满是期待，于是微笑着说道："要知道在世界八条鸟类主要的迁徙通道中，黄河三角洲就位于其中两条之上，是东北亚内陆和环西太平洋地区鸟类迁徙的重要中转站、栖息地和繁殖地，许多珍稀鸟类在这里繁衍、迁徙，每年南来北往近600万只鸟类组成无数'飞行编队'穿梭忙碌，被形象地称为'鸟类国际机场'。"

"鸟儿为什么都选择黄河三角洲呢？这里是不是有特别的东西？"

"这是由多种因素决定的，不是单一的一个因素就能形成现在的情况的。比如说，鸟儿到了黄河三角洲后，觉得这里风景很美，就一定会在这

▼ 星星海湖泊湿地

第六章 自然资源

里居住吗？"

　　琪琪晃了晃头："难道不是吗？在风景优美的地方生活是一种很棒的体验啊。"

　　爸爸笑着摇了摇头，说："没有那么简单。居住环境良好只是其中一个

▼ 东方白鹳

条件,还有其他更重要的条件需要满足,才能让那么多鸟儿都选择在黄河三角洲停留。比如它们住在黄河三角洲期间,有没有充足的食物可以让它们吃饱;气候够不够温暖能够让它们的孩子健康长大;环境受人类活动影响的程度比较小,能够有效降低它们被捕杀的概率,等等。"

"黄河三角洲好厉害啊！"琪琪突然感叹道。

这下爸爸开始好奇琪琪的想法了，问道："它哪里厉害呢？"

"它能够让那么多的鸟儿都选择居住在此，而且还能够让那么多的鸟儿好好地生存在黄河三角洲。"

"当然啦，黄河三角洲也是中国沿海最大的新生湿地自然植被区。在这片区域，光植物就有393种，其中还有很多琪琪不认识的植物，比如刺槐、旱柳、柽柳、芦苇、盐地碱蓬等。而且这些植物不是仅仅只生长了几株，而是大面积地茁壮生长着。其他植物也不甘落后，在黄河三角洲，有天然芦苇270平方千米、天然草地120平方千米、天然柽柳灌木林150平方千米，植被覆盖率约55.1%。除此之外，这里还拥有华北平原地区面积最大的人工刺槐林。你说在这里的鸟类会缺吃缺住吗？"

琪琪呆呆地摇了摇头："那丹顶鹤也能在黄河三角洲见到吗？"

"不止丹顶鹤，还有优雅的白天鹅，甚至国家一级保护鸟类东方白鹳和珍稀濒危物种青头潜鸭，等等，很多你没见过或没听过的鸟类都有机会在黄河三角洲看到。黄河三角洲也有'中国东方白鹳之乡'和'中国黑嘴鸥之乡'的称号。"

"哇，那么多活生生的动物都可以亲眼看到，比画册上的图片有趣多了。"

爸爸听了哈哈一笑："琪琪也这样觉得吗？爸爸小时候就经常在河边看鸟儿们捕食、栖息、翱翔，可惜现在能看到的鸟越来越少了。"

"对啊，如果以后想要认识鸟类只能在博物馆，没办法亲眼看到这些活泼的小精灵们，该有多难过啊。"

"所以，我们要保护可爱的小动物。"说着爸爸打开了窗户，把不小心误入阳台的小麻雀引导着飞出了玻璃窗，一直目送它飞向看不到尽头的天空。

小小地理家的话

丹顶鹤头顶为什么会变红？丹顶鹤头顶变红的原因是它的头顶没有羽毛覆盖，而且有着丰富的毛细血管，所以头顶会因充血而变红。但是丹顶鹤大约两岁以后才会逐渐显示出头顶红色的区域，雏鸟和未成年丹顶鹤头顶是没有红色的。一般情况下，成年雄性丹顶鹤头顶的红色比雌性丹顶鹤的颜色更加鲜艳。

后记

　　从提笔到付梓，这位名叫琪琪的小男孩和爸爸已然在无数次的策划会中、键盘声中有了越来越清晰的轮廓，他和我们的读者一起探寻不同的学科领域，感受不同的学术氛围。回顾琪琪和爸爸走过的每一处知识王国，每一册图书的正式出版，背后都少不了认真付出的学者与编辑。我们回顾过往，感谢每一位创作者的付出和希望出版社编辑的辛勤耕耘。

　　感谢该系列丛书的主编许强教授，他立足于我国黄河和黄土高原的保护治理之千秋大计，和读者们一起探寻黄河上中下游自然景观、历史沉淀、文明传承、环境保护以及绿色发展的点点滴滴。此外亦要感谢该系列丛书的课题支持：国家自然科学基金重大项目课题（课题编号：41790445）；四川省社科规划普及项目（课题编号：SC20KP021）。同时，丛书也是成都理工大学的国家自然资源科普基地、四川省科普基地和四川省社科普及基地团队合作的成果。

　　琪琪的故事还在未完待续中，期待您和这个小男孩一起，解锁不同知识殿堂的更多可能。